TASCHEN

est. 1980

TASCHEN

est. 1980

ANIMATION NOW!

Pg. 1-3 Girls Night Out
from Joanna Quinn

ANIMATION NOW!

Anima Mundi
Ed. Julius Wiedemann

TASCHEN
HONG KONG KÖLN LONDON LOS ANGELES MADRID PARIS TOKYO

INTRODUCTION

Aída Queiroz, Cesar Coelho, Léa Zagury and Marcos Magalhães

UNAS PALABRAS DE LOS EDITORES

A partir de imágenes fijas se crea el movimiento. Una vez que el movimiento se ha grabado en película, vídeo, bits, o por medio de algún otro proceso o soporte todavía por inventar, dichas imágenes ya no le importan tanto al animador. Su objetivo y su pasión son alterar, extender o incluso destruir las imágenes para alcanzar el propósito primordial, que es el movimiento, la acción.

Este libro, compilado por cuatro animadores que dirigen Anima Mundi – Festival Internacional de Animación de Brasil, hace uso del proceso inverso y fija las imágenes que ya forman parte de algunos de los más bellos movimientos creados en todo el mundo. Y lo hace por una causa justa: esos cuadros, dibujos, fotos, *collages*, muñecos y, en definitiva, todas esas obras de arte merecen ser contempladas no sólo durante las fracciones de segundo en las que se exhiben en la pantalla.

Esta reedición de *Animation Now!*, obra publicada por primera vez en 2004, forma parte del programa de conmemoración de los 25 años de la Editorial TASCHEN. En este volumen se presenta un panorama de la animación actual, que intenta ser lo más completo posible. Se han contemplado las más diversas técnicas, desde el simple *graffiti* sobre papel y la arena sobre vidrio a la generación de imágenes por ordenador y a los lenguajes híbridos que se desarrollan sin parar. No ha faltado el sofisticado trabajo derivado de las artes plásticas ni el trazo veloz de la comunicación de impacto. Hay lugar para elementos de narrativa y fragmentos de experimentación, lo concreto y lo abstracto, el homenaje al pasado y la semilla del futuro.

A pesar de todo, ha sido imposible incluir a todos los artistas, estudios y escuelas de animación que merecerían figurar en una antología. La animación ha vivido una explosión en el mundo. Son miles los artistas que surgen cada año y miles las películas que inundan festivales como el Anima Mundi, buscando su espacio en los cines, televisiones, Internet y en los sentidos y la mente de un público entusiasmado. El desfile de imágenes que aquí aparece, más que un catálogo de nombres en activo, pretende ser una muestra de la diversidad y de la excelencia que ha alcanzado este arte en el milenio que acaba de finalizar.

Este libro está dedicado al lector que, si no comparte aún nuestra pasión, seguramente quedará seducido por este universo en el que nada es imposible y toda forma de expresión y movimiento es bienvenida y apreciada.

ALCUNI CENNI DA PARTE DEGLI EDITORI

A partire dalle immagini statiche si crea il movimento. Quando il movimento si registra sotto forma di film, video, bit o per mezzo di qualunque altro processo o supporto che ancora deve essere inventato, tali immagini non rivestono più tanta importanza agli occhi dell'animatore. Il perseguimento dell'obiettivo, la passione che lo muove consistono nell'alterare, estendere o persino distruggere le immagini, per raggiungere l'intenzione primordiale, che è il movimento, l'azione.

Questo libro, che è stato redatto da quattro animatori che dirigono Anima Mundi, il Festival Internazionale d'Animazione del Brasile, si serve del procedimento inverso e fissa le immagini che formano già parte di alcuni dei movimenti più belli creati in tutto il mondo. È un'opera realizzata per una giusta causa: sono opere d'arte, quadri, disegni, fotografie, *collage* e personaggi che meritano di essere ammirati non solo durante le frazioni di secondo in cui appaiono sullo schermo.

Questa nuova edizione di *Animation Now!*, un'opera pubblicata per la prima volta nel 2004, fa parte del programma commemorativo per i 25 anni della Casa Editrice TASCHEN. In quest'opera si presenta un panorama dell'animazione attuale il più completo possibile. Vengono prese in considerazione le tecniche più svariate, da quella semplice dei graffiti su carta, alla tecnica della sabbia su vetro, alla generazione d'immagini computerizzate, fino a giungere ai linguaggi ibridi che si sviluppano continuamente. Non manca il lavoro sofisticato che deriva dalle arti plastiche, e nemmeno il tratto veloce della comunicazione. C'è posto per elementi della narrativa e frammenti della sperimentazione, per la concretezza e l'astratto, per l'omaggio al passato e i progetti per il futuro.

Nonostante tutto, è stato impossibile includere tutti gli artisti, gli studi e le scuole d'animazione che meriterebbero di essere citati in un'antologia. L'animazione ha conosciuto un momento di gloria nel mondo intero. Ogni anno, migliaia di artisti e di film popolano i festival come Anima Mundi, cercando il loro spazio nel cinema, la televisione, in Internet, oltre che nei sensi e nella mente di un pubblico estasiato. La gran parata di immagini presentate qui, più che un catalogo di nomi in attività, vuole essere un esempio della diversità e del livello che quest'arte ha raggiunto durante il millennio che si è appena concluso.

Questo libro è dedicato al lettore che, se ancora non condivide la nostra passione, sicuramente verrà sedotto da questo universo in cui tutto è possibile e qualsiasi forma di espressione e movimento è benvenuta e apprezzata.

UMA PALAVRA DOS EDITORES

De imagens fixas, cria-se o movimento. Uma vez que este é gravado – em película, vídeo, bits ou algum processo ou suporte ainda a ser inventado –, aquelas imagens já não importam tanto para o animador. Seu objetivo e sua paixão estão em alterar, expandir ou até mesmo destruir suas imagens para que estas sirvam ao fim primordial, que é o movimento, a ação.

Este livro, compilado por quatro animadores que dirigem o Anima Mundi – Festival Internacional de Animação do Brasil, faz o processo inverso, fixando as imagens que já fizeram parte de alguns dos mais belos movimentos criados em todas as partes do mundo. E o faz por uma causa justa: estes quadros, desenhos, fotos, colagens, bonecos, enfim, estas obras de arte merecem ser contempladas por mais tempo do que as frações de segundo em que passam pela tela.

A presente re-edição de *Animation Now!*, obra publicada pela primeira vez em 2004, faz parte do programa de comemoração dos 25 anos da Editora TASCHEN. Aqui está um panorama da animação atual, que procura ser o mais completo possível. Foram contempladas as mais diversas técnicas, do simples grafite sobre papel e da areia sobre vidro à geração de imagens em computador e às linguagens híbridas que se desenvolvem sem parar. Não faltou o sofisticado trabalho derivado das artes plásticas, nem o traço veloz da comunicação de impacto. Há lugar para elementos de narrativa e fragmentos de experimentação, o concreto e o abstrato, a homenagem ao passado e a semente do futuro.

Ainda assim, mostrou-se inviável abranger todos os artistas e estúdios que mereceriam figurar numa antologia. A animação explodiu no mundo. São milhares de artistas surgindo a cada ano, milhares de filmes inundando festivais como Anima Mundi, procurando seu espaço nos cinemas, TVs, internet e nos sentidos e mentes de um público apaixonado. O desfile de imagens que vemos aqui, mais do que um catálogo dos nomes em atividade, pretende ser uma amostra da diversidade e da excelência que alcançou esta arte no milênio que há pouco terminou. Este livro é dedicado ao leitor que, se não compartilha ainda de nossa paixão, certamente será fisgado de uma vez para este universo onde nada é impossível, e toda forma de expressão e movimento é bem vinda e apreciada.

CONTENTS

Nombre oficial y información de contacto / Nome ufficiale e informazioni di contatto / Nome oficial e informação de contato

Filmografía seleccionada / Filmografia selezionata / Filmografia selecionada

Premios seleccionados / Riconoscimenti selezionati / Prêmios selecionados

Técnicas utilizadas / Tecniche / Técnicas

AARDMAN ANIMATIONS

United Kingdom
Gas Ferry Road, Bristol,
England BS1 6UN
E-mail: mail@aardman.com
Phone: +44 (0) 117 984 8485

Animated Conversations, 1978
Conversation Pieces, 5 shorts, 1981-1983
Sledgehammer, 1986
My Baby Just Cares for Me, 1987
Lip Synch, 5 shorts, 1989
A Grand Day Out, 1989
Adam, 1991
The Wrong Trousers, 1993
Pib & Pog, 1994
A Close Shave, 1995
Wat's Pig, 1996
Stage Fright, 1997
Rex the Runt, series, 1997/2001
Angry Kid, series, 1999/2002
Chicken Run, 2000
Creature Comforts, series, 2003

8th MTV Award, 1987
Academy Award Best Animated Short, 1991/1994/1996,
Best Animation BAFTA, 1990/1994/1996/1998
Golden Hugo Chicago, 1990/1993
Best Children's Film Zagreb, 1990
Special Jury Prize Annecy, 1991
Grand Prize Espinho, 1993
Grand Prix Zagreb, 1994
Grand Prix Ottawa, 1994
Special Jury Prize Ottawa, 1996
Emmy Award, 1996
First Prize and Best Stop motion WAC/USA, 1997
Audience Prize Annecy, 1997
Special Jury Prize Hiroshima, 2000

Stop-motion animation, Computer Generated Imagery (CGI)
Pixillation
Mixed techniques

AARDMAN

www.aardman.com

Todo empezó con Aardman, un superhéroe algo inepto que los compañeros de colegio Peter Lord y David Sproxton crearon para un programa de la BBC en 1972 usando una pequeña cámara de 16 mm. Más de 30 años después, la aventura desembocó en la consolidación de Aardman Animations como el estudio de animación en plastilina de mayor éxito del mundo. A Aardman le siguieron el adorable Morph y un cortejo de personajes sorprendentes que divierte a niños y adultos del mundo entero.

Aardman dio el gran salto en 1982 cuando la serie *Conversation Pieces* intentó crear una técnica innovadora que consistía en usar la grabación de conversaciones reales como base para la animación. Surgía así el inconfundible estilo de comedias prosaicas e irresistibles como *Early Bird* y, posteriormente, *War Story* y *El confort de las criaturas*.

El talentoso Nick Park se unió a Lord y a Sproxton en 1986 con la aportación de *Una gran excursión* y del dúo Wallace & Gromit, un inventor alocado y un perro listo que encarnan de maravilla los rasgos más típicos del carácter británico. Los cortos de Aardman están repletos de ideas brillantes, una técnica impecable y un sentido magistral de la dramaturgia cinematográfica. Prueba de ello son las siete nominaciones al Oscar que han recibido y las tres estatuillas con que han sido galardonados.

El acuerdo de coproducción de cinco largometrajes con la americana Dreamworks ha dado un nuevo impulso al estudio. El primero, *Chicken Run*, llegó a ser una de las películas de animación con mayor éxito de la historia y en 2005 llegará a la pantalla el primer largometraje de Wallace & Gromit. Y por si no fuera suficiente, el éxito de las series *El confort de las criaturas*, así como *Rex the Runt* y *Angry Kid* han sellado el liderazgo de Aardman en la televisión, en Internet y en los teléfonos móviles, haciendo que sea imposible quedar inmune al encanto de sus creaciones.

Tutto iniziò con la creazione di Aardman: un supereroe un po' inetto, nato dall'immaginazione di due compagni di scuola: Peter Lord e David Sproxton. Nel 1972 crearono questo personaggio, per un programma della BBC, utilizzando una piccola telecamera di 16 mm. Più di 30 anni dopo, l'avventura sfociò nel consolidamento dello studio Aardman Animations come lo studio di animazione di plastilina più importante del mondo. Al personaggio di Aardman, seguirono l'adorabile Morph e una serie di personaggi sorprendenti che divertono bambini e adulti in tutto il mondo.

Aardman dette il gran salto nel 1982, quando nella serie *Conversation Pieces* i suoi creatori sperimentarono una tecnica innovativa che consisteva nella registrazione di conversazioni reali come base dell'animazione. Nasceva così l'inconfondibile stile di commedie semplici e irresistibili come *Early Bird* e in seguito, *War Story* e *Creature Comforts*.

Nick Park, un artista ricco di talento, si unì a Lord e a Sproxton nel 1986, creando in *Wallace & Gromit-Una gita fantastica* un duo composto da un inventore precipitoso e un cane furbo che impersonano perfettamente le caratteristiche dei britannici in genere. I cortometraggi di Aardman sono pieni di idee brillanti e in essi spiccano una tecnica impeccabile e un senso magistrale della drammaturgia cinematografica. La prova più evidente di quanto detto, sono le sette candidature all'Oscar che hanno ricevuto e le tre statuette che sono riusciti a vincere.

L'accordo di collaborazione stretto con la Dreamworks, ha dato un nuovo impulso allo studio. Il primo film, *Galline in fuga*, si è rivelato essere uno dei film d'animazione che ha riscosso più successo nella storia e nel 2005 arriverà sul grande schermo il primo lungometraggio del binomio Wallace & Gromit. Se ancora non bastasse, il successo delle serie televisive Creature Comforts e di *Rex the Runt* e *Angry Kid* hanno consolidato la leadership di Aardman in televisione, ma anche su Internet e nella telefonia mobile. È impossibile rimanere immune al fascino delle loro creazioni.

No princípio era Aardman, um super-herói meio idiota (nerdish) que os colegas de escola Peter Lord e David Sproxton criaram para um programa da BBC em 1972, usando uma pequena câmera de 16 mm. A aventura resultaria, mais de 30 anos depois, na consolidação da Aardman Animations como o mais bem-sucedido estúdio de animação em massinha do mundo. A Aardman seguiram-se o adorável Morph e um cortejo de personagens impagáveis, que fazem a alegria de crianças e adultos no mundo inteiro.

O grande salto da Aardman deu-se em 1982, quando a série *Conversation Pieces* ensejou a criação de uma técnica inovadora: gravações de conversas reais serviam de base à animação. Surgia o estilo inconfundível de comédias prosaicas e irresistíveis como *Early Bird* e mais tarde *War Story* e *Creature Comforts*.

O talentoso Nick Park juntou-se a Lord e Sproxton em 1986, trazendo *A Grand Day Out* e com ele a dupla Wallace & Gromit, um inventor amalucado e seu cachorro esperto que encarnam deliciosamente traços bem típicos do caráter britânico. Os curtas da Aardman são repletos de idéias brilhantes, técnica impecável e um senso magistral de dramaturgia cinematográfica. Já foram indicados ao Oscar sete vezes e em três saíram vencedores.

O estúdio deu nova largada a partir de um acordo de co-produção de cinco longas-metragens com a Dreamworks americana. O primeiro, *Chicken Run*, viria a ser um dos mais bem-sucedidos filmes da história da animação. Em 2005, chega às telas o primeiro longa de Wallace & Gromit. O sucesso do seriado *Creature Conforts*, como também de *Rex the Runt* e de *Angry Kid* selaram a liderança da Aardman na TV, na internet e nos telefones celulares, tornando praticamente impossível ficar imune ao charme de suas criações.

MONEY STUFF
SUN TV GUIDE

Pg. 11 Top Angry Kid, Series 2, Curious
© Aardman Animations Ltd 2002.

Pg. 11 Bottom Angry Kid - Photofit
© Aardman Animations Ltd 1999.

Pg. 12 Top Angry Kid, Series 1, Chips
© Aardman Animations Ltd 1999

Pg. 12 Bottom Angry Kid Masks
© Aardman Animations Ltd 2002

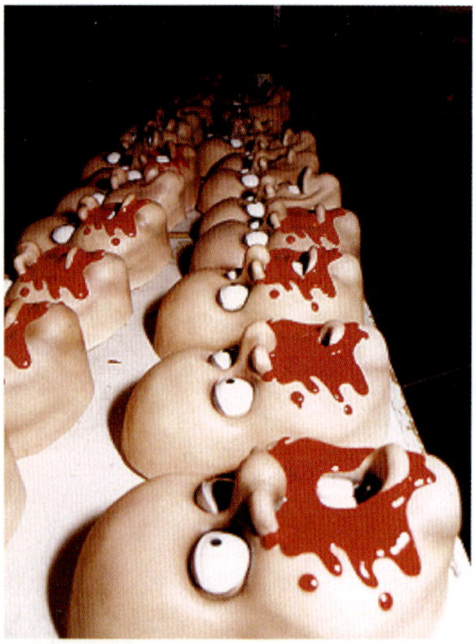

Pg. 13 The Porridge Sequence from A Close Shave
A Close Shave © Aardman/Wallace & Gromit Ltd, 1995

ACME FILMWORKS.

USA
Contact: Ron Diamond
6525 Sunset Blvd. Garden,
Suite 10, Hollywood, CA 90028
E-mail: rjd@acmefilmworks.com
Phone: 323.464.7805
Fax: 323.464.6614

The Monk and the Fish - Michael Dudok de Wit, 1994
Impressions - Aleksandra Korejwo, 1995
Drawn from Memory - Paul Fierlinger, 1995
When the Day Breaks - Wendy Tilby & Amanda Forbis, 1999
Father and Daughter - Michael Dudok de Wit, 2000
Nibbles - Chris Hinton, 2003

Clio Awards

Traditional animation
Stop motion
Photo collage
Computer graphics

ACME FILMWORKS

www.acmefilmworks.com

El reparto de directores ligados a Acme Filmworks parece una réplica de este libro. Allí figuran algunos de los nombres más importantes de la animación mundial: Paul Driessen, Joanna Quinn, Koji Yamamura, Aleksandra Korejwo, Caroline Leaf, Michael Dudok de Wit, Piotr Dumala, Barry Purves, Wendy Tilby y Amanda Forbis, entre muchos otros. A pesar de que puede que no se les encuentre físicamente reunidos en el famoso estudio de Hollywood, sus trabajos circulan virtualmente por los ordenadores de Acme.

Fundada en 1990 por Ron Diamond, la empresa es una especie de Naciones Unidas de la animación comercial. Su propuesta consiste en atraer hacia el mercado de la publicidad a los mayores talentos independientes de todo el mundo, además de encontrar el estilo personal adecuado para cada mensaje corporativo.

Acme produce anuncios, logos animados y aperturas de televisión para clientes que van desde Microsoft, Universal Pictures, Nabisco o Disney hasta Nike, NBC, Coca-Cola o las sopas Campbells. Entre los grandes animadores se pueden citar nombres como el de Peter Chung, que alterna sus películas personales y los trabajos para la televisión con anuncios de motocicletas y autorrestaurantes para Acme, o el de Bill Plympton, quien, si no está cometiendo otro de sus "delitos" animados, seguramente estará dibujando anuncios de seguros y teléfonos.

El énfasis en la calidad artística y la búsqueda de equilibrio entre libertad de creación y objetividad en la comunicación generan un ambiente estimulante para los cineastas. Poco a poco, el estudio se va aventurando también en la producción de cortometrajes de autor, como el reciente *Nibbles* de Chris Hinton, nominado al Oscar.

L'elenco dei registi legati alla Acme Filmworks sembra essere una replica di questo stesso libro. Infatti conta con alcuni dei nomi più importanti dell'animazione mondiale: Paul Driessen, Joanna Quinn, Koji Yamamura, Aleksandra Korejwo, Caroline Leaf, Michael Dudok de Wit, Piotr Dumala, Barry Purves, Wendy Tilby e Amanda Forbis, tra i numerosi altri. Malgrado non siano riuniti tutti fisicamente nel grande studio di Hollywood, i loro lavori circolano virtualmente nei computer della Acme.

Nel 1990 Ron Diamond fondò questo studio che assomiglia ad una sorta di ONU dell'animazione commerciale. La sua proposta consiste nell'attrarre al mercato della pubblicità i più grandi talenti indipendenti di tutto il mondo, oltre a scoprire lo stile personale adatto per ogni messaggio corporativo.

Acme produce annunci pubblicitari, loghi animati e sigle televisive per un grande portfolio clienti: Microsoft, Universal Pictures, Nabisco, Disney, Nike, NBC, Coca-Cola o le famose zuppe Campbells. Tra i grandi animatori possono essere citati Peter Chung, che alterna i suoi film personali e lavori per la televisione, con le campagne pubblicitarie di motociclette e drive-in per conto di Acme; o ancora il nome di Bill Plympton, che se non è impegnato a commettere un altro dei suoi "delitti animati", sicuramente starà disegnando annunci per assicurazioni e telefoni.

L'enfasi nella qualità artistica e la ricerca dell'equilibrio tra libertà di creazione e obiettività nella comunicazione, generano un ambiente stimolante per i cineasti. Lo studio, poco a poco, si è avventurato anche nella produzione di cortometraggi d'autore, come il recente *Nibbles* di Chris Hinton che è stato candidato all'Oscar.

O elenco de diretores ligados à Acme Filmworks parece uma réplica deste livro. Ali figuram alguns dos nomes mais importantes da animação mundial: Paul Driessen, Joanna Quinn, Koji Yamamura, Aleksandra Korejwo, Caroline Leaf, Michael Dudok De Wit, Piotr Dumala, Barry Purves, Wendy Tilby & Amanda Forbis etc. Você pode não encontrá-los reunidos fisicamente no famoso estúdio de Hollywood, mas seus trabalhos circulam virtualmente pelos computadores da Acme.

Fundada em 1990 por Ron Diamond, a empresa é uma espécie de Nações Unidas da animação comercial. Sua proposta é trazer para o mercado dos anúncios publicitários os maiores talentos independentes dos quatro cantos do mundo. E encontrar o estilo pessoal certo para cada mensagem corporativa.

A Acme produz comerciais, logos animados e aberturas de TV para clientes que vão da Microsoft à Universal Pictures, da Nabisco à Disney, da Nike à NBC, da Coca-Cola às sopas Campbells. Um grande animador como Peter Chung alterna seus filmes pessoais e trabalhos para a TV com anúncios de motocicletas e restaurantes *drive-in* para a Acme. Bill Plympton, se não estiver cometendo mais um de seus "delitos" animados, estará certamente desenhando comerciais de seguros e telefones para a Acme.

A ênfase na qualidade artística e a busca do melhor equilíbrio entre liberdade de criação e objetividade na comunicação geram um ambiente estimulante para os cineastas. Pouco a pouco, o estúdio vai se aventurando também na produção de curtas autorais, como o recente *Nibbles*, de Chris Hinton, indicado para o Oscar da categoria.

PLAY
FUN
SPIN
GOOD
YES
LADY
LUCK
OH BABY!
©2003 Wisconsin Lottery

Pg. 15 Top
Rally's
Dir.: Peter Chung
"Chicken Sandwich"
Agency: Crispin, Porter & Bogusky

Pg. 15 Bottom
"Casino"
Wisconsin Lottery
Agency: Hoffman York

Pg. 16
"Woodcut"
Dir.: Wendy Tilby and Amanda Forbis
Colorado Lottery
Agency: Karsh & Hagan Communications

Pg. 17 Top left
"Kick in the Shins"
Bank Atlantic
Agency: Harris, Drury, Cohen

Pg. 17 Bottom left
"Flamingo"
Dir.: Joanna Quinn
Charmin
Agency: D'Arcy, London

Pg. 17 Top right
"Woman"
Bigmouth US Unwired
Agency: Lawler Ballard Van Durand

Pg. 17 Bottom right
"Landscape"
Dir.: Aleksandra Korejwo
Colorado Lottery
Agency: Karsh & Hagan Communications

ALEXANDER PETROV

Russia
Studio of Alexander Petrov
150054 Yaroslavl, Shapova
Street, 10 - Box 6
E-mail: petroff@yaroslavl.ru
Phone: + 0852 308538

Cow, 1989
The Dream of a Ridiculous Man, 1992
The Mermaid, 1996
The Old Man and the Sea, 1999

Special Jury Prize - Annecy, 1997
Grand Prize - Espinho, 1997/1999
First Prize - Zagreb, 1998/2000
Hiroshima Prize, 1998
Academy Award and Grand Prix - Annecy, 2000

Paint on glass

ALEXANDER PETROV

El ruso Alexander Petrov ya había pasado a los anales de la animación cuando realizó la primera película del género para las gigantescas pantallas IMAX con la productora canadiense Pascal Blais Animation. *El viejo y el mar* también consiguió el Oscar al mejor cortometraje animado en 2000.

La escala de la proyección contrasta con el minucioso trabajo manual de Petrov en la confección de sus películas. Para cada cuadro, pinta con los dedos sobre una superficie de vidrio retroiluminado y, posteriormente, fotografía el resultado. *El viejo y el mar* consta de 29.000 tomas, laboriosamente preparadas a lo largo de casi tres años. El viejo pescador de la obra de Ernest Hemingway, en su lucha contra el mar y el gran pez, es una metáfora muy apropiada para el paciente y exhaustivo trabajo de Alexander Petrov.

Nacido en 1957, este genio de la animación rusa inició su carrera en 1981, en Moscú, como director de arte. De ahí la gran importancia de la dirección de arte y de los guiones gráficos (*storyboards*) en sus películas. Petrov trabaja con retratos, paisajes y acontecimientos históricos, siempre desde una perspectiva realista. Sus pinturas transmiten detalladamente la textura de los materiales, así como la suavidad de la piel de las personas. Por lo general, usa modelos humanos, como su hijo Dimitri, que le inspiran los movimientos y posturas de sus personajes.

La literatura tiene una gran importancia como fuente de su obra. Además de Hemingway, ha adaptado a Dostoievski (*The Dream of a Ridiculous Man*) y a Andrei Platonov (*Cow*). Esta última película y *The Mermaid* fueron nominadas por la Academia de Hollywood. Desde 1992, Petrov dirige su propia productora, la Panorama Animation Film Studio.

Quando il russo Alexander Petrov realizzò il suo primo film di animazione per gli schermi giganteschi della IMAX con la casa di produzione canadese Pascal Blais Animation, il suo nome era già entrato negli annali dell'animazione. Nel 2000 anche *The Old Man and the Sea* ottenne l'Oscar per il miglior cortometraggio animato.

La grande scala di proiezione contrasta con il lavoro manuale minuzioso di Petrov nella confezione dei suoi film. Ogni quadro viene dipinto su una superficie di vetro illuminata sul retro e in seguito Petrov ne fotografa il risultato. *The Old Man and the Sea* si compone di 29.000 riprese che vennero preparate in maniera laboriosa durante tre anni. Il vecchio pescatore dell'opera di Ernest Hemingway rappresenta, nella sua lotta contro il mare e un grande pesce, un'appropriata metafora per il lavoro paziente ed esaustivo di Alexander Petrov.

Questo genio dell'animazione russa nacque nel 1957 e la sua carriera professionale iniziò a Mosca nel 1981 come direttore artistico. Da qui deriva la gran importanza che rivestono la direzione artistica e le sceneggiature grafiche (*storyboards*) nei suoi film. Petrov lavora con ritratti, paesaggi ed avvenimenti storici, sempre partendo da una prospettiva realistica. I suoi dipinti trasmettono in maniera dettagliata la composizione dei materiali, come pure la carnagione della pelle delle persone. In genere, Petrov utilizza modelli umani, come ad esempio suo figlio Dimitri, per trarre ispirazione nella creazione dei movimenti e degli atteggiamenti dei suoi personaggi.

La letteratura riveste una grande importanza come fonte d'ispirazione della sua opera. Oltre a Hemingway, ha adattato Dostoievski, (*The Dream of a Ridiculous Man*) e Andrei Platonov, (*Cow*). Quest'ultimo film, insieme a *The Mermaid*, fu nominato dall'Accademia di Hollywood. Dal 1992 Petrov dirige il suo studio di animazione, Panorama Animation Studio.

O russo Alexander Petrov há muito já havia entrado para os anais da animação quando realizou o primeiro filme do gênero para as gigantescas telas IMAX, num empreendimento da canadense Pascal Blais Animation. *The Old Man and the Sea* também arrebataria o Oscar de curta de animação em 2000.

A escala da projeção contrasta com o minucioso trabalho manual de Petrov na confecção de seus filmes. Para cada quadro ele pinta com os dedos sobre uma superfície de vidro retroiluminado e em seguida fotografa o resultado. Em *The Old Man and the Sea*, constam 29.000 *takes*, laboriosamente preparados ao longo de quase três anos. O velho pescador de Ernest Hemingway, em sua luta persistente contra o mar e o grande peixe, é uma metáfora adequada para o paciente e exaustivo trabalho de Alexander Petrov.

Nascido em 1957, esse gênio da animação russa iniciou sua carreira em 1981, em Moscou, como diretor de arte. Daí a grande importância da direção de arte e dos storyboards em seus filmes. Petrov trabalha com retratos, paisagens e eventos históricos, sempre numa perspectiva realista. Suas pinturas transmitem detalhadamente a textura dos materiais, assim como a suavidade da pele das pessoas. Ele geralmente usa modelos humanos, como seu filho Dimitri, para inspirar os movimentos e posturas de suas personagens.

A literatura tem grande importância como fonte de sua obra. Além de Hemingway, ele adaptou Dostoievski (*The Dream of a Ridiculous Man*) e Andrei Platonov (*Cow*). Este último e *The Mermaid* receberam indicações da Academia de Hollywood. Desde 1992, Petrov dirige sua própria companhia, a Panorama Animation Film Studio.

Pg. 18 Sketches for The Old Man and the Sea, 1999

Pg. 19–21 The Old Man and the Sea
Paint on glass, 1999

Pg. 23 Cow, 1989
Paint on glass

Pg. 22 The Mermaid, 1996
Paint on glass

ANDREAS HYKADE

Germany
Ostendstraße 106,
70188 Stuttgart
E-mail: andreas@hykade.de
Fax: 00 49 711 489 1925

The King Is Dead, 1990
We Lived in Grass, 1995
Ring of Fire, 2000
Tom TV series, 2003

German Short Film Award in Silver, 1996
Special Prize of the Jury - Hiroshima, 1996
Best Student Film - Stuttgart, 1996
Grand Prize Studentfilm - Ottawa, 1997
Grand Prize - Ottawa, 2000
Best animated short Sitges - Spain, 2000
Animago Award - Germany, 2003

Traditional animation
Computer graphics

ANDREAS HYKADE

www.hykade.de

Mientras su padre se divertía con sus amigos en un pub de Baviera, en Alemania, el pequeño Andreas Hykade, nacido en 1968, se ponía a dibujar en un rincón. Los ecos de aquel mundo masculino, hecho de cerveza, sexo y algo de violencia, resonarían más tarde en la vida profesional de uno de los animadores alemanes contemporáneos más fascinantes.

Las películas de Hykade investigan con profundidad los mitos del machismo, del heroísmo y del poder en una sociedad dominada por el hombre, sin llegar a perder el sentido de la poesía y un humor desconcertante. *The King Is Dead* realiza un retrato perturbador de la decadencia de Elvis Presley. *We Lived in Grass*, trabajo con resonancias autobiográficas, examina la complicada formación de la mentalidad de un niño en un pueblo. *Ring of Fire* muestra la estrepitosa entrada de dos vaqueros en un burdel del Viejo Oeste antes de conocer la verdadera alma femenina.

Hykade utiliza procesos de creación inusitados. En *Ring of Fire*, por ejemplo, la acción principal aparece atravesada por 30 imágenes eróticas compuestas a partir de una consulta pública sobre fantasías sexuales. La combinación del diseño 2D con otros recursos gráficos crea fantásticos efectos de profundidad.

En el tiempo trasncurrido entre sus vivencias en aquel pub bávaro y la agradable colaboración con la productora Gambit de la que disfruta en la actualidad, Andreas Hykade estudió en la Academia de Bellas Artes y en la Filmakademie Baden-Württemberg, ambas en Stuttgart, para después convertirse él mismo en profesor de arte y cine. Realizador independiente desde 1992, ha dirigido más de 60 videoclips, tráileres de TV, películas publicitarias, juegos interactivos, presentaciones multimedia y películas infantiles.

Quando suo padre si divertiva a giocare con gli amici in un pub della Baviera, il piccolo Andrea Hykade, nato nel 1968, disegnava in un angolo. L'eco di quel mondo maschile fatto di birra, sesso e una certa violenza, sarebbe riemerso in seguito nella vita professionale di uno dei più affascinanti animatori tedeschi contemporanei.

I film di Hykade analizzano in profondità i miti del machismo e dell'eroismo in una società dominata dall'uomo, senza però perdere la poesia e una sconcertante ironia. In *The King Is Dead* Hykade ritrae in maniera perturbante la decadenza di Elvis Presley. Nel suo lavoro *We Lived in Grass*, che presenta chiare note autobiografiche, analizza invece la complicata formazione di un bambino di paese, mentre in *Ring of Fire* fa vedere l'ingresso strepitoso di due cowboy in un bordello del vecchio west, prima di conoscere la vera anima femminile.

Hykade si serve di processi di creazione non comuni, per esempio in *Anello di fuoco* l'azione principale appare attraversata da 30 immagini erotiche che prendono spunto da un sondaggio pubblico sulle fantasie sessuali. La combinazione del disegno in 2D con l'uso di alcune risorse del disegno grafico crea fantastici effetti di profondità.

Tra gli avvenimenti vissuti in quel pub bavarese e la collaborazione piacevole che lo unisce attualmente con la casa di produzione Gambit, Andrea Haykade fece i suoi studi all'accademia di Belle Arti e alla Filmakademie Baden-Württemberg, entrambe a Stoccarda, per poi diventare egli stesso professore di quelle stesse discipline che apprese. Dal 1992 è realizzatore indipendente ed ha diretto più di 60 videoclips, trailers per la TV, film pubblicitari, giochi interattivi, presentazioni multimedia e film infantili.

Enquanto seu pai divertia-se com os amigos num *pub* da Baviera, Alemanha, o pequeno Andreas Hykade, nascido em 1968, ficava desenhando numa mesa de canto. Os ecos daquele mundo masculino, feito de cerveja, sexo e alguma violência ressoariam mais tarde na vida profissional de um dos mais fascinantes animadores alemães contemporâneos.

Os filmes de Hykade investigam em profundidade os mitos do machismo, do heroísmo e do poder na sociedade falocrata. Sem nunca perder o senso de poesia e um humor desconcertante. *The King Is Dead* faz um retrato perturbador da decadência de Elvis Presley. *We Lived in Grass*, trabalho com ressonâncias autobiográficas, examina a difícil formação da mentalidade de um garoto numa pequena cidade. *Ring of Fire* mostra a bombástica entrada de dois caubóis num bordel do Velho Oeste, antes de conhecerem a verdadeira alma feminina.

Hykade emprega processos de criação inusitados. Em *Ring of Fire*, por exemplo, a ação principal é atravessada por 30 imagens eróticas compostas a partir de uma consulta pública sobre fantasias sexuais. A combinação de desenho 2D com recursos de computação gráfica cria fantásticos efeitos de profundidade.

No caminho entre aquele *pub* bávaro e a confortável parceria que hoje desfruta com a produtora Gambit, Andreas Hykade estudou na Academia de Belas Artes e na Filmakademie Baden-Württemberg, ambas em Stuttgart, e tornou-se ele próprio um professor nessas matérias. Realizador independente desde 1992, dirigiu mais de 60 videoclipes, trailers de TV, filmes publicitários, jogos interativos, apresentações multimídia e filmes infantis.

Pg. 29 coversketch for PLÄSIR DO LE MONDE, 2003
Ink on paper

Pg. 26–27 Ring of Fire, 2000
Ink on cell & Lightwave postproduction

Pg. 28 filmstills from TOM, 2003
Flash

ARNALDO GALVÃO

Brazil
Contact: ARNALDO GALVÃO
E-mail: arg@uol.com.br
Rua Manoel Jacinto 667
BL 8-72, São Paulo SP
Cep 05624.001
Phone: + 55 11 3743 8152

Uma saída política / Political Trick, 1990
Deus nasceu foi no Brasil / God was Born in Brazil, 1990
Disque N para nascer / Dial B for Birth, 1992
Dr. Galvão, 1998/2000
Podrera & OVNI, 2000
Almas em chamas / Souls'n Flames, 2000
The Xtremers, 2002
Saudade de casa / Homesickness, 2003
Assédio / Harassment, 2003

Curta nas Telas/Shorts on Screen Award, 1990/1992
Fiat Prize, 1990
Jury Special Prize and Best Screenplay Gramado /Brazil, 2000
Best Animation Grand Prize of Brazilian Cinema, 2001
Best Screenplay Miami, 2001

Traditional animation
Cut out
2D and 3D computer graphics

ARNALDO GALVÃO

Almas em chamas, la ardiente historia de amor y pasión entre un bombero y una bailarina, llevó a Arnaldo Galvão a la fama tanto en Brasil como en el extranjero. El animador brasileño es todo un veterano de la animación y, de hecho, el festival Anima Mundi programó una retrospectiva de su obra en la edición de 2003. En ella se podían ver desde las sesiones de autoayuda del Dr. Galvão –un divertido *álter ego* del autor–, hasta el mitin cantado a modo de ópera bufa de *Uma saída política*, pasando por el programa piloto de TV *Podrera & OVNI* –la increíble saga de dos perros nihilistas que ladran poco y que se mueven aún menos.

Con todo, los primeros personajes de Arnaldo Galvão no se movían ni una pizca: se trataba de caricaturas e ilustraciones que hacía para renombrados periódicos y revistas brasileños como *O Pasquim*, *Movimento*, *Versus* o *Folha de São Paulo*. Fue en 1980 cuando quedó atrapado por la animación, en pleno ambiente universitario. Cinco años después trabajaría con Mauricio de Souza, uno de los pioneros de la industria de la animación brasileña, con su célebre *Turma da Mônica*. En la pequeña pantalla ha formado parte de los equipos de *Castelo Ratimbum* y otros programas infantiles de éxito.

Versátil en lo que se refiere a técnicas, géneros y métodos de producción, Galvão ya ha realizado más de 200 películas publicitarias, además de 10 cortometrajes, en los que ha dado rienda suelta a la sátira. Los diversos programas piloto de TV de que consta su currículo muestran su firme determinación de querer explorar el potencial de la animación junto al inmenso público de telespectadores de Brasil. En 2003, fue uno de los fundadores de la Asociación Brasileña de Cine de Animación.

Almas em chamas, la passionale storia d'amore tra un pompiere e una ballerina, consacrò Arnaldo alla fama, in Brasile ed all'estero. Quest'animatore brasiliano è un veterano dell'animazione, tanto che il festival Anima Mundi programmò una retrospettiva della sua opera nell'edizione del 2003. Durante questa retrospettiva era possibile vedere dalle sessioni di autodisciplina del Dott. Galvão, un divertente alter ego dell'autore, al meeting cantato a mo' di opera buffa di *Uma saída política*, passando per il programma pilota per la TV, *Podrera & OVNI*, che tratta dell'incredibile saga di due cani nichilisti che abbaiano poco e si muovono ancora meno.

I primi personaggi di Arnaldo Galvão, malgrado tutto, non si muovevano nemmeno un po': si trattava di caricature ed illustrazioni che faceva per famosi giornali e riviste brasiliane come *O Pasquim*, *Movimento*, *Versus* o *Folha de São Paulo*. Nel 1980 rimase colpito e affascinato dall'animazione, in pieno ambiente universitario. Cinque anni dopo, avrebbe lavorato con Mauricio de Souza, uno dei pionieri dell'industria dell'animazione brasiliana, con la sua celebre opera *Turma da Mônica*. Sul piccolo schermo ha fatto parte dei gruppi che hanno lavorato a *Castelo Ratimbum* e altri programmi di successo.

Galvão, un artista versatile per quanto riguarda tecniche, generi e metodologie della produzione, ha già realizzato oltre 200 film pubblicitari, senza contare i 10 cortometraggi in cui ha dato libero sfogo alla satira. I diversi programmi pilota realizzati per la televisione, dimostrano la sua ferma determinazione di volere esplorare il potenziale dell'animazione insieme all'immenso pubblico dei telespettatori brasiliani. Nel 2003 fondò con altri l'Associazione Brasiliana del Cinema di Animazione.

Almas em chamas, a afogueada história de amor *hardcore* entre um bombeiro e uma dançarina, tornou o seu nome popular no Brasil e conhecido no exterior. Mas o animador brasileiro Arnaldo Galvão já tem carreira de veterano, a ponto de o festival Anima Mundi ter programado uma retrospectiva de sua obra na edição de 2003. Pôde-se ver, então, desde as aulas de auto-ajuda do Dr. Galvão, um divertido alter-ego do autor, até o comício cantado em tom de ópera bufa de *Uma saída política*. Passando, é claro, pelo piloto de TV *Podrera & OVNI*, a incrível saga de dois cachorros niilistas que latem pouco e se movem menos ainda.

As primeiras personagens de Arnaldo Galvão não se moviam um milímetro: estavam nos cartuns e ilustrações que ele fazia para famosos jornais e revistas brasileiros, como O Pasquim, Movimento, Versus e Folha de São Paulo. A animação o fisgou em 1980, no ambiente universitário. Cinco anos depois, Galvão iria trabalhar com Maurício de Souza, pioneiro da indústria de animação no Brasil com sua célebre Turma da Mônica. Na televisão, integrou as equipes de *Castelo Ratimbum* e outros programas infantis de sucesso.

Versátil em matéria de técnicas, gêneros e modos de produção, Galvão já realizou mais de 200 filmes publicitários, além de 10 curtas-metragens onde deu vazão a sua veia satírica. Os diversos pilotos de TV que constam do seu currículo indicam a firme determinação de explorar o potencial da animação junto à imensa platéia de telespectadores do Brasil. Em 2003, ele foi um dos fundadores da Associação Brasileira de Cinema de Animação.

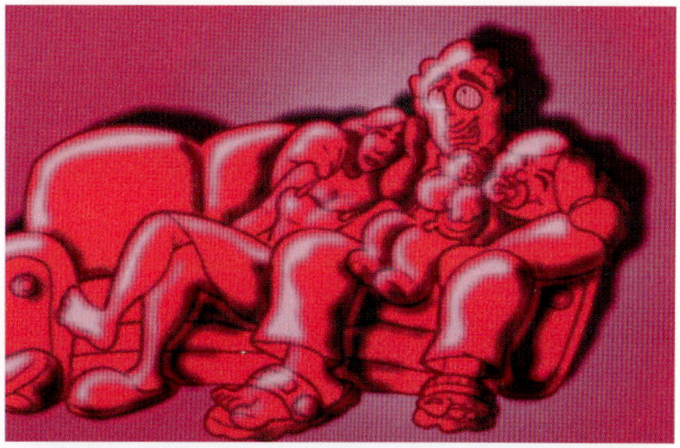

Pg. 31 Almas em Chamas/Souls'n Flames, 2000
Traditional animation

Pg. 32 Dr. Galvão (TV series), 1998/2000
Traditional animation

g. 33 Haina (TV series), 2000
raditional animation

BARRY J. C. PURVES

United Kingdom
5 Woodleigh, Bradgate Road,
Altrincham, Cheshire, WA14 4QU
achilles@purvesb.freeserve.co.uk
Phone: + 44 161 928 8955

Next, 1989
Screen Play, 1992
Rigoletto, 1993
Achilles, 1995
Gilbert & Sullivan – The Very Models, 1998
Hamilton Mattress, 2001

Grand Prix - Shanghai, 1992
Best Animation - Oberhausen, 1993
Gold Plaque - Chicago, 1993
Suddeutsch Rundfunks Prize - Stuttgart, 1994
Best Animation Mediawave, 1994
Best in 5-15 minutes - Hiroshima, 1994
Special Prize - Ottawa, 1994
Golden Dove - Leipzig, 1995
Special Jury Prize - Hiroshima, 1996
Special Jury Prize - Seoul, 1997
Best Film Anima Mundi - Rio de Janeiro, 1998
Best Direction - Seoul, 1999
Best TV Special - BAA, 2002
Grand Prix - Annecy, 2002

Puppet and objects animation
CGI

BARRY PURVES

www.barrypurves.com

Barry Purves ha dado vida a sujetadores, patatas fritas, croquetas danzantes y pajitas de refresco haciendo el amor (con burbujitas al final). Pero su pasión son los muñecos, de los cuales extrae expresiones inolvidables. Shakespeare, por ejemplo, convertido en muñeco, vive momentos culminantes de sus obras en el premiado *Next*, al tiempo que en *Rigoletto* los personajes de Verdi pasan por las amarguras de la ópera y derraman un montón de sangre. Asimismo, *Achilles* homenajea el teatro griego con una visión erótica de la amistad y *Screen Play*, nominado para el Oscar, es una referencia al teatro kabuki japonés.

Purves no quiere ver la animación restringida a una viñeta, sino que la quiere asociar a otras artes, especialmente a las artes escénicas, donde él inició su carrera, a pesar de haber desistido rápidamente de ser actor. Partió de la idea de que podría hacer que los muñecos adquirieran más expresividad de la que él jamás podría llegar a tener y lo ha conseguido, sobre todo, perfeccionando el lenguaje corporal en detrimento de los diálogos.

Nacido en 1955, el inglés Barry Purves cambió el teatro por el mundo audiovisual en 1978. Ha dirigido y animado diversos largometrajes y series para la cadena de televisión Thames y su método consiste en escoger a animadores diferentes para crear personajes específicos. Desde 1986, ha realizado 70 anuncios, inserciones publicitarias animadas, secuencias de apertura, etc., a través de estudios como Aardman o su propio Bare Boards, fundado a principios de los noventa.

El cine americano lo captó para que concibiera a los muñecos que actuarían en *Mars Attacks!* y, más recientemente, en la fase previa de animación de *King Kong*, de Peter Jackson, además de consultarle para *El señor de los anillos: el retorno del rey*. El diseño gráfico digital es la nueva frontera de los personajes de Purves.

Barry Purves ha dato vita a reggiseni, patate fritte, crocchette danzanti e cannucce che facevano l'amore, con tanto di bollicine finali. La sua passione, ad ogni modo, sono i pupazzi, dai quali riesce ad ottenere delle espressioni indimenticabili. Persino Shakespeare ridotto a pupazzo vive i momenti culminanti della sua opera nel premiato *Next*, allo stesso tempo in cui nel *Rigoletto* i personaggi di Verdi vivono le amarezze dell'opera e spargono sangue a volontà. Parimenti, *Achilles* è un omaggio al teatro greco con una visione erotica dell'amicizia e *Screen Play*, che è stato candidato ad un Oscar, fa chiaro riferimento al teatro giapponese kabuki.

Purves non vuole ridurre l'animazione ad una semplice vignetta, ma preferisce associarla ad altre forme artistiche, specialmente a quella teatrale, che lo vide iniziare la sua carriera, nonostante desistette quasi subito dall'idea d'essere un attore. Cominciò pensando che i pupazzi avrebbero potuto avere più espressività, di quella che egli stesso sarebbe mai riuscito ad avere e sembra proprio che avesse ragione, a giudicare dai suoi lavori nei quali ha perfezionato soprattutto il linguaggio corporale a scapito dei dialoghi.

Inglese, nato nel 1955, cambiò il teatro per il mondo audiovisuale nel 1978. Ha diretto e animato vari lungometraggi e serie televisive per la catena Thames e la sua metodologia di lavoro consiste nel scegliere diversi animatori per creare personaggi specifici. Dal 1986 ha realizzato 70 annunci pubblicitari, inserzioni pubblicitarie animate, sequenze d'apertura ed altro ancora, per mezzo di studi come Aardman o come il suo personale, Bare Boards, fondato al principio degli anni novanta.

Il cinema americano lo contattò affinché creasse i pupazzi del film *Mars Attacks!* e più recentemente fu chiamato per lavorare alla fase previa d'animazione di *King Kong*, di Peter Jackson, oltre ad essere stato consultato per il famoso *Il signore degli anelli: il ritorno del re*. Il disegno grafico digitale è l'ultima frontiera dei personaggi di Purves.

Ele já animou sutiãs, batatas chips, bolinhos dançantes e canudos de refrigerante fazendo amor (com bolhas no final). Mas a paixão de Barry Purves são os bonecos, dos quais ele extrai performances inesquecíveis. Shakespeare em pessoa (quer dizer, em boneco) vive momentos culminantes de suas peças no premiado *Next*. Em *Rigoletto* os personagens de Verdi passam pelas agruras da ópera e derramam um bocado de sangue. *Achilles* homenageia o teatro grego com uma erótica abordagem da amizade. *Screen Play*, indicado ao Oscar, é um aceno ao teatro Kabuki japonês.

Purves não quer ver a animação restrita a uma bolha. Quer associá-la a outras artes, especialmente as artes cênicas, onde ele iniciou sua carreira e desistiu cedo do sonho de ser ator. Compreendeu que poderia tornar os bonecos mais expressivos do que ele jamais poderia ser. Sobretudo se aperfeiçoasse a linguagem corporal, em detrimento dos diálogos.

Nascido em 1955, o inglês Barry Purves trocou o teatro pelo audiovisual em 1978. Dirigiu e/ou animou diversos longas e séries para a Thames TV, quando habituou-se ao método de escalar animadores diferentes para personagens específicos. Desde 1986, realizou cerca de 70 comerciais, *inserts* animados, seqüências de abertura etc, através de estúdios como a Aardman ou o seu próprio Bare Boards, estabelecido no início da década de 1990.

O cinema americano já o fisgou para conceber os bonecos que originalmente atuariam em *Mars Attacks!* e, mais recentemente, as prévias de animação de *King Kong*, de Peter Jackson, além de uma consultoria para *The Lord of the Rings – The Return of the King*. A computação gráfica é a nova fronteira para suas personagens.

THE YEOMEN OF THE GUARD.
I HAVE A SONG TO SING

Pg. 35 Gilbert & Sullivan – The very models, 1998
Puppet animation

Pg. 36–37 Rigoletto, 1993
Puppet animation

BILL PLYMPTON

USA
Plympton Studio
119 W23rd # 206
New York, NY 10011
Phone: + 1 212 741 5544
Fax: + 1 212 741 5522

Your Face, 1987
How to Kiss, 1989
25 Ways to Quit Smoking, 1989
Plymptoons, 1990
Push Comes to Shove, 1991
The Tune, 1992
Draw!, 1993
I Married a Strange Person, 1997
Eat!, 2001
Mutant Aliens, 2001

Jury Prize, Cannes 1991
World Animation Celebration, 1998
Grand Prix, Annecy 2001
Canal + Award, Cannes 2001

Traditional animation, drawings on paper

BILL PLYMPTON

www.plymptoons.com

A Bill Plympton muchos estudios de animación le han cerrado las puertas y algunos anuncios suyos han sido vetados por su alto contenido en violencia. Sin embargo, eso no le preocupa a este americano inquieto. Los festivales de cine, el público del canal de música MTV y los amantes de la irreverencia le adoran. Incluso la Academia de Hollywood le nominó para un Oscar por el cortometraje *Your Face*.

El ágil trazo y la vena políticamente incorrecta de Plympton aparecieron primero en cómics y en las ilustraciones de publicaciones como The New York Times, Vogue, Vanity Fair, Rolling Stone, Penthouse y National Lampoon. La primera película de animación la realizó en su época de estudiante. La rodó boca abajo y no sirvió para nada. Fue a partir de 1987 cuando las cosas le empezaron a ir bien y sólo sus ideas permanecieron boca abajo.

Plympton, un animal mediático, ha optado por seguir una carrera independiente. Le gusta empezar el día dibujando las cosas más extravagantes y ofensivas que se le ocurren, sin que ni agentes ni productores le digan qué tiene que hacer y sin que nadie le controle la susceptibilidad ajena o las estadísticas de ventas. Con dinero propio ha producido y realizado algunos largometrajes de animación, como *Me casé con un extraño*, *The Tune* y *Mutant Aliens*. Recientemente, ha anunciado la realización de *Hair High*, para la cual ha colocado una *webcam* con el fin de que los interesados puedan ver cómo trabaja en directo.

El patetismo de lo cotidiano, las actitudes de los políticos y los bastidores de la industria cultural son los temas preferidos de este cineasta. En sus historias ejemplares, el cuerpo humano parece sufrir todos los vicios e hipocresías del espíritu. La sociedad moderna ha quedado al descubierto a causa del implacable lápiz de Bill Plympton.

A Bill Plympton gli hanno chiuso le porte molti studi d'animazione e gli hanno proibito alcuni spot pubblicitari a causa dei contenuti violenti . Tuttavia, quest'americano irrequieto non ne sembra preoccupato, sarà perché i festival di cinema, il pubblico del famoso canale musicale MTV e gli amanti dell'irriverenza l'adorano. L'Accademia di Hollywood lo nominò perfino ad un Oscar per il cortometraggio *Your Face*.

Il tratto agile e il lato politicamente incorretto di Plympton si diedero a conoscere prima di tutto nei fumetti e nelle illustrazioni di pubblicazioni come The New York Times, Vogue, Vanity Fair, Rolling Stone, Penthouse e National Lampoon. Preparò il suo primo film quando ancora era uno studente, però lo girò a rovescio e risultò inservibile. Fu a partire dal 1987 che le cose cominciarono a funzionare e solo le sue idee rimasero leggermente rovesciate.

Plympton, un gran artista, ha preferito seguire una carriera da indipendente. Gli piace incominciare la giornata disegnando le cose più stravaganti e offensive che gli vengono in mente, senza che né agenti né produttori gli dicano cosa deve fare, o senza che nessuno tenga sotto controllo la suscettibilità altrui o le statistiche delle vendite. Ha prodotto e realizzato di tasca propria lungometraggi di animazione come *I Married a Strange Person*, *The Tune* e *Mutant Aliens*. Ha annunciato di recente la realizzazione di *Hair High* e, a tal fine, ha attivato una *webcam* per mostrare agli interessati come lavora in diretta.

I temi preferiti del cineasta sono il patetismo della quotidianità, gli atteggiamenti dei politici e i dietro le quinte dell'industria della cultura. Nelle sue storie esemplari il corpo umano sembra soffrire tutti i vizi e le ipocrisie dello spirito, e la società rimane allo scoperto a causa dell'impietosa matita di Bill Plympton.

Bill Plympton já teve seus serviços recusados por grandes estúdios de animação e anúncios vetados pelo seu teor de violência. Mas isso não abala esse americano intranqüilo. Os festivais de cinema, o público da MTV e os amantes da irreverência o adoram. Até a Academia de Hollywood o indicou para um Oscar com o curta *Your Face*.

O traço ágil e a veia politicamente incorreta de Plympton apareceram primeiro nas tiras de quadrinhos e nas ilustrações de publicações como The New York Times, Vogue, Vanity Fair, Rolling Stone, Penthouse e National Lampoon. Seu primeiro filme de animação, feito ainda na época de estudante, foi rodado de cabeça para baixo e não serviu para nada. Só a partir de 1987 ele acertou o passo, deixando apenas as idéias de cabeça para baixo.

Plympton, um *entertainer* em pessoa, optou pela carreira independente. Ele gosta de acordar cada manhã e sentar-se para desenhar as coisas mais bizarras e ofensivas que lhe venham à cabeça, sem ter um agente ou produtor bafejando na sua nuca e controlando suscetibilidades alheias ou estatísticas de venda. Com dinheiro do próprio bolso, produziu e realizou alguns longas animados, como *The Tune*, *I Married a Strange Person* e *Mutant Aliens*. Recentemente, anunciou *Hair High*, cuja confecção poderia ser monitorada *on line* através da Internet.

O patético do cotidiano, as atitudes dos políticos e os bastidores da indústria cultural são os alvos preferidos do cineasta. Em suas histórias exemplares, o corpo humano parece sofrer todos os vícios e hipocrisias do espírito. A sociedade moderna ficou mais exposta por causa do lápis impiedoso de Bill Plympton.

Pg. 38-39 Hair High, 2004
Drawings on paper

Pg. 40 (clockwise)
25 Ways to Quit Smoking, 1989
Your Face, 1987
Your Face, 1987
Sex & Violence, 1997
Eat, 2001
Drawings on paper

Pg. 41 (clockwise)
I Married a Strange Person, 1998
Love in fast Lane, 1987
Parking, 2002
Drawings on paper

BLUE SKY STUDIOS, INC.

USA
44 South Broadway, 17th Floor,
White Plains, NY 10601
E-mail: info@blueskystudios.com
Phone: +1 914 259 6500
Fax: +1 914 259 6499

Joe's Apartment – Funky Towel, 1996
Bunny, 1998
Ice Age, 2002
Gone Nutty, 2003

Academy Award, 1999
Children's Prize Oberhausen, 1999
First Prize, Los Angeles Art Film Festival 2003

Computer graphics

BLUE SKY

www.blueskystudios.com

Scrat, la ardilla dentuda del largometraje de animación *Ice Age. La Edad de Hielo*, no sólo ha conseguido cosechar una legión de admiradores por todo el mundo, sino que también se ha ganado el derecho a continuar con sus prehistóricas aventuras en el corto *Gone Nutty*. Ambas películas, nominadas al Oscar, han ampliado la fama de Blue Sky Studios.

Fundado en 1987 por Chris Wedge, el estudio enseguida desempeñó un papel pionero en el suministro de animación digital para la industria audiovisual. Las cucarachitas que aparecieron cantando y bailando en la idolatrada película *Joe's Apartment* de la MTV dieron muestras de la perfecta relación que puede existir entre el entretenimiento y la tecnología, que se convirtió en el distintivo principal de Blue Sky. En 1997, la empresa pasó a constituir una unidad puntera en animación digital y efectos especiales de la Fox Filmed Entertainment.

Bunny, galardonado con el Oscar al mejor corto de animación, aportó considerables avances para la simulación de la luz en el diseño digital. El estudio de Chris Wedge invirtió mucho talento en ese área creando *software* exclusivo para la simulación del comportamiento de la luz sobre objetos y superficies creados digitalmente. Con tales recursos, sumados al aumento de productividad en la renderización de imágenes, Blue Sky adquirió personalidad propia, cosa que se refleja en sus películas y anuncios.

Uno de los miembros del equipo desde 1993 es el animador brasileño Carlos Saldaña, una nueva referencia en el cine de animación. El codirector de *Ice Age. La Edad de Hielo* y director de *Gone Nutty* llamó la atención de Wedge cuando realizó la premiada *Time for Love*, una historia de amor entre dos muñecos de madera que desafían la rutina mecánica de un reloj de cuco.

Scrat, lo scoiattolino dentone del lungometraggio d'animazione de *L'Era glaciale*, non solo è riuscito nell'intento di riunire una legione d'animatori di tutto il mondo, ma si è aggiudicato il diritto di continuare le sue avventure preistoriche nel cortometraggio *Gone Nutty*. Entrambi i film sono stati candidati all'Oscar ed hanno accresciuto la fama di Blue Sky Studios.

Lo studio fu fondato nel 1987 da Chris Wedge e svolse un ruolo innovatore nella distribuzione dell'animazione digitale per l'industria audiovisuale. I piccoli scarafaggi che apparivano cantando e ballando nell'apprezzatissimo film *Joe's Apartment* di MTV, furono la prova della perfetta relazione che può esistere tra divertimento e tecnologia, che divenne l'elemento distintivo principale di Blue Sky. Nel 1997, l'impresa costituì un'unità di punta nell'animazione digitale e negli effetti speciali della Fox Filmed Entertainment.

Bunny, premiato con l'Oscar per il miglior cortometraggio d'animazione, apportò migliorie per quanto riguarda la simulazione della luce nel disegno digitale. Lo studio di Chris Wedge dedicò il suo talento e i suoi sforzi alla creazione di un software esclusivo per simulare la luce su oggetti e superfici creati digitalmente. Con queste risorse e l'aumento della produttività nel processo di "rendering" delle immagini, Blue Sky consolidò una personalità propria, che si riflette nei film e negli annunci.

Uno dei componenti del gruppo è l'animatore brasiliano Carlos Saldaña, che iniziò la sua collaborazione nel 1993 ed è un nuovo punto di riferimento nel cinema d'animazione. Il co-regista di *L'Era glaciale* ed il regista di *Gone Nutty* incuriosì Wedge, quando realizzò *Time for Love*, una storia d'amore tra due pupazzi che sfidano la routine meccanica di un orologio a cucù.

Scrat, o esquilo dentuço do longa animado *Ice Age*, ganhou não apenas uma legião de fãs pelo mundo afora, como também direito a continuar suas travessuras pré-históricas no curta *Gone Nutty*. Ambos os filmes foram indicados para o Oscar e ampliaram a popularidade do Blue Sky Studios.

Fundado em 1987 por Chris Wedge, o estúdio logo desempenhou um papel pioneiro no fornecimento de animação computadorizada para a indústria do audiovisual. As baratinhas cantantes e dançantes que apareceram no cultuado *Joe's Apartment*, da MTV, deram mostras do perfeito casamento entre entretenimento e tecnologia, que seria a marca principal do Blue Sky. Em 1997, o estúdio passou a constituir uma unidade de ponta da Fox Filmed Entertainment.

Bunny, curta premiado com um Oscar, trouxe avanços consideráveis para a simulação de luz na computação gráfica. O estúdio de Chris Wedge investiu muito talento nessa área, criando softwares exclusivos para a simulação do comportamento da luz sobre objetos e superfícies criadas digitalmente. Com esses recursos, somados a ganhos de produtividade na renderização de imagens, o Blue Sky adquiriu personalidade própria, que se reflete nos seus filmes e comerciais.

O animador brasileiro Carlos Saldanha, integrado à equipe desde 1993, tornou-se uma nova referência no cinema de animação. Ele foi co-diretor de *The Ice Age* e diretor de *Gone Nutty*. Seu nome chamou a atenção de Wedge quando ele realizou o premiado *Time for Love*, história de amor entre dois bonecos de madeira que desafiam a rotina mecânica de um relógio de cuco.

BUNNY © Twentieth Century Fox

Computer graphics

Pg. 44–45 **ICE AGE** 2002 © Twentieth Century Fox All Rights Reserved. Computer graphics

BRUNO BOZZETTO

Italy
Contact: Anita & Irene Bozzetto
Via Corridoni 25b -
24124 Bergamo
E-mail:bozz_bozz@yahoo.com
Phone: + 39 35 369 1905

Tapum! La storia delle armi / Tapum! The Weapons' History, 1958
Un Oscar per il Signor Rossi / An Award for Mr. Rossi, 1960
Alpha-Omega, 1961
I due castelli / The Two Castles, 1963
West and Soda, 1965
Ego, 1969
Opera, 1973
Allegro non troppo, 1976
Il Signor Rossi cerca la felicità / Mr. Rossi Looks for Happiness, 1977
Mister Tao, 1988
Cavallette / Grasshoppers, 1990
Europa & Italia / Europe & Italy, 1999

Critics Prize - Annecy, 1961
First Prize - Venice, 1963/1964
Silver Medal - Montréal, 1967
First Prize - Cannes, 1968
Young People Award - Annecy, 1973
Major Award - Chicago, 1974
Golden Plaque - Chicago, 1976
Best Film for Young People Mifed, 1978
Annie Award to the career, 1982
Golden Bear - Berlin, 1990
Jury Special Prize - Ottawa, 1990
Life Achievement - Zagreb, 1998
Special Jury Prize - Zagreb, 2000
Best Video Short Anima Mundi - São Paulo, 2001
Career Award - Bergamo, 2003

Traditional animation
2D computer animation

BRUNO BOZZETTO

www.bozzetto.com

La historia de la animación y del humor italianos de los últimos 40 años no puede ser contada sin mencionar (y detenerse para reír un rato) la inmensa filmografía de Bruno Bozzetto. Este superhéroe de la sátira escoge sus temas con precisión: la evolución del hombre, la búsqueda del conocimiento y de la satisfacción, la relatividad de las cosas, el sentido de la vida, los viajes de vacaciones, las fiestas del vecino... Todo ello adquiere un aire de comedia filosófica con un pie en el cine mudo y otro en el surrealismo.

Nacido en Milán en 1938, Bozzetto realizó su primera película profesional de animación con 20 años de edad. En 1960 creó el personaje del Sr. Rossi, un hombre común que no conseguía sitio en el camarote de la modernidad y llevaba al público a identificarse con él. El Sr. Rossi protagonizó varios cortos y tres largometrajes. Entre 1965 y 1977, Bozzetto realizó seis largos de animación, entre los cuales se encuentra el famosísimo musical *Allegro non troppo*, una respuesta llena de humor a la película *Fantasía* de Walt Disney. La ópera y los géneros cinematográficos tampoco escaparon a su afilado sentido de la parodia.

Con algunas series de televisión como *La famiglia Spaghetti* y *Quark*, esta última de divulgación científica, el mundo animado de Bruno Bozzetto se hizo familiar para el público italiano. Bozzetto ha tenido también colaboradores que han alcanzado su propia consagración, como Maurizio Nichetti, Guido Manuli y Giuseppe Laganà. Desde 1999, el veterano de los dibujos animados se dedica al diseño gráfico en 2D. Para la Red, ha creado la serie de cortometrajes *Tony & Maria*. Y entusiasmado con la nueva velocidad de producción creó en 2001 *Storia del mondo per chi ha fretta*. Un típico Bozzetto.

La storia dell'animazione e dell'umorismo italiano degli ultimi 40 anni non si potrebbe raccontare senza prendere in considerazione, fermandosi un istante a ridere, l'estesa filmografia di Bruno Bozzetto. I temi che questo supereroe della satira sceglie con precisione assoluta sono, tra gli altri: l'evoluzione dell'uomo, la ricerca della conoscenza e della soddisfazione, il senso della vita, i viaggi delle vacanze, le feste del vicino. Tutti assumono un tono da commedia filosofica, che sembra avere un piede nel cinema muto e un altro nel surrealismo.

Bozzetto è nato a Milano nel 1938 ed ha realizzato il suo primo film professionale d'animazione a vent'anni appena. Nel 1960 creò il personaggio del signor Rossi, un uomo comune che, sebbene non trovasse il suo posto sul treno della modernità, portava il pubblico a identificarsi con lui. Il signor Rossi fu il protagonista di molti cortometraggi, ma anche di tre lungometraggi. Tra il 1965 e il 1977, Bozzetto realizzò sei lungometraggi animati, tra cui il famosissimo musical *Allegro non troppo*, quasi una risposta piena d'umorismo al film di Walt Disney, *Fantasia*. Nemmeno temi come l'opera e i vari generi cinematografici sfuggirono all'affilato senso della parodia di Bozzetto.

Con alcune serie televisive, come *La famiglia Spaghetti* e *Quark*, quest'ultima di divulgazione scientifica, Bozzetto divenne ancora più familiare al pubblico italiano.

Bozzetto ha collaborato con personaggi che sono oggi affermati professionisti: Maurizio Nichetti, Guido Manuli e Giuseppe Laganà.

Dal 1999 il più veterano dei fumettisti si dedica al disegno grafico 2D. Ha creato per il web una serie di cortometraggi chiamata *Tony & Maria* e nel 2001, entusiasta della velocità della nuova produzione, crea la *Storia del mondo per chi ha fretta*, un'opera originale e tipica di Bozzetto.

A história do humor e da animação italianos dos últimos 40 anos não pode ser contada sem passar (e parar para rir um bocado) pela imensa filmografia de Bruno Bozzetto. Esse super-herói da sátira escolhe seus alvos com precisão – a evolução do homem, a busca do conhecimento e da satisfação, a relatividade das coisas, o sentido da vida, as viagens de férias, as festinhas do vizinho... Tudo isso ganha ares de comédia filosófica com um pé no cinema mudo e outro no surrealismo.

Nascido em Milão, em 1938, Bozzetto animou seu primeiro filme profissional aos 20 anos de idade. Em 1960, criou o personagem Sr. Rossi, um homem comum que não consegue lugar no camarote da modernidade e leva a platéia a se identificar com ele. Sr. Rossi protagonizou diversos curtas e três longas-metragens. Entre 1965 e 1977, Bozzetto realizou seis longas de animação, entre os quais o popularíssimo musical *Allegro non troppo*, uma resposta bem-humorada a *Fantasia* de Walt Disney. A ópera e os gêneros cinematográficos tampouco escaparam à sua afiada lâmina paródica.

Através de séries de TV como *La famiglia Spaghetti* e *Quark*, esta última destinada à divulgação científica, o mundo animado de Bruno Bozzetto tornou-se íntimo do público italiano. Ele teve colaboradores que alcançaram consagração própria, como Maurizio Nichetti, Guido Manuli e Giuseppe Laganà. Desde 1999, o veterano do desenho animado vem se dedicando à computação gráfica 2D. Para a web, formatou a série de curtas *Tony & Maria*. Quem sabe entusiasmado com a nova velocidade de produção, criou em 2001 *Storia del mondo per chi ha fretta*. Um típico Bozzetto.

Pg. 46–48 West & Soda, 1965
Traditional animation

Pg. 49 Allegro non Troppo, 1976
Traditional animation

BUZZCO ASSOCIATES

USA
33 Bleecker Street
New York, NY 10012
E-mail: info@buzzzco.com
Phone: (212) 473-8800
Fax: (212) 473-8891

A Warm Reception in L.A., 1987
Snowie and the Seven Dorps, 1990
Fast Food Matador, 1991
We Love It!, 1992
The Ballad of Archie Foley, 1995
KnitWits, 1997
Talking about Sex, 1997
(it was...) nothing at all, 2000
Piscis, 2001
InBetweening America, 1977-2001

Gold Award - Chicago, 1987
First Place Design ASIFA, 1991
Best Educational Film - Annecy, 1997

Traditional animation
Digital scanning and coloring
Flash

BUZZCO ASSOCIATES

www.buzzzco.com

Vincent Cafarelli, Marilyn Kraemer y Candy Kugel son como abejas que zumban al unísono desde finales de los años setenta, cuando trabajaban aún juntos en el famoso estudio Perpetual Motion Pictures de Nueva York. En 1981, Buzz Potamkin se los llevó a la recién creada Buzzco Productions, donde el equipo se especializó en programas y viñetas para la televisión. Por su parte, Candy Kugel contribuyó enormemente en la creación de la identidad visual de la MTV en sus comienzos.

En 1984, tras la salida de Potamkin del estudio, el trío formó la Buzzco Associates, adoptando las abejas como símbolo publicitario. Continuaron creando y produciendo campañas comerciales y de servicios públicos, además de material animado para programas de la televisión abierta y para la televisión por cable. A lo largo de todos estos años, han mantenido el pacto inicial de abrir espacio a la realización de películas independientes.

Cafarelli y Kugel firman ocho de dichos trabajos, todos ellos con banda sonora de Lanny Meyers, aunque de estilos bien diferenciados. Así, la comedia latino-neoyorquina *Fast Food Matador* remite a los dibujos de las corridas de toros de Pablo Picasso, mientras que *A Warm Reception in L.A* es un trabajo experimental en el que se usan colores de neón sobre fondo negro y *(it was...) nothing at all* abre nuevos frentes para el trabajo con texturas creadas por ordenador.

Las películas personales de este equipo sirven, en definitiva, de laboratorio para hacer descubrimientos que aplican inmediatamente a sus productos comerciales, enriqueciendo la colmena de Buzzco. Por último, el cortometraje *Piscis*, basado en un poema de Giuliana Miuccio, es la primera realización de la empresa en Flash para la Red, a partir del cual se han lanzado a otros proyectos interactivos para Internet.

Vincent Cafarelli, Marilyn Kraemer e Candy Kugel sono come api che lavorano all'unisono dalla fine degli Anni Settanta, quando lavoravano insieme nel famoso studio Perpetual Motion Pictures di New York. Nel 1981, Buzz Potamkin gli offrì di collaborare nella Buzzco Productions, di recente creazione, impresa in cui il gruppo si specializzò in programmi e vignette per la televisione. Candy Kugel, da parte sua, contribuì enormemente alla creazione dell'immagine della MTV degli inizi.

Nel 1984, in seguito all'uscita di Potamkin dallo studio, il trio formò la Buzzco Associates, adottando le api come simbolo pubblicitario. Il loro lavoro continuò con la produzione di campagne commerciali e servizi pubblici, oltre al materiale animato per programmi della televisione in chiaro e per la televisione via cavo. Durante tutti questi anni, il trio ha mantenuto il patto iniziale di dare spazio alla realizzazione di film indipendenti.

Cafarelli e Kugel firmano otto di questi lavori, tutti accompagnati dalla banda sonora di Lanny Meyers, sebbene abbiano stili ben differenziati. Così la commedi in stile latino-newyorkese *Fast Food Matador* ci rimanda ai disegni della corrida di Pablo Picasso, invece *A Warm Reception in L.A* è un lavoro sperimentale in cui si usano colori di neon su fondo nero e *(it was...) nothing at all* apre nuovi orizzonti ai lavori realizzati al computer.

I film personali di questo gruppo servono, in definitiva, come laboratorio sperimentale in cui applicare le scoperte fatte direttamente al prodotto commerciale arricchendo, in questo modo, l'"alverare" di Buzzco. E ancora, in ultimo, il cortometraggio *Piscis*, basato su una poesia di Giuliana Miuccio, è la prima realizzazione dell'impresa in Flash per Internet, un lavoro che ha lanciato altri progetti interattivi.

Vincent Cafarelli, Marilyn Kraemer e Candy Kugel são como abelhas que zumbem em uníssono desde o fim dos anos 1970, quando ainda trabalhavam juntos no famoso estúdio Perpetual Motion Pictures, de Nova York. Em 1981, Buzz Potamkin os levou para a recém-criada Buzzco Productions. Ali a equipe se especializou em programas e vinhetas para a TV. Candy Kugel contribuiria para a criação da identidade visual da MTV em seus primórdios.

Em 1984, com a saída de Potamkin, o trio formou a Buzzco Associates, adotando as abelhas como marca de comunicação. Continuaram criando e produzindo campanhas comerciais e de serviços públicos, além de material animado para programas da televisão aberta e de canais a cabo. Ao longo de todos esses anos, eles mantiveram o pacto inicial de abrir espaço para a realização de filmes independentes.

Cafarelli e Kugel assinam oito desses trabalhos, que contam com trilha sonora de Lanny Meyers e estilos bem diferenciados. A comédia latina-nova-iorquina *Fast Food Matador* remete aos desenhos de touradas de Pablo Picasso. *A Warm Reception in L.A.* experimentou cores neon sobre fundo negro. Já *(it was...) nothing at all* abriu novas frentes no trabalho com texturas em computador.

Os filmes pessoais têm servido como laboratório para descobertas que em seguida são aplicadas aos produtos comerciais, numa dinâmica que só faz enriquecer a colméia da Buzzco. *Piscis*, baseado num poema de Giuliana Miuccio, foi a primeira realização da empresa em Flash para a web, acompanhando a abertura desse estúdio do Village para projetos interativos na grande rede.

Pg. 50 The Ballad of Archie Foley, 1995
Dir.: Candy Kugel & Vincent Cafarelli
Brush and ink scratched on cell

Pg. 51–52 Talking About Sex, 1997
Dir.: Candy Kugel & Vincent Cafarelli
Traditional animation

Pg. 53 KnitWits, 1997
Dir.: Candy Kugel & Vincent Cafarelli
Traditional animation

CAROLINE LEAF

USA/Canada

Sand or Peter and the Wolf, 1969
Orfeo, 1973
Le Mariage du Hibou / The Owl Who Married a Goose, 1974
The Street, 1976
The Metamorphosis of Mr. Samsa, 1977
Interview, 1979
A Dog's Tale, 1986
Entre Deux Sœurs / Two Sisters, 1990
I Meet a Man, 1991
Odysseus & Olive Tree, 2001

Jury Special - Chicago, 1968
Canadian Film Award, 1975 and 1976
Philip Morris International Animation Festival, 1976
Norman McLaren Award - Chicago, 1976
Critics and Audience Awards - Annecy, 1977
Krakow - Poland, 1978
Jury Award - Montréal, 1979
First Prize - Annecy, 1991
Tampere - Finland, 1991
Life Achievement Award - Zagreb, 1996

Manipulating beach sand on a lightbox
Fingerpainting on glass under the camera lens
Scratching directly into film emulsion

CAROLINE LEAF

www.awn.com/leaf/

El destino de la animadora americana Caroline Leaf lo dictaron las arenas de una playa de Boston, el único material de su primera película, *Sand or Peter and the Wolf*. Desde entonces, la carrera de esta extraordinaria artista se ha desarrollado como un desdoblamiento de aquel experimento totalmente artesanal. Dibuja ante la cámara, filma y destruye el dibujo para formar el siguiente. Al final, sólo le queda la película, que surge de un proceso que ella denomina "*one-off performance*".

Caroline ha explotado técnicas extrañas con un sentido de autoría de lo más refinado. En *Two Sisters*, por ejemplo, usó el rayado sobre película 70 mm a color. El contenido emocional de sus películas contribuye también a la creación de una personalidad propia en el mundo de la animación. Con ellas lleva a la pantalla clásicos de la literatura como *La metamorfosis*, de Kafka, y el cuento *The Street*, de Mordechai Richler, una película que le supuso una nominación al Oscar. Su obra también adapta leyendas étnicas, como la de *Le Mariage du Hibou*, y expresa su propio universo creativo, marcado por relaciones familiares difíciles y por su fascinación por las fuerzas de la naturaleza.

Leaf ha creado la mayor parte de sus películas en el ambiente liberal del National Film Board de Canadá, donde ha realizado algunos cortometrajes en *live action* y varios documentales. Ha sido profesora de animación en la Universidad de Harvard e incentiva enormemente a los nuevos animadores. Su obra incluye esculturas y pinturas, caracterizadas por la misma inquietud de autoría. En la actualidad reside en Londres.

Il destino dell'animatrice americana Caroline Leaf fu marcato dalla sabbia di una spiaggia di Boston, l'unico materiale del suo primo film, *Sand or Peter and the Wolf*. Da allora la carriera di questa straordinaria artista si è sviluppata come se fosse uno sdoppiamento di quell'esperimento completamente artigianale. Disegna davanti alla telecamera, filma e distrugge il disegno per formare il seguente, fino a quando resta solamente il film, che nasce da un processo che la stessa Leaf chiama "one-off performance".

Caroline ha sfruttato tecniche strane con un senso artistico tra i più raffinati. Nel film *Two Sisters*, ad esempio, utilizzò la tecnica della rigatura sulla pellicola di 70 mm a colori. Il contenuto emozionale dei suoi film, contribuisce inoltre alla creazione di una personalità propria del mondo dell'animazione. Attraverso questi film, porta sul grande schermo classici della letteratura come *La metamorfosi*, di Kafka, e il racconto di Mordechai Richler, *The Street*, un film che le valse la candidatura all'Oscar. Nella sua opera ha adattato anche leggende etniche, come quella di *Le Mariage du Hibou*, ed esprime il suo universo creativo, segnato da difficili relazioni familiari e dal fascino per le forze della natura.

Leaf ha creato la maggior parte dei suoi film nell'ambiente liberale della National Film Board del Canada, in cui ha realizzato alcuni cortometraggi in *live action* e vari documentari. È stata professoressa di animazione all'Università di Harvard e promuove fortemente i nuovi animatori. La sua opera include sculture, dipinti che sono caratterizzati dalla stessa inquietudine artistica. Attualmente vive a Londra.

O destino da animadora americana Caroline Leaf foi ditado pelas areias de uma praia de Boston, o único material de seu primeiro filme, *Sand or Peter and the Wolf*. Desde então, a carreira dessa artista extraordinária desenvolveu-se como um constante desdobramento daquela experimentação inteiramente artesanal. Ela desenha diante da câmera filma e destrói o desenho para formar o próximo. Ao final, resta apenas o filme, num processo que ela chama de "one-off performance".

Caroline explorou técnicas raras com um senso autoral dos mais refinados. Em *Two Sisters*, por exemplo, ela riscou a película 70 mm colorida. Para criar uma personalidade toda própria no mundo da animação contribui também o conteúdo emocional de seus filmes. Eles transportam para a tela clássicos da literatura, como *A Metamorfose*, de Kafka, e o conto *The Street*, de Mordechai Richler, em filme que lhe valeu uma indicação ao Oscar. Adaptam lendas étnicas, como a de *Le Mariage du Hibou*, e ainda expressam o universo criativo pessoal de Caroline, marcado por relações familiares difíceis e pelo encantamento com as forças da natureza.

Ela criou grande parte de seus filmes na atmosfera libertadora do National Film Board do Canadá, onde também realizou curtas em *live action* e alguns documentários. Foi professora de animação na Universidade de Harvard e é uma grande incentivadora de novos animadores. Sua obra inclui esculturas e pinturas, caracterizadas por igual inquietação autoral. É radicada atualmente em Londres.

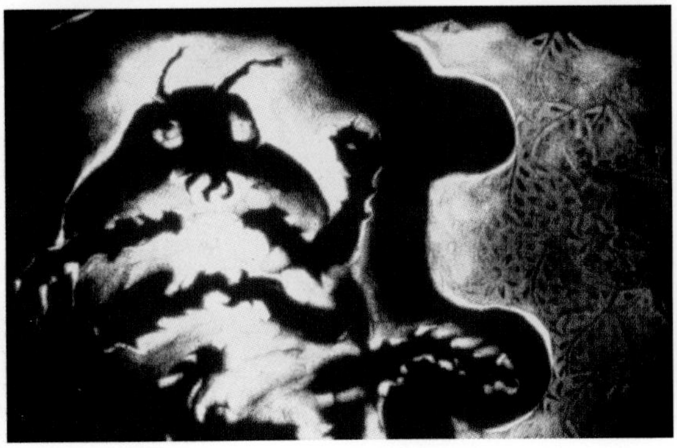

Pg 55 Two Sisters, 1990
Scratching directly into film emulsion

Pg. 56 Interview, 1979
Finger-painting on glass under the camera lens

Pg 57 The Metamorphosis of Mr. Samsa, 1977
Manipulating beach sand on a lightbox

DREAMWORKS ANIMATION

USA
1000 Flower Street
Glendale, CA 91201

Antz, 1998
The Prince of Egypt, 1998
The Road to El Dorado, 2000
Chicken Run, 2000
Shrek, 2001
Spirit: Stallion of the Cimarron, 2002
Sinbad: Legend of the Seven Seas, 2003
Shrek 2, 2004

Academy Award for Best Original Song, 1999
8 Annie Awards
BAFTA Children's Award, 2002
Academy Award for Best Animated Feature, 2002
Kids' Choice Award, 2002
People's Choice Award, 2002

Traditional and digital animation
Claymation
3D Computer animation

DREAMWORKS

www.dreamworks.com

DreamWorks fue creada en 1994, por la asociación del director Steven Spielberg, el magnate David Geffen y el antiguo presidente de Walt Disney Studios Jeffrey Katzenberg. Desde el primer día, el estudio se convirtió en una fuente inagotable de éxitos de taquilla y en pionero del desarrollo tecnológico en el ámbito de la animación.

Mediante exitosas coproducciones con estudios de animación punteros como Aardman y Pacific Data Images (PDI, que adquirió en 2000), DreamWorks adquirió una posición destacada entre los mejores estudios del mundo. Actualmente consta de dos estudios en California dedicados a la animación: PDI/DreamWorks en la ciudad de Redwood y el estudio DreamWorks Animation en Glendale. Entre ambos movilizan a cientos de artistas en modernos complejos, a menudo con tecnologías innovadoras desarrolladas por la compañía.

En 1998, con *El Príncipe de Egipto* y *HormigaZ*, DreamWorks demostró sus habilidades tanto en la animación tradicional como en las técnicas digitales punteras. Desde la coproducción con Aardman del impactante filme *Chicken run* (2000), el estudio incorporó la animación en arcilla *(stop-motion)* a su cartera. El popular largometraje *Shrek* (2002) proporcionó a DreamWorks su primer Óscar a la mejor película de animación. En 2004, *Shrek 2*, la segunda parte, llegó a convertirse en la película animada más taquillera de todos los tiempos. Los estrenos planeados para 2004 y 2005, *Shark Tale*, *Madagascar* y *The Wallace & Gromit Movie: Tale of the Were-Rabbit*, combinan el excelente modelo de animación patentado del estudio con el atractivo de actores populares que prestan su voz.

Esta fórmula ha creado una forma irresistible de entretenimiento, de la que disfrutan millones de fans por todo el mundo. Parece que en los años venideros, la animación se convertirá para este estudio en mucho más que un sueño.

DreamWorks è stata creata nel 1994, frutto di un'associazione del regista Steven Spielberg con il magnate David Geffen e l'ex presidente della Walt Disney Studios Jeffrey Katzenberg. Sin dal primo giorno, lo studio è stato una forza propulsiva per i botteghini e pioniere nello sviluppo tecnologico nell'animazione.

Dream Works con coproduzioni di successo quali quelle con gli studi Aardman e il Pacific Data Images acquisito nel 2000, si è consacrata come uno degli studi leader in tutto il mondo. Dirige due studi in California dedicati all'animazione: il PDI/Dream Works a Redwood City e lo studio della DreamWorks Animation a Glendale. Insieme mobilitano centinaia di artisti che godono delle risorse che la loro condizione artistica gli consente, spesso aiutati dalle tecnologie a cui la compagnia apre strada.

Nel 1988 con il *Principe d'Egitto* e *Antz, Z la formica*, hanno realizzato le promesse fatte sia con l'animazione tradizionale che con le tecniche digitali d'avanguardia. Con la coproduzione del film d'esito *Galline in fuga* (2000), congiuntamente ad Aardman, lo studio ha aggiunto l'animazione con argilla *(stop-motion)* al suo portfolio. Il famoso film *Shrek* (2002) ha concesso a DreamWorks il suo primo Academy Award® per il miglior lungometraggio d'animazione. Nel 2004, il suo seguito, *Shrek 2*, è sulla via dell'affermarsi come il film di maggior fatturato di tutti i tempi. Le distribuzioni previste per il 2004 e il 2005, includono *Shark Tale*, *Madagascar* e *The Wallace & Gromit Movie: Tale of the Were-Rabbit*, combinano i talenti consolidati dello studio nell'integrare l'animazione di qualità con il richiamo di attori conosciuti che prestano la loro voce ai personaggi.

Questa formula ha creato una forma irresistibile di divertimento gradito a milioni di seguaci in tutto il mondo. Sembra che l'animazione sarà molto più di un sogno professionale di questo studio negli anni a venire.

O surgimento da DreamWorks SKG, em 1994, pela associação de Steven Spielberg, David Geffen e o ex-Disney Jeffrey Katzenberg, exerceu uma imensa força propulsora na indústria de animação para salas de cinema. Foi um momento em que os melhores talentos do setor conheceram uma demanda sem precedentes e iniciou-se uma verdadeira corrida pelo desenvolvimento tecnológico.

Através de acordos de co-produção com empresas de ponta, como a Aardman Animations e a Pacific Data Images, esta adquirida em 2000, a DreamWorks posicionou-se no primeiro ranking da animação mundial e começou a colecionar grandes prêmios. Hoje possui duas unidades de animação na Califórnia: a PDI/DreamWorks, em Redwood City, e o DreamWorks Animation, em Glendale. Juntas, elas mobilizam centenas de artistas e um invejável parque industrial com tecnologia em boa parte desenvolvida pela própria empresa.

Já em 1998, *The Prince of Egypt* e *Antz* sinalizavam o compromisso da DreamWorks, respectivamente, com a animação tradicional e as técnicas digitais mais avançadas. Com o retumbante sucesso de *Chicken Run*, juntava-se a técnica dos bonecos de massa. O também popularíssimo *Shrek* ganharia o primeiro Oscar para longa-metragem de animação. Em 2004, *Shrek 2*, a segunda parte, consagrou-se ao ser o longa de animação mais assistido de todos os tempos. Para 2004 e 2005, o estúdio anuncia o lançamento de *Shark Tale*, *Madagascar* y *The Wallace & Gromit Movie: Tale of the Were-Rabbit*, projetos em que a criatividade da animação se soma ao apelo das grandes estrelas do cinema escaladas para dar voz a seus personagens.

A fórmula tem creado uma forma irresistível de entretenimento para platéias e fãs de todas as idades através do mundo. Isso indica que a animação continuará por muito tempo a ser o trabalho dos sonhos da DreamWorks.

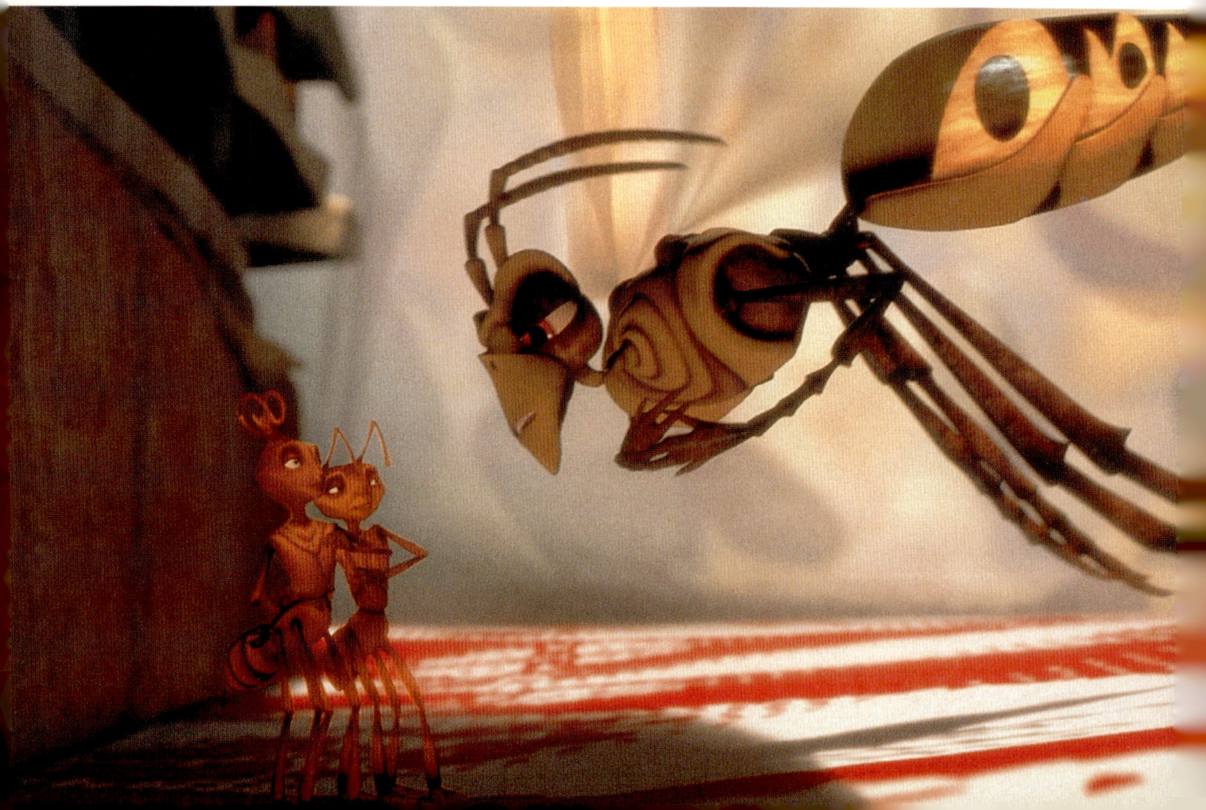

Pg. 59 Shrek 2, 2004

Pg. 60 Antz, 1998

Pg. 61 (top) The Road to El Dorado, 2000

Pg. 61 (bottom) Spirit: Stallion of the Cimarron, 2002

Pg. 62 The Prince of Egypt, 1998

Pg. 63 (top) Chicken Run, 2000

Pg. 63 (bottom) Sinbad: Legend of the Seven Seas, 2003

All photos: Courtesy of DreamWorks Pictures

DUCK Studios (a.k.a. Duck Soup Studios)

USA
Contact: Katie Medernach
2205 Stoner Avenue
Los Angeles, CA 90064
Phone: 310-478-0771
Fax: 310-478-0773

The Snowman, 2001

First Prize Directv-Level13.net - Los Angeles, 2002
Bronze Award - Kalamazoo, 2002
Best Animation Indie Film Festival - Hollywood, 2002

Traditional animation
2D and 3D computer graphics
Live action integration

DUCK SOUP

www.duckstudios.com

Piense en un estudio que sea capaz de transformar cualquier idea en una película de animación dinámica, moderna y creativa. Duck posee ese perfil. La antigua Duck Soup Studios de Los Ángeles, la empresa que produjo el cortometraje que obtuvo tanto éxito, *The Snow Man*, tiene un extenso currículo de anuncios, viñetas, aperturas para televisión, videoclips, etc.

El grupo de directores ligados a Duck abarca desde nombres galardonados y con gran experiencia como Roger Chouinard, John Howley, Paul Vester (*Sunbeam, Picnic, Abductees*) y Graham Morris, a novísimos talentos de diferentes partes del mundo como Niko Meulemans (*The Museum, Chickendales*), Steve Kirklys (*Playing With Blocks*), Erik Deutschman (*Split*), Jeff Drew (*Walk*), Brooke Keesling (*Boobie Girl*), Nicolas Kang, Lane Nakamura y Jeong-A Seong. Todos ellos cubren una amplia gama de habilidades técnicas y artísticas, incluyendo la animación experimental. Esto explica la versatilidad de la producción comercial de Duck, que tiene clientes como Coca-Cola, Levi's, General Motors, McDonald's o Universal Studios, además de artistas como Mariah Carey y Limp Bizkit.

Relacionada tradicionalmente con las técnicas de la animación clásica, Duck ha evolucionado desde los años 90 hacia las imágenes digitales. Desde entonces, ha reunido a escritores y animadores en un nuevo departamento de contenido para crear nuevas ideas dirigidas al cine y la televisión. En la actualidad, el estudio está equipado con los procesos más modernos de diseño gráfico y efectos digitales. Entre las especialidades de la casa se encuentra la integración de la animación a escenas filmadas en directo, lo que le ha dado el toque de encanto y la personalidad característicos de muchos de sus recientes anuncios.

La qualità di poter trasformare qualsiasi idea in un film d'animazione moderno, dinamico e creativo è quella che possiede lo studio della Duck, l'antica Duck Soup Studio di Los Angeles, impresa che ha prodotto un cortometraggio di successo, *The Snow Man*, ma che ha alle spalle un passato fatto d'annunci pubblicitari, vignette, aperture per la televisione, videoclip, etc.

Il gruppo d'artisti legati a Duck include i nomi di molti registi di grande esperienza che che hanno ricevuto numerosi premi come Roger Chouinard, John Howley, Paul Vester (*Sunbeam, Picnic, Abductees*) e Graham Morris e altri giovani speranze di diverse città del mondo come Niko Meulemans (*The Museum, Chickendales*), Steve Kirklys (*Playing With Blocks*), Erik Deutschman (*Split*), Jeff Drew (*Walk*), Brooke Keesling (*Boobie Girl*), Nicolas Kang, Lane Nakamura e Jeong-A Seong. Tutti hanno diverse abilità tecniche e artistiche, includendo l'animazione sperimentale. Questo spiega la versatilità della produzione commerciale della Duck, tra i cui clienti vanta Coca-Cola, Levi's, General Motors, McDonald's o Universal Studios, oltre ad artisti come Mariah Carey e Limp Bizkit.

Lo studio Duck per tradizione è legato alle tecniche dell'animazione classica, ma si è evoluto dagli anni novanta per giungere all'utilizzo delle tecniche digitali. Da allora ha creato un nuovo dipartimento, che vede riuniti scrittori e animatori addetti alla creazione di nuove idee dirette a cinema e alla televisione. Attualmente lo studio è fornito di tutti i procedimenti più moderni del disegno grafico e degli effetti digitali ed è specializzato nell'integrazione dell'animazione nelle scene dei film girate ir diretta, specializzazione che è l'elemento caratteristico di molti degl annunci pubblicitari recenti.

Pense num estúdio capaz de transformar qualquer idéia em animação dinâmica, moderna e criativa. A Duck, baseada em Los Angeles tem esse perfil. Ex-Duck Soup Studios, a empresa que produziu o bem sucedido curta *The Snow Man* tem um vasto currículo de comerciais vinhetas e aberturas de TV, videoclipes etc.

O corpo de diretores ligados à Duck abrange de nomes experientes e premiados como Roger Chouinard, John Howley, Paul Vester (*Sunbeam Picnic, Abductees*) e Graham Morris a novíssimos talentos de várias partes do mundo, como Niko Meulemans (*The Museum, Chickendales*) Steve Kirklys (*Playing With Blocks*), Erik Deutschman (*Split*), Jeff Drew (*Walk*), Brooke Keesling (*Boobie Girl*), Nicolas Kang, Lane Nakamura e Jeong-A Seong. Eles cobrem uma ampla gama de habilidades técnicas e artísticas, incluindo a animação experimental. Isso explica a versatilidad da produção comercial da Duck, que atende a clientes como Coca-Cola Levi's, General Motors, McDonald's e Universal Studios, além de artista como Mariah Carey e Limp Bizkit.

Ligada tradicionalmente às técnicas da animação clássica, a Duc evoluiu a partir do final dos anos 1990 para as imagens geradas por computador. Desde então, reuniu escritores e animadores em um novo departamento de conteúdo para criar novas idéias para cinema e TV. Atualmente, o estúdio está equipado com os processos mais moderno de computação gráfica e efeitos digitais. Entre as especialidades d casa está a integração da animação a cenas filmadas ao vivo, o que ter feito o charme e a personalidade de muitos de seus comerciais recente

RUBBER BONE

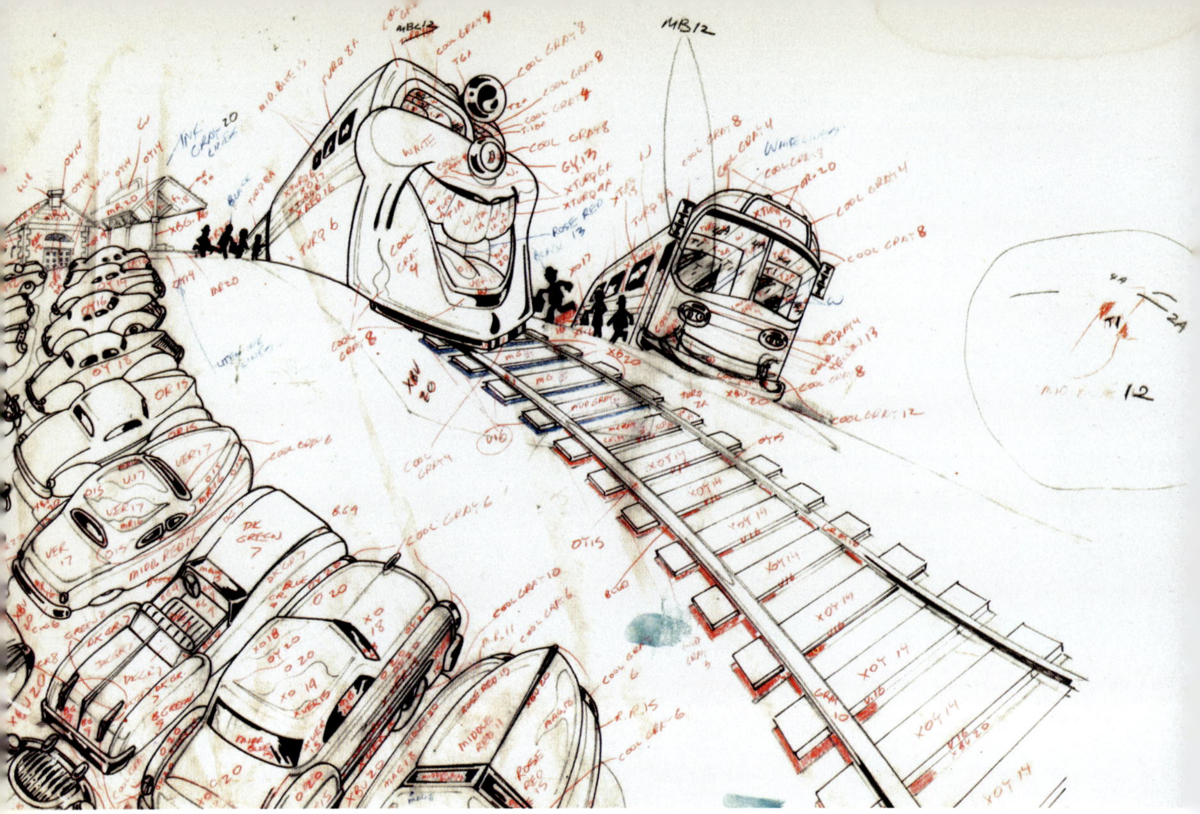

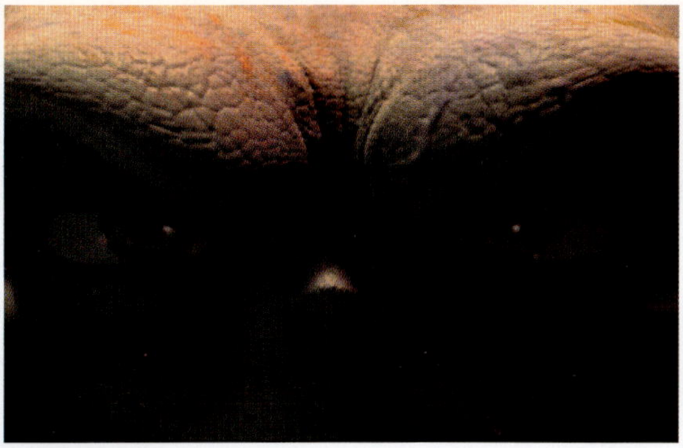

g. 65 No title
r.: Duane Crowther
gency: Leo Burnett
ient: Starkist 9 Lives

Pg. 66 Top Color Mark-Up Drawing from Bus & Train (commercial)
Dir.: Roger Chouinard
Agency: Nader-Lief, Inc.
Client: RTA Transportation

Pg. 66 Bottom Final Drawing from Bus & Train (commercial)
Dir.: Roger Chouinard
Agency: Nader-Lief, Inc.
Client: RTA Transportation

Pg. 67 The Snowman, 2001
Dir.: Lane Nakamura

PROTECTIVE CEL
CROP

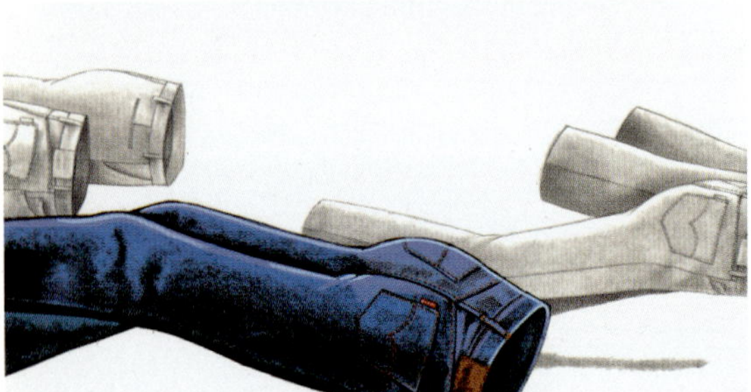

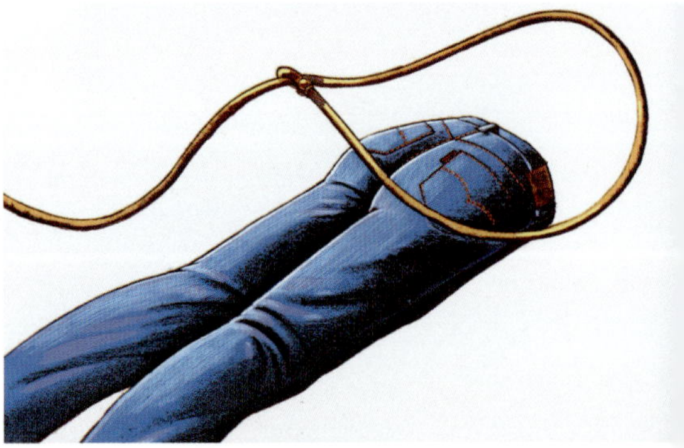

g. 68 Round Up (commercial)
Dir.: Roger Chouinard
Agency: Foote, Cone & Belding/Honig
Client: Levi's

Pg. 69 M&M's series of commercials, 2003
Dir.: Lane Nakamura
Agency: BBDO
Client: M&M/Mars, Inc.

ERICA RUSSELL United Kingdom Gingco 5 Muswell Hill Rd, London N10 3JB E-mail: gingco@blueyonder.co.uk T: +44 208 883 9689	**Feet of Song,** 1989 **Triangle,** 1994 **Experimental Dance,** 1997 **SOMA,** 2001	**Best British Animated Film,** 1989 **Best under 15 min BAA,** 1995 **Clio Award,** 1996	**Painting and drawing on paper** **Cell animation** **Cut paper** **Digital processing of live action**

ERICA RUSSELL

Nacida en Nueva Zelanda, Erica Russell deja en sus películas de autor la marca de dos experiencias importantes en su vida: la infancia que pasó en Sudáfrica y el período en que fue bailarina. *Feet of Song*, *Triangle* y *SOMA*, cortos realizados para el Channel Four de Inglaterra, forman una trilogía dedicada a la danza, además de poseer estrechos vínculos con la cultura africana.

El primero es una celebración de la influencia de las artes africanas, sobre todo la danza, en la cultura mundial. El segundo, por el que recibió una nominación al Oscar, es un estudio sobre los patrones de movimiento con figuras tridimensionales y formas geométricas. En ambos, Russell echa mano de una brillante banda sonora de ritmos africanos y brasileños. En la tercera película, una danza salvaje y violenta dialoga con el arte del *graffiti* inspirado en Jean-Michel Basquiat.

La relación que existe entre la danza y la animación también la explota en otros de sus trabajos experimentales con procesamiento digital de imagen real. Con estas películas, Erica Russell, que vive en Londres desde 1971, se ha consagrado como uno de los nombres más destacados de la animación británica. Sin formación académica en el área, aprendió a animar haciendo un poco de todo en los diferentes estudios por los que pasó. Trabajó como ayudante de Art Babbit, pionero de los estudios Disney, y de Rocky Morton y Annabel Jankel, creadores del revolucionario personaje Max Headroom.

En la década de los ochenta, Russell creó el estudio Eyeworks y, en 1982, la productora Gingco. Posteriormente, ha sido galardonada por los anuncios de vaqueros para mujer de Levi's y por los de la cadena Virgin Megastore. Además ha realizado videoclips para astros como Elton John y Tom Tom Club y aperturas para la televisión, entre otras cosas.

Nata in Nuova Zelanda Erica Russell attinge, per la realizzazione dei suoi film, a due esperienze che marcarono la sua vita: l'infanzia che trascorse in Sud Africa ed il periodo in cui fu ballerina. *Feet of Song*, *Triangle* e *SOMA*, cortometraggi realizzati per il canale inglese Channel Four, formano una trilogia dedicata alla danza, oltre ad avere stretti vincoli con la cultura africana.

Il primo cortometraggio è una celebrazione dell'influenza delle arti africane, soprattutto la danza, nella cultura mondiale. Il secondo, per il quale fu candidata all'Oscar, è uno studio sui i modelli di movimento caratterizzato da figure tridimensionali e forme geometriche. In entrambi, Russell si serve di una banda musicale fatta di ritmi africani e brasiliani. Nel terzo cortometraggio, invece, una danza selvaggia e violenta dialoga con l'arte dei *graffiti*, ispirandosi a Jean-Michel Basquiat.

La relazione esistente tra la danza e l'animazione è un elemento ricorrente anche in altri dei suoi lavori sperimentali, in cui l'immagine reale viene processata digitalmente. Erica Russell, che vive a Londra dal 1971, con questi film si è consacrata come uno dei nomi più famosi dell'animazione britannica. Senza aver ricevuto alcuna formazione accademica nel campo, apprese l'arte dell'animazione svolgendo vari compiti negli studi in cui lavorò. Fu aiutante di Art Babbit, un pioniere degli studi di Disney e di Rocky Morton e Annabel Jankel, creatori del rivoluzionario personaggio Max Headroom.

Negli Anni Ottanta, Russell creò lo studio Eyeworks e nel 1982, la casa di produzione Gingco. È stata premiata in seguito per gli annunci pubblicitari dei jeans da donna della Levi's e per quelli per la catena Virgin Megastore. Inoltre, ha realizzato video clip per artisti del calibro di Elton John e Tom Tom Club e, tra le altre cose, sigle televisive.

Nascida na Nova Zelândia, Erica Russell deixa em seus filmes autorais a marca de duas experiências importantes em sua vida: a infância passada na África do Sul e o período em que foi dançarina. *Feet of Song*, *Triangle* e *SOMA*, curtas realizados para o Channel Four inglês, formam uma trilogia dedicada à dança e possuem vínculos estreitos com a cultura africana.

O primeiro é uma celebração da influência das artes africanas na cultura mundial, especialmente a dança. O segundo é um estudo de padrões de movimento com figuras tridimensionais e formas geométricas, que recebeu uma indicação para o Oscar. Em ambos, Erica lança mão de uma vibrante trilha sonora de ritmos africanos e brasileiros. No terceiro filme, uma dança selvagem e violenta dialoga com a arte do graffiti inspirada em Jean-Michel Basquiat.

Outros trabalhos experimentais, envolvendo processamento digital de imagens filmadas ao vivo, também exploram a relação entre dança e animação. Com esses filmes, Erica Russell consagrou-se como um nome de ponta da animação britânica. Ela vive em Londres desde 1971. Sem educação formal no ramo, aprendeu fazendo de tudo em diversos estúdios. Trabalhou como assistente de Art Babbit, pioneiro dos estúdios Disney, e de Rocky Morton e Annabel Jankel, criadores do revolucionário personagem Max Headroom.

Na década de 1980, Erica criou o estúdio Eyeworks e, em 1992, a produtora Gingco. Realizou comerciais premiados para os jeans femininos Levi's e a cadeia Virgin Megastore, videoclipes para astros como Elton John e Tom Tom Club, aberturas para TV etc.

FEET OF SONG
A-20

FEET OF SONG
J36

Pg. 71 Feet of Song, 1989
Painting and drawing on paper

Pg. 72 Three Levi's Jeans for Women (commercial)
Dir.: Erica Russell
Painting and drawing on paper
Agency: Foote, Cone & Belding (San Francisco).

Pg. 73 Experimental Dance, 1997
Painting and drawing on paper

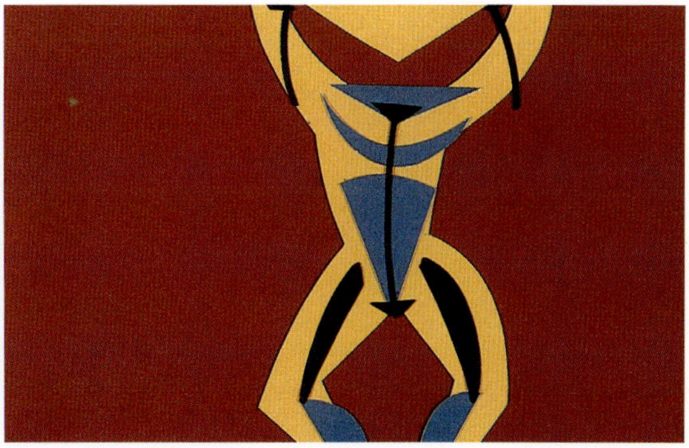

FEDERICO VITALI

EAT AT JOE'S Films Prod.
E-mail: lava.lava@free.fr

Le miracle égyptien / The Egyptian Miracle, 1987
Pépère et Mémère / Gran'Pa & Gran'Ma, 1987
Guano! series, 1990-1992
Lava-Lava! series, 1995-1997
Signé Furax / Signed Furax, pilot, 2001

Best TV series - Annecy, 1995

Traditional animation

FEDERICO VITALI

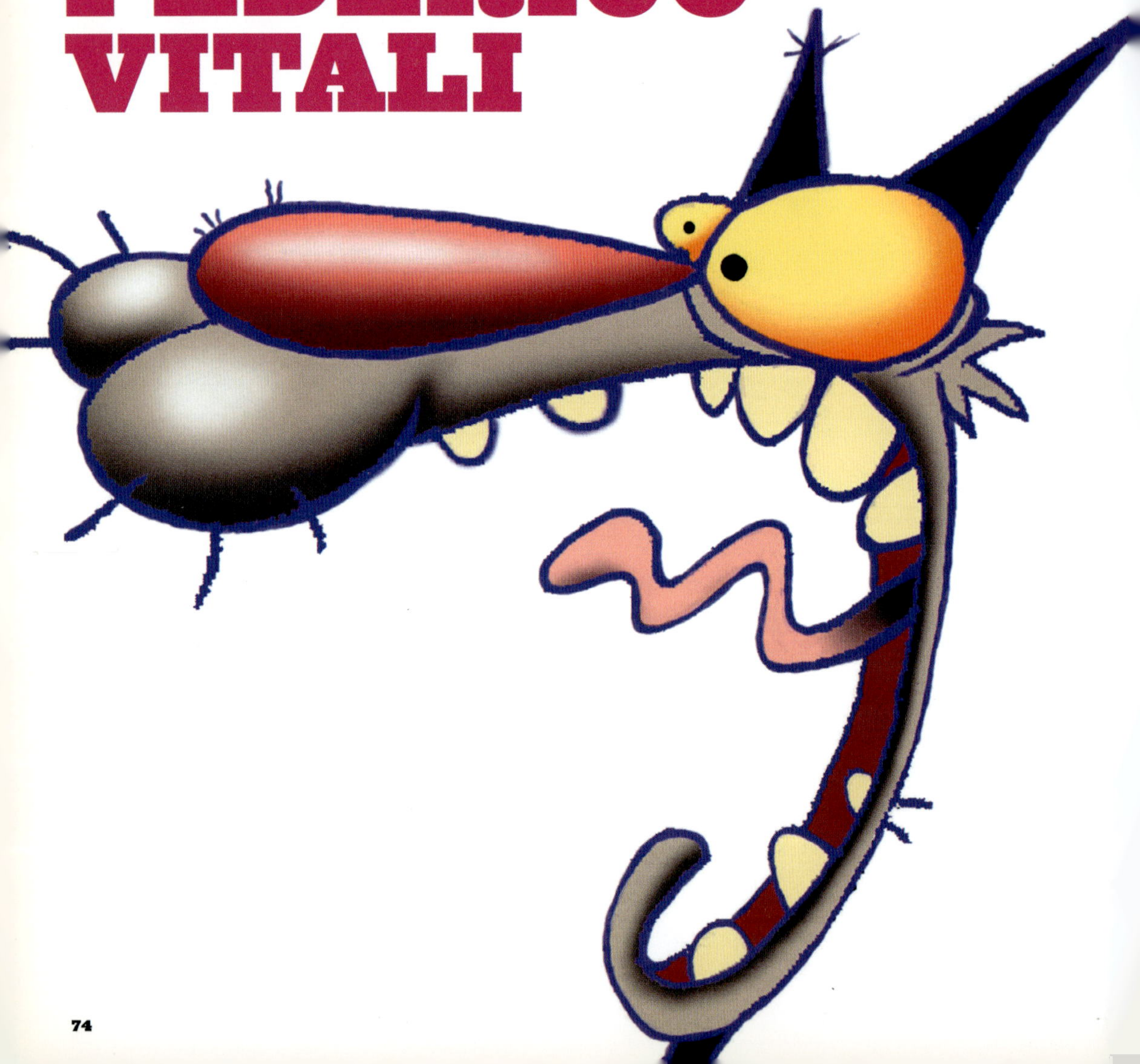

El peculiar sentido del humor de Federico Vitali se hizo conocido mundialmente con los 50 episodios de 30 segundos de la serie *Guano!* que transmitió el Canal +, en la que unos cuantos personajes, horribles y al mismo tiempo afables, vivían las aventuras más ruidosas e insensatas que se puedan imaginar. No satisfecho con ello, Vitali amplió su bestiario animado con la serie *Lava-lava!*, producida para el mismo canal de televisión. En esta ocasión se trataba de animales, granjeros e incluso extraterrestres que se relacionaban de forma impetuosa en una extraña visión del mundo rural, y en la que resulta fácil reconocer nuestra realidad.

A pesar de tener nombre italiano, Federico Vitali nació en un pueblo de Francia, donde todavía vive. Su infancia la pasó en las islas del Caribe y se apasionó por los dibujos animados mientras cursaba Bellas Artes en Perpignan. En la actualidad trabaja en su casa-estudio –llamada Eat at Joe's–, en el pueblo de St. Pierre des Champs. Sus créditos incluyen cortos experimentales, anuncios y programas de televisión sobre animación, como *La nuit s'anime*, del canal Arte, y *Trashorama*, un trabajo que realizó en colaboración con Bill Plympton sobre la animación independiente americana.

En 2004, Vitali prepara tanto los guiones como los guiones gráficos de la nueva serie de televisión *Farmer farm farm*, además de proseguir con la preparación del largometraje animado *Ouaaahh!!*, que coescribió con J. Vittiello. En definitiva, su obra es pura diversión, sin medias tintas, en la mejor tradición anárquica de los dibujos animados y sin perder el tono de parodia que le confiere la calificación de autor, a la que no toda animación puede aspirar.

Il peculiare senso dell'umorismo di Federico Vitali, si è fatto conoscere a livello mondiale con i 50 episodi della durata di 30 secondi della serie *Guano!*. La serie, trasmessa da Canal +, presentava dei personaggi orribili e affabili allo tempo stesso, le cui avventure erano le più rumorose ed insensate che si potessero immaginare. Vitali, non ancora soddisfatto, ampliò il suo bestiario animato con la serie televisiva *Lava-lava!*, prodotta dallo stesso Canal+, in cui animali, fattori e persino extraterrestri, si rapportavano tra loro in maniera impetuosa in una strana visione del mondo della campagna, in cui sembra facile riconoscere la nostra realtà.

Nonostante il suo nome italiano, Federico Vitali nacque nel paesino francese in cui vive attualmente, St. Pierre des Champs. Trascorse la sua infanzia nelle isole caraibiche e si appassionò ai disegni animati quando frequentava la facoltà di Belle Arti in Perpignan. Attualmente lavora nello studio che ha in casa, il cui nome è "Eat at Joe's". Tra le sue opere si contano cortometraggi sperimentali, annunci pubblicitari e programmi televisivi sull'animazione, come *La nuit s'anime*, del canale Arte e *Trashorama*, un lavoro realizzato in collaborazione con Bill Plympton sull'animazione indipendente americana.

Nel 2004, Vitali sta preparando tutte le sceneggiature, anche quelle grafiche, della nuova serie televisiva *Farmer farm farm*, senza però tralasciare la preparazione del lungometraggio animato *Ouaaahh!!*, che ha scritto a quattro mani con J. Vittiello.

La sua opera, in definitiva, è puro divertimento, senza mezzi toni, seguendo la migliore delle tradizioni anarchiche dei disegni animati, ma senza perdere mai il gusto della parodia che gli conferisce quel marchio d'autore a cui non tutti possono aspirare.

O senso de humor muito peculiar de Federico Vitali ficou mundialmente conhecido com os 50 episódios de 30 segundos da série *Guano!*, veiculada originalmente no Canal +. Nela, um punhado de personagens simpaticamente horríveis viviam as aventuras mais ruidosas e insensatas que se possa imaginar. Não satisfeito, Vitali ampliaria seu bestiário animado com a série *Lava-lava!*, feita para a mesma emissora. Era a vez de animais, fazendeiros e até extraterrestres interagirem furiosamente numa visão bizarra do mundo rural, onde era fácil reconhecer a realidade à nossa volta.

Apesar do nome italiano, Federico Vitali nasceu (em 1960) e vive no interior da França. Passou a infância em ilhas do Caribe e apaixonou-se pelo desenho animado enquanto cursava a Escola de Artes de Perpignan. Hoje trabalha em sua casa-estúdio, denominada Eat at Joe's, na pequena cidade de St. Pierre Des Champs. Seus créditos incluem curtas experimentais, anúncios e programas de TV sobre animação, como *La nuit s'anime* (do canal Arte) e *Trashorama* (sobre animação independente americana, em colaboração com Bill Plympton).

Em 2004, Vitali desenvolve os roteiros e storyboards da nova série de TV *Farmer Farm Farm* e prossegue na preparação do longa animado *Ouaaahh!!*, co-escrito por J. Vittiello. Sua obra é divertimento franco e sem meias tintas, na melhor tradição anárquica do cartum animado. Mas o tom de paródia lhe confere a estatura autoral que nem todo cartum pode ambicionar.

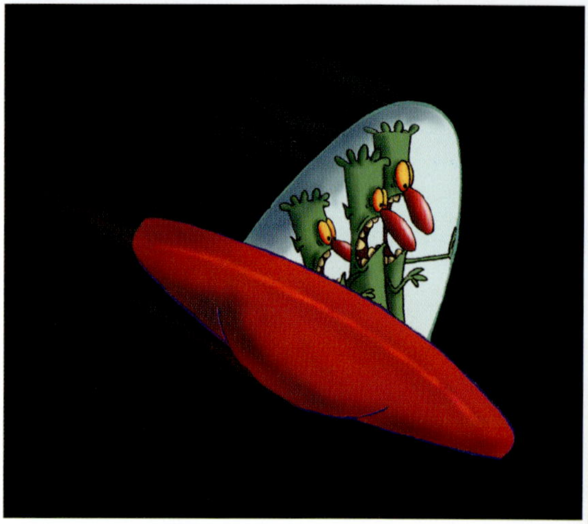

Pg. 74–76 Ouaaahh!!, 2004/2005
Traditional animation

Pg. 77 Lava-lava (TV series), 1995-1997
Traditional animation

FERENC CAKÓ

Hungary
Apostol utca 21,
Budapest 1025
E-mail: cako@hu.inter.net
Phone: + 361 326 1094

A Szék / The Chair, 1978
Ad Astra, 1982
Sebajtóbiás / Nevermind Toby, series, 1982-1985
Zeno, series, 1985-1988
Ab Ovo, 1987
Hamu / Ashes, 1989
Song of the Sand, 1996
Labirintus / Labyrinth, 1999
Magyar Várak Legendái / Legends of the Hungarian Castles, series, 2000
The Four Seasons, series, 2000

Fipresci Prize - Annecy, 1983
Category Prize - Espinho, 1983
Silver Dragon - Krakow, 1983
Best Animation - Cannes, 1988
Best Short - Annecy, 1989
Golden Gate Award - San Francisco, 1991
Golden Bear - Berlin, 1994
City of Espinho Prize, 1996
Special Prize - Zagreb, 1999
Outstanding Artist - Hungary, 1999

Objects, puppet, clay
Paper-cut
Sand animation

FERENC CAKÓ

www.cakostudio.hu

Ferenc Cakó es uno de los pocos artistas de animación que se exhiben en *performances* de todo el mundo. En el escenario, ante una mesa y rodeado de músicos o altavoces "pinta" maravillosos cuadros de arena para deshacerlos inmediatamente mientras los espectadores siguen el proceso, paso a paso, en una pantalla de cine.

Cakó, nacido en Budapest en 1950, empezó haciendo animación con muñecos, plastilina y recortes de papel a comienzos de los setenta; primero en la Escuela de Bellas Artes, luego, de 1973 a 1991, en el Pannonia Film Studio. A partir de 1982, empezó a animar sus propios guiones. Pero sólo fue a partir de 1987, tras recibir el premio del Festival de Cannes por su corto *Ab Ovo*, cuando adoptaría definitivamente la arena. Al entrar en contacto con sus dedos, los finos granitos fluyen con la magia de los mejores contadores de cuentos. Por lo demás, Cakó sigue combinando materiales y técnicas diversas, unas veces interesado en la contraposición y otras en la complementación.

Este orgullo de la cultura húngara moderna es también dibujante y pintor –con obras expuestas en varios países–, eximio ilustrador de libros infantil-juvenil y profesor de animación en 3D. En su filmografía destacan fábulas y series infantiles de televisión, pequeñas comedias de lo absurdo y densos ensayos, a veces aterrorizantes y siempre visualmente impecables. En sus cortos de autor más ambiciosos afloran temas de su pasado personal –*Ashes*–, el funcionamiento de la sociedad húngara –*Nest*–, la angustia ante el futuro –*Labyrinth*– y la relativa impotencia del deseo –*Vision*–.

Ferenc Cakó è uno dei pochi artisti di animazione che si esibiscono per mezzo di *performances* in tutto il mondo. Sul palco, davanti ad un tavolo, circondato da musicisti o altoparlanti "dipinge" meravigliosi quadri di sabbia, che poi disfa immediatamente, mentre gli spettatori osservano il processo, passo a passo, su di uno schermo cinematografico.

Cakó, nato a Budapest nel 1950, cominciò facendo animazione con i pupazzi, la plastilina e ritagli di carta agli inizi degli Anni Settanta, dapprima nella Scuola di Belle Arti e in seguito, dal 1973 al 1991, nel Pannonia Film Studio. Dal 1982 cominciò ad animare le sue sceneggiature. Però fu solamente a partire dal 1987, dopo aver ricevuto il premio del Festival di Cannes per il cortometraggio *Ab Ovo*, che adotterà definitivamente la sabbia. I fini granelli, all'entrare in contatto con le sue dita, fluiscono con la magia che solo i migliori cantastorie sanno creare. Cakó continua a fondere materiali e tecniche diverse, a volte interessato alla contrapposizione, altre alla complementarità delle singole parti.

Questo grande personaggio della cultura ungherese moderna, è disegnatore e pittore, con opere esposte in vari paesi, ma è anche un illustratore esimio di libri per bambini e ragazzi, oltre che professore d'animazione in 3D. Nella sua filmografia risaltano favole e serie televisive per l'infanzia, piccole commedie dell'assurdo e saggi profondi, a volte terrificanti, ma sempre visualmente impeccabili. Nei suoi cortometraggi d'autore più ambiziosi affiorano tematiche quali, il passato personale, in *Ashes*, il funzionamento della società ungherese, in *Nest*, l'angoscia davanti al futuro, in *Labyrinth* e l'impotenza del desiderio, in *Vision*.

Ferenc Cakó é um dos poucos artistas da animação que se exibem em performances públicas, em várias partes do mundo. No palco, diante de uma mesa e cercado por músicos ou caixas de som, ele "pinta" maravilhosos quadros com areia e os desmancha em seguida, enquanto a platéia a tudo acompanha pela projeção numa tela de cinema. É um privilégio ver trabalhar ao vivo o homem que deu nova dimensão ao cinema de areia.

Cakó, nascido em Budapeste em 1950, começou animando com bonecos, massinha e recortes de papel, no início dos anos 1970. Primeiro no colégio de artes, depois no Pannonia Film Studio (1973-1991). A partir de 1982, passou a animar seus próprios roteiros. Mas só em 1987, com *Ab Ovo*, curta premiado no Festival de Cannes, ele adotaria de vez a areia. Ao toque de seus dedos, os finos grãos fluem com a magia dos melhores contadores de história. De resto, Cakó continua combinando materiais e técnicas diversas, ora interessado na contraposição, ora de maneira complementar.

Esse orgulho da cultura húngara moderna é também um desenhista e pintor exposto em diversos países, exímio ilustrador de livros infanto-juvenis e professor de animação 3D. Em sua filmografia alinham-se fábulas e séries de TV infantis, pequenas comédias non sense e ensaios densos, às vezes assustadores e sempre visualmente requintados. Temas de seu passado pessoal (*Ashes*), o funcionamento da sociedade húngara (*Nest*, 1998), a angústia diante do futuro (*Labyrinth*) e a relativa impotência do desejo (*Vision*, 1999) afloram em seus curtas mais ambiciosamente autorais.

Pg. 79 Stones Kövek, 2000
Sand animation

Pg. 80 Paintings by Ferenc Cakó

g. 81
aravan, 2000
uppet animation

abirintus, 1999
uppet animation

FILMÓGRAFO

Portugal
Contact: Abi Feijó
Rua Dr. António Macedo 309
r/c Dº 4420-430 Valbom
Gondomar
E-mail: ciclope@ciclopefilmes.com
Phone: + 351 93 627 5674

Oh que calma / How Calm It Is, 1985
Os salteadores / The Outlaws, 1993
Ovo / Egg, 1994
Estória do gato e da lua / The Cat and the Moon, 1995
Fado lusitano / Fado, the Lusitanian Lament, 1995
Gatofone / Catphone, 1996
Jogos olímpicos / Olympic Games, 1996
A casa do João / João's House, 1998
A noite / The Night, 1999
Clandestino / Stowaway, 2000

Special Jury Prize - Espinho, 1993
Cartoon Portugal and Best Portuguese script - Espinho, 2000
Grand Prix T_ebo_ - Czech Republic, 2003

Traditional animation
Cut out, clay, sand and puppet animation
Computer graphics

FILMÓGRAFO

http://awn.com/filmografo

"Portugal tiene un corazón errante, un espíritu aventurero, un alma afligida y un cuerpo obediente", esa es la sinopsis del cortometraje *Fado lusitano*. Esta película, su director Abi Feijó y la productora Filmógrafo han contribuido a dotar a Portugal de una nueva y potente generación de artistas dispuestos a romper con la larga calma del país en el panorama de la animación. El movimiento empezó a principios de los noventa motivado por el crecimiento del Festival Cinanima, que desde 1977 reúne anualmente a la comunidad internacional de la animación en la ciudad portuguesa de Espinho.

Abi Feijó nació en Braga en 1956 y estudió en la Escuela de Bellas Artes de Oporto. En 1984, colaboró en el National Film Board de Canadá, donde reafirmó su deseo de dedicarse a la animación de autor. Cuando regresó a su país fundó Filmógrafo, hoy en día un centro de atracción para los realizadores atrevidos que ejercitan las más diferentes técnicas. Manuela Bacelar, Daniela Duarte Rui, Graça Gomes, Clídio Nóbio, André Marques, Pedro Serrazina, Regina Pessoa y José Miguel Ribeiro son directores que han destacado en los grandes festivales internacionales.

La producción de Filmógrafo, a parte de algunas películas educativas, presenta simultáneamente una temática profundamente portuguesa –canciones, fantasmas de la cultura popular, traumas de la historia, etc. – y universal. Como en el resto de todo el cine portugués contemporáneo, estos animadores entienden las películas como una reflexión individual y subjetiva de fondo político y sentido humanista.

Abi Feijó ha tenido también una importancia estratégica como profesor de animación, orientador de talleres y ex presidente de ASIFA.

"Il Portogallo possiede un cuore errante, uno spirito avventuroso, un'anima afflitta e un corpo obbediente": questa è la trama del cortometraggio *Fado lusitano*. Questo film, il suo regista Abi Feijó e l'impresa di produzione Filmógrafo hanno contribuito a dotare il Portogallo di una nuova forte generazione di artisti, disposti a porre fine al lungo periodo di calma del paese nel settore dell'animazione. Il movimento cominciò agli inizi degli Anni Novanta, spinto dalla crescita del Festival Cinanima, che dal 1977 riunisce annualmente la comunità internazionale dell'animazione nella città di Espinho.

Abi Feijó nacque a Braga nel 1956 e studiò alla Scuola di Belle Arti di Oporto. Nel 1984 collaborò con la National Film Board del Canada, in cui riaffermò il suo desiderio di dedicarsi all'animazione d'autore. Di ritorno in Portogallo, fondò la Filmógrafo, che è al giorno d'oggi un centro d'attrazione per realizzatori coraggiosi che adottano le tecniche più disparate. Manuela Bacelar, Daniela Duarte Rui, Graça Gomes, Clídio Nóbio, André Marques, Pedro Serrazina, Regina Pessoa e José Miguel Ribeiro sono artisti il cui valore è stato riconosciuto nei grandi festival internazionali.

La produzione di Filmógrafo, senza considerare alcuni film educativi, presenta una tematica profondamente portoghese, ma allo stesso tempo universale, fatta di canzoni, fantasmi della cultura popolare, traumi storici, etc. Come il resto di tutto il cinema portoghese contemporaneo, questi animatori considerano i film come una forma di riflessione individuale e soggettiva, con uno sfondo politico e una sensibilità umanista.

Abi Feijó ha rivestito anche un'importanza strategica come professore d'animazione, direttore di laboratori ed è stato ex presidente della ASIFA.

"Portugal tem um coração errante, um espírito aventureiro, uma alma amargurada e um corpo obediente", descreve a sinopse do curta *Fado lusitano*. Este filme, seu diretor Abi Feijó e sua produtora Filmógrafo ajudaram a dotar Portugal também de uma nova e pulsante geração de artistas, dispostos a romper a longa calmaria do país no ma[illegible] da animação. O movimento começou no início da década de 1990, impulsionado pelo crescimento do Festival Cinanima, que desde 1977 reúne anualmente a comunidade internacional da animação na cidade portuguesa de Espinho.

Abi Feijó nasceu em Braga, em 1956, e graduou-se na escola de Belas Artes do Porto. Em 1984, cursou o National Film Board do Canadá onde reafirmou seu desejo de dedicar-se à animação autoral. De volta a seu país, fundou a Filmógrafo, hoje um pólo de atração de ousados realizadores, que exercitam as mais diferentes técnicas. Manuela Bacelar, Daniela Duarte Rui, Graça Gomes, Clídio Nóbio, André Marques, Pedro Serrazina, Regina Pessoa e José Miguel Ribeiro são diretores que têm s[illegible] destacado nos grandes festivais.

A produção do Filmógrafo, à parte alguns filmes educativos, lida com temática a um só tempo profundamente portuguesa (canções, fantasmas da cultura popular, traumas da História etc) e universal. Como d[illegible] resto em todo o cinema português contemporâneo, esses animadores encaram o filme sempre como uma reflexão individual e subjetiva, d[illegible] fundo político e sentido humanista.

Abi Feijó tem tido importante atuação estratégica também como professor de animação, orientador de workshops e ex-presidente da ASIFA.

Pg. 83–84 A Noite, 1999
Painting and carving on plaster plates
Dir.: Regina Pessoa

Pg. 85 Jardim da Celeste - Brinquedos, 1999
Dir.: Marta Monteiro

FILMTECKNARNA ANIMATION

Sweden
Contact: Lars Ohlson
Malmgårdsvägen 16-18,
11638 Stockholm
Phone: + 46 8 442 7300
Fax: + 46 8 442 7319
E-mail: ft@filmtecknarna.com

OThe Man Who Thought With His Hat, 1984
Dawning, 1985
Pesce Pesce, 1988
Exit, 1989
Alice in Plasmaland, 1993
Revolver, 1993
Body Parts, 1995
Ebbe & Sten, 1995
Otto, 1997
Family & Friends, 2002

First Prize - Chicago, 1988
Best Script - Ottawa, 1990
Best Production Under 10 min - Ottawa, 1994
Special Jury Prize - Hiroshima, 1994
Golden Gate Award - San Francisco, 1994
Nordisk Panorama, 1995
Jury's Special Prize - Oslo, 1997
Unicef Award - Berlin, 1998
Bronze Clio, 2001
Best Showreel Anima Mundi - Rio de Janeiro, 2002
Public Award - Ottawa, 2002

Traditional animation
Cut out
Claymation
Computer graphics

FILM-TECKNARNA

www.filmtecknarna.com

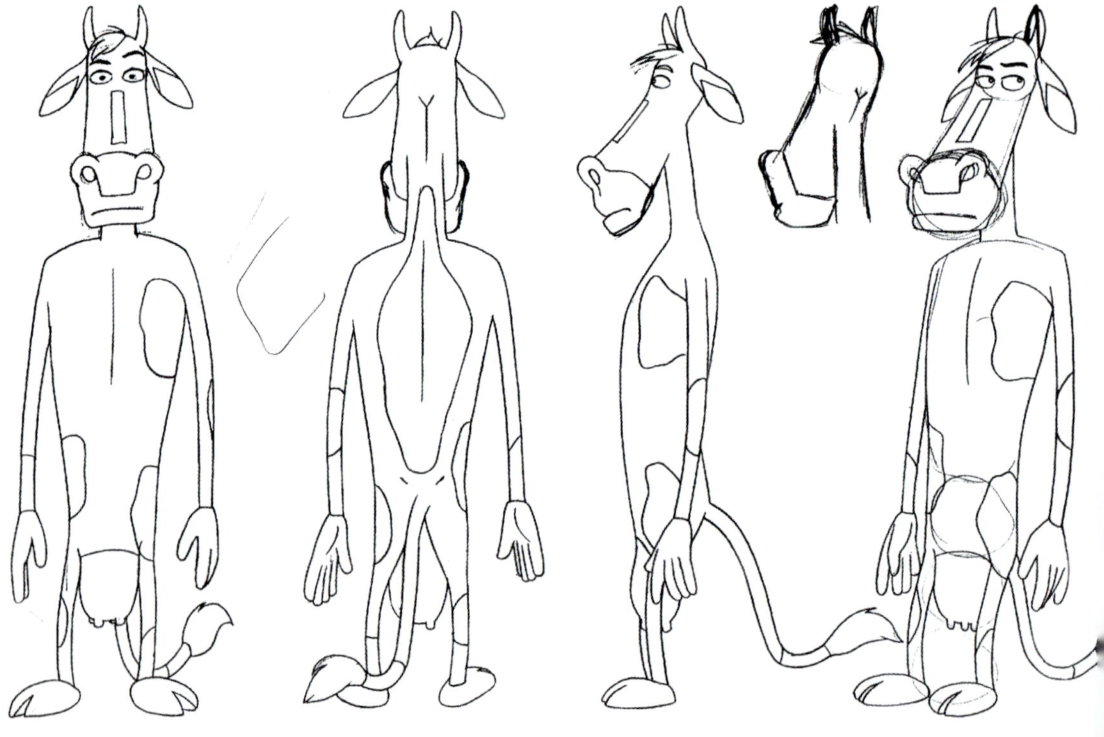

Durante la década de 1970, Lars Ohlson, Jonas Odell y Stig Bergqvist, tres estudiantes de Estocolmo atraídos por el dibujo y la animación, se reunieron para filmar pequeñas películas en Super 8. La profesionalización fue la consecuencia natural de este encuentro. En 1981, con los primeros encargos del Swedish Film Institute, el trío fundó la empresa FilmTecknarna. A lo largo de la década de 1990, se incorporaron Jonas Dahlbeck y el suizo Boris Nawratil.

La empresa saca provecho de la experiencia de sus directores en campo como el diseño, la ingeniería y la arquitectura, para cubrir una vasta gama de técnicas, estilos y aplicaciones de la imagen animada. Lars Ohlson codirigió algunos de los primeros cortometrajes del estudio, pero más tarde decidió asumir la administración de la empresa como productor ejecutivo y director general. Jonas Odell firma la mayoría de cortometrajes de FilmTecknarna, además de series, aperturas y viñetas de televisión, así como la galardonada secuencia de animación del videoclip *Music*, de Madonna.

Residente en California, Estados Unidos, Stig Bergqvist también ha realizado episodios para la televisión y el largometraje *Rugrats en París: la película* (2001). Entre los trabajos de Jonas Dahlbeck, el más joven de los cinco, se incluye el corto *Do Nothing 'Till You Hear From Me*, en el que demuestra que sabe combinar a la perfección las nuevas técnicas con las antiguas. A su vez, el suizo Boris Nawratil ha desarrollado el proyecto *Smoking Mummies*, una película de aventuras realizada completamente en 3D.

El ecléctico quinteto de Estocolmo tiene clientes de peso en la industria de productos, servicios y espectáculos. Además de artistas fijos, dan empleo a autónomos en diferentes lugares del mundo.

Negli anni '70 Lars Ohlson, Jonas Odell e Stig Bergqvist erano tre studenti di Stoccolma sedotti dal disegno e dall'animazione quando decisero di unire le loro forze per girare piccoli film in Super 8. Venne da sé quindi la decisione di passare al professionismo a suggello di tale unione. Nel 1981 il trio fondò la società Film Teckarna con i primi incarichi del Swedish Film Institute. Durante gli anni '90 si unirono poi Jonas Dahlbeck e lo svizzero Boris Nawratil.

La società si avvale delle differenti esperienze dei registi che la compongono: dal disegno all'ingegneria e all'architettura, passando per tutte le tecniche, stili e applicazioni dell'immagine animata. Lars Ohlson diresse insieme agli altri i primi corti dello studio, ma poi passò ad essere l'amministratore della società, occupandosi della produzione esecutiva e della direzione generale. Jonas Odell firma la maggior parte dei cortometraggi della FilmTecknarna, oltre alle serie, le aperture e le vignette televisive, come pure la sequenza più applaudita del videoclip di Madonna *Music*.

Stig Bergqvist risiede invece negli Stati Uniti, in California ed ha realizzato alcune serie per la televisione e il lungometraggio *Rugrats in Paris* (2001). Tra i lavori di Jonas Dahlbeck che è il più giovane dei cinque, s'inserisce il cortometraggio *Do Nothing 'Till You Hear From Me*, opera in cui ha dimostrato saper fondere alla perfezioni le tecniche moderne e le tradizionali. Boris Nawratil, svizzero, ha realizzato e sviluppato, da parte sua, il progetto *Smoking Mummies*, un film animato completamente in 3D.

Il quintetto eclettico di Stoccolma vanta clienti di gran valore nell'industria dei prodotti, dei servizi e dello spettacolo, ed annovera tra i suoi collaboratori fissi artisti e liberi professionisti in varie città del mondo.

Lars Ohlson, Jonas Odell e Stig Bergqvist eram três estudantes de Estocolmo apaixonados por desenho e animação quando começaram a unir forças para fazer pequenos filmes em Super 8, na década de 1970. A profissionalização foi uma decorrência natural desse encontro. Em 1981, com as primeiras encomendas do Swedish Film Institute, o trio fundou a Filmtecknarna. No curso dos anos 1990, a eles se juntaram Jonas Dahlbeck e o suíço Boris Nawratil.

A empresa tira partido dos diferentes *backgrounds* de seus diretores – que incluem design, engenharia e arquitetura – para cobrir uma vasta gama de técnicas, estilos e aplicações da imagem animada. Lars Ohlson co-dirigiu alguns dos primeiros curtas do estúdio, mas depois decidiu assumir a administração da empresa como produtor executivo e CEO. Jonas Odell assinou a maioria dos curtas da FT, além de séries, aberturas e vinhetas de TV, e mais a laureada seqüência de animação do videoclipe *Music*, de Madonna.

Vivendo na Califórnia, EUA, Stig Bergqvist também realizou episódios para a TV e o longa *Rugrats in Paris* (2001). O portifólio de Jonas Dahlbeck, o mais jovem dos cinco, contempla o curta *Do Nothing 'Till You Hear From Me*, onde ele mostra que sabe combinar belamente antigas e novas técnicas. Por sua vez, o suíço Boris Nawratil desenvolveu o projeto de *Smoking Mummies*, filme de aventuras inteiramente animado em 3D.

O eclético quinteto de Estocolmo tem clientes de peso na indústria de produtos, serviços e entretenimento. Além de artistas fixos, emprega *freelancers* em várias partes do mundo.

Pg. 86–88 Boddington "Cream of playboy", 1999
Cell animation & CGI
Dir.: Jonas Dahlbeck
Agency: BBH, London

Pg. 89 Aligation liberation, 1999
Dir.: Jonas Dahlbeck
Cell animation, 3D, photography
Agency: Cartoon Network

FOLIMAGE

France
Contact: Jacques Remy-Girerd
E-mail: folimage@wanadoo.fr
Phone: + 33 475 78 48 68
Fax: + 33 475 43 06 92 ms

Le Moine et le Poisson / The Monk and the Fish, 1994
La Grande Migration / The Great Migration, 1995
Paroles en l'Air / Winged Words, 1995
Ferrailles / Scrapmetal, 1996
La Bouche Cousue / The Sewn Mouth, 1998
L'Enfant au Grelot / Charlie's Christmas, 1998
Au Bout du Monde / At the End of the Earth, 1999
Hilltop Hospital, 2000
La Prophétie des Grenouilles / Frog's Prophecy, 2003

Cartoon d'Or, 1995/1998
César Prize, 1996
Grand Prix, Stuttgart 1998
Special TV Prize, Annecy 1998
Special Jury Prize, Hiroshima 1998/2000
Best TV Series Anima Mundi, Rio de Janeiro 2001
Grand Prix, Seoul 2001
Cinanima Prize, Espinho 2002
International Special Jury Prize, Hiroshima 2002

Traditional animation
Stop motion
Clay animation
Computer graphics

FOLIMAGE

www.folimage.com

A contracorriente de la actual tendencia en Francia, el estudio Folimage no ha trasladado su producción a los países del Este ni a Asia, sino que continúa realizando sus películas, desde los trazos iniciales hasta la finalización digital y la distribución, en sus propias dependencias de Valence, en la región de Rhône-Alpes, la misma en la que nació el cinematógrafo de los hermanos Lumière.

El trabajo de Folimage va más allá de la mera exhibición de películas en televisión, en cine, en festivales o instituciones. Desde que Jacques-Rémy Girerd, Pascal le Notre y Serge Besset lo fundaron en 1984, el estudio ha ido fortaleciendo su papel de bastión de la animación de autor en Francia. Además de producir cortos y series de televisión del personal de la casa, desde 1993 el estudio recibe a artistas europeos en prácticas, como Michael Dudok de Wit (*Le moine et le poisson*) y Konstantin Bronzit (*Au bout du monde*). En 1999, fundó la escuela de animación La Poudrière.

En su archivo de más de 100 películas se percibe, por un lado, una gran diferencia con relación a los estándares americanos y japoneses y, por otro, una constante referencia al mundo de las bellas artes. También es posible encontrar tantas películas de marcado contenido intelectual dirigidas a un público adulto como estimulantes producciones para el público infantil y juvenil. Queda patente que la invención está por encima de la lógica comercial.

En diciembre de 2003, Jacques-Rémy Girerd lanzó el primer largometraje de Folimage, *La prophétie des grenouilles*. La fascinación de esta historia basada en una moderna Arca de Noé que vive un nuevo diluvio atrajo a más de 800.000 franceses a la gran pantalla en los tres primeros meses.

Con una tendenza controcorrente rispetto a quella attualmente vigente in Francia, lo studio Folimage non ha trasferito la sua produzione né nei Paesi dell'Est né in Asia, ma continua a realizzare l'intero processo dei suoi film, dai suoi tratti iniziali fino alla conclusione con il procedimento digitale e la distribuzione, nelle installazioni di Valence, nella regione di Rhône-Alpes, la stessa in cui nacque il cinematografo con i fratelli Lumière.

Il lavoro di Folimage va oltre la semplice programmazione dei film in televisione, nei cinema, nei festival o nelle istituzioni. Infatti, da quando Jacques-Rémy Girerd, Pascal le Notre e Serge Besset lo fondarono nel 1984, questo studio ha rafforzato progressivamente il suo ruolo di pilastro dell'animazione d'autore in Francia. Oltre a produrre cortometraggi e serie televisive propri, dal 1993 lo studio riceve artisti europei che fanno praticantato, come Michael Dudok de Wit (*Le moine et le poisson*) e Konstantin Bronzit (*Au bout du monde*). Nel 1999 fondò la scuola d'animazione La Poudrière.

Nel suo archivio di oltre 100 film si percepisce, da una parte, una grande differenza rispetto agli standard americani e giapponesi e dall'altra, un riferimento costante al mondo delle belle d'arti. Per di più è possibile trovare numerosi film di marcato contenuto intellettuale, destinati a un pubblico adulto e avvincenti produzioni per un pubblico infantile e giovane. È evidente che la forza dell'invenzione va oltre la logica commerciale.

Nel dicembre del 2003, Jacques-Rémy Girerd lanciò il primo lungometraggio di Folimage, *La prophétie des grenouilles*. Il fascino di questa storia, quella di una moderna Arca di Noé che vive un nuovo diluvio, ha avvicinato un pubblico di oltre 800.000 francesi al grande schermo nei primi tre mesi di programmazione.

Na contra-corrente de uma tendência atual na França, o estúdio Folimage não deslocou sua produção para países da Ásia ou do leste europeu. Em vez disso, continua a realizar seus filmes, dos traços iniciais à finalização digital e à distribuição, nas suas próprias dependências, em Valence, parte da mesma região de Rhône-Alpes onde nasceu o cinematógrafo dos irmãos Lumière.

A ação do Folimage ultrapassa a mera colocação de filmes em TVs salas de cinema, festivais e instituições. Desde sua fundação, em 1984 por Jacques-Rémy Girerd, Pascal le Notre e Serge Besset, o estúdio vem ampliando seu papel de bastião da animação autoral na França. Além de produzir curtas e séries de TV do pessoal da casa, desde 1993 o estúdio recebe artistas europeus em residência, como Michael Dudok De Wit (*Le Moine et le Poisson*) e Konstantin Bronzit (*Au Bout du Monde*). Em 1999 fundou a escola de animação La Poudrière (ver página...).

Num catálogo de mais de 100 filmes, nota-se uma diferenciação flagrante em relação aos padrões americanos e japoneses, assim como constantes referências ao mundo das belas artes. Ali a primazia da invenção está acima da lógica comercial. Há tanto filmes de marcado conteúdo intelectual dirigidos às platéias adultas, como estimulantes produções para o público infanto-juvenil.

Em dezembro de 2003, Jacques-Rémy Girerd lançou nos cinema o primeiro longa-metragem do Folimage, *La Prophétie des Grenouilles*. O fascínio dessa história de uma moderna Arca de Noé às voltas com um novo dilúvio atraiu mais de 800.000 franceses só nos três primeiros meses.

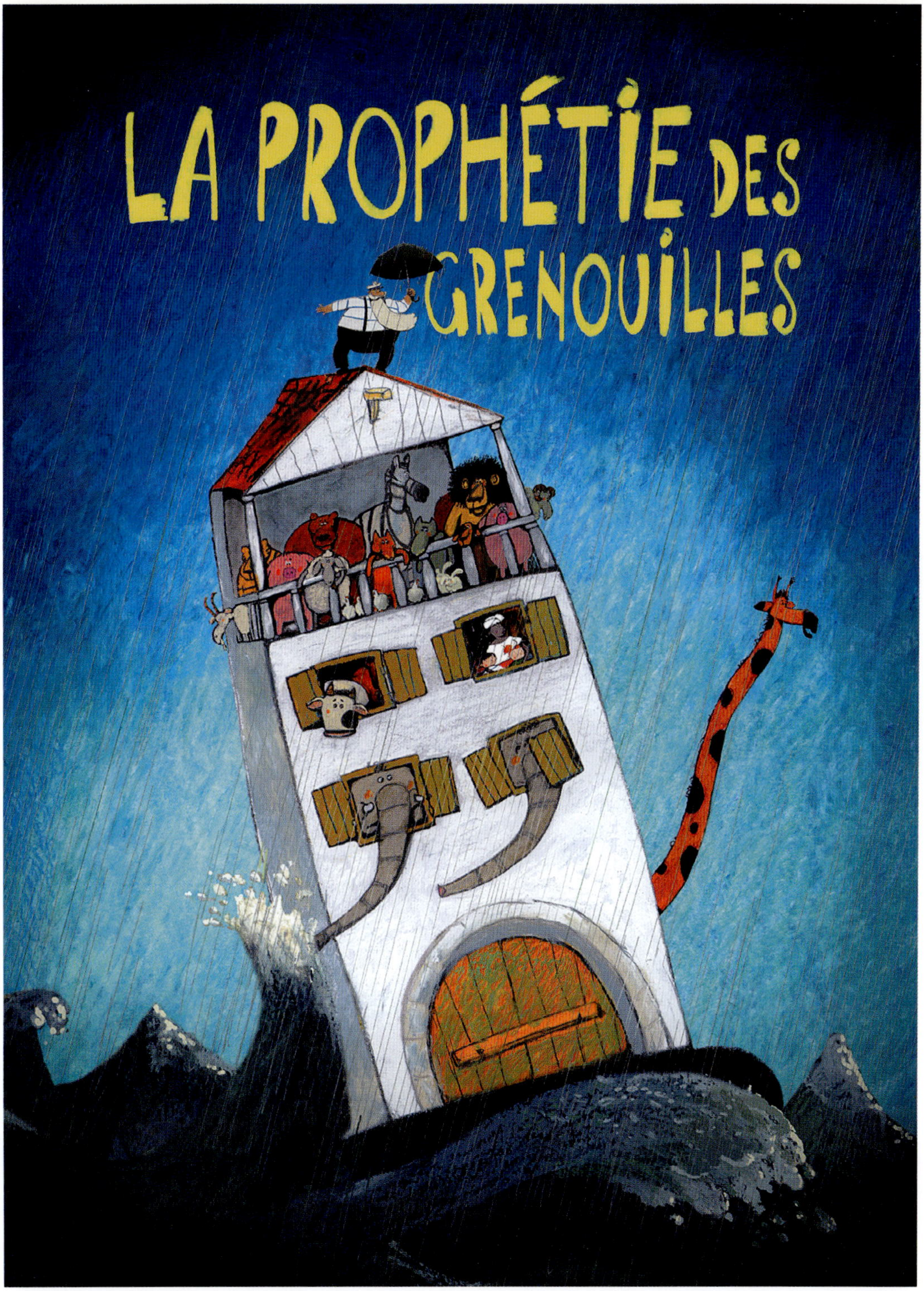
LA PROPHÉTIE DES
GRENOUILLES

Pg. 91 La prophétie des grenouilles/
Raining Cats and Frogs, 2003
Dir.: Jacques-Rémy Girerd

Pg. 92 Les tragédies minuscules/
Minuscule tragedies, 1999
Dir.: Alain Gagnol and Jean-Loup Felicioli

Pg. 93 Top Hôpital Hilltop/
Hilltop Hospital, 1999
Dir.: Pascal Le Nôtre

Pg. 93 Bottom Casa, 2003
Dir.: Sylvie Léonard

FRÉDÉRIC BACK

Canada

Radio-Canada French
Program Sales
Colette Forest, Manager
1400 Rene-Levesque Blvd East,
B45-1, Montreal - QC H2L 2M2
Phone: (514) 597-7826
Fax: (514) 597-7862
colette_forest@radio-canada.ca

Abracadabra, 1970
Inon ou la Conquète du Feu / Inon or The Conquest of Fire, 1971
La Création des Oiseaux / The Creation of the Birds, 1973
Illusion, 1974
Taratata la Parade, 1977
Tout Rien / All Nothing, 1978
Crac, 1981
L'Homme qui Plantait des Arbres / The Man Who Planted Trees, 1987
Le Fleuve aux Grandes Eaux / The Mighty River, 1993

Oscar, 1982 and 1988
Clermont-Ferrand and Tampere, 1988
Annecy, 1991 and 1993
Hiroshima, 1987 and 1994

Traditional animation
Colored pencil
Frosted cell

FRÉDÉRIC BACK

www.radio-canada.ca

Suele decir que nació con un lápiz entre los dedos. Hay quien le llama "el misionero del lápiz". Frédéric Back es un animador a la antigua usanza, de aquellos que pueden dedicar todo un mes a confeccionar un único plano. Y de los que dibujan por unos cuantos ideales.

Los ideales de Back son la defensa de la memoria colectiva y la protección del medioambiente. El cine, según lo concibe, es un gran medio para promover la ecología. Con el éxito de sus películas aspira a incentivar a artistas y productores a hacer más películas sobre la relación entre el hombre y la naturaleza.

Nacido en Alemania en 1924, gran amante de los animales y de dibujarlos, Back emigró con su familia a Canadá durante la II Guerra Mundial. Desarrolló una técnica de pintura sobre vidrio para resolver problemas de escenografía en los comienzos de la televisión. En 1967, creó la vidriera de la estación de metro Place des Arts de Montreal. Y en 1970 se instaló en los estudios de animación de la Societé Radio-Canada. Allí, junto con Hubert Tison, formó durante 20 años el núcleo de un proyecto para la producción de películas educativas que han dado la vuelta al mundo.

Sin embargo, los buenos propósitos no son su única virtud. Frédéric Back es un maestro del dibujo, comparable con los grandes genios de la pintura. Su trazo es frágil, aunque con un poder de evocación que despierta emociones en el público. *Crac*, una historia irónica sobre una mecedora que se convierte en atracción en un museo de arte moderno, y *L'Homme qui Plantait des Arbres*, fábula sobre el surgimiento de un bosque en el desierto, merecieron el Oscar de la Academia. *Le Fleuve aux Grandes Eaux*, otra epopeya en dibujos animados, obtuvo una nominación.

Gli piace dire di se stesso di essere nato con una matita tra le dita. Alcuni lo chiamano addirittura il "missionario della matita". Frédéric Back è un'animatore all'antica, di quelli che possono spendere un mese intero a lavorare su un solo piano, e uno di quelli che ancora credono in certi ideali.

Gli ideali di Back sono la difesa della memoria collettiva e la protezione dell'ambiente, il tipo di cinema che egli concepisce è uno strumento per promuovere l'ecologia. Il successo dei suoi film lo aiuta a promuovere presso i giovani artisti e produttori la realizzazione di altri film che trattano dell'uomo e la natura.

Nato in Germania nel 1924 , Back è emigrato in Canada con la sua famiglia durante la IIa Guerra Mondiale. È un gran amante degli animali che adora disegnare. Ha sviluppato una tecnica pittorica su vetro per risolvere problemi della scenografia ai primordi della televisione. Nel 1967 creò la vetrata della stazione della metropolitana della Place des Arts di Montreal. Nel 1970 s'installò negli studi di animazione della Societé Radio-Canada, dove con Hubert Tison formò per 20 anni il nucleo di un progetto per la produzione di film educativi che hanno girato il mondo.

Indubbiamente, i buoni propositi non sono l'unica virtù di Frédéric Back, che è un maestro del disegno paragonabile ai grandi geni della pittura. Il tratto che lo contraddistingue è fragile, ma risveglia emozioni nel pubblico. *Crac*, è una storia ironica che narra di una sedia a dondolo che diventa una vera e propria attrazione in un museo di arte moderno, mentre *L'uomo che piantava gli alberi*, è una favola sulla nascita di un bosco nel deserto, entrambe furono premiate con l'Oscar dall'Accademia. *Le Fleuve aux Grandes Eaux*, è un'altra grande epopea in forma di disegni animati e che ha ricevuto una candidatura all'Oscar.

Ele costuma dizer que nasceu com um lápis na mão. Há quem o chame de "missionário do crayon". Frédéric Back é um animador à moda antiga, daqueles que podem se dedicar por um mês inteiro à confecção de um único plano. E que desenham por um punhado de ideais.

Os ideais de Back são a defesa da memória coletiva e a proteção do meio-ambiente. O cinema, como ele concebe, é uma excelente mídia para promover a ecologia. Ele aspira, com o sucesso de seus filmes, encorajar artistas e produtores a fazerem mais filmes sobre a relação entre homem e natureza.

Nascido em 1924 na Europa, apaixonado por animais e por desenhá-los, Back construiu sua carreira no Canadá. Desenvolveu uma técnica de pintura sobre vidro para solucionar problemas de cenografia nos primórdios da televisão. Em 1967, criou o vitral da estação de metrô Place des Arts, em Montreal. Desde 1970 instalou-se nos estúdios de animação da Société Radio-Canada. Ali formou com Hubert Tison, durante 20 anos, o núcleo de um projeto para produção de filmes educativos que rodaram o mundo.

Mas os bons propósitos não são a sua única virtude. Frédéric Back é um mestre do desenho, comparável aos grandes gênios da pintura. Seu traço é frágil, mas de um poder de evocação que arrebata platéias. *Crac*, história irônica de uma cadeira de balanço que vira atração de um museu de arte moderna, e *L'Homme qui Plantait des Arbres*, fábula sobre o surgimento de uma floresta no deserto, mereceram o Oscar da Academia. *Le Fleuve aux Grandes Eaux*, outra epopéia em desenho animado, recebeu uma indicação ao mesmo prêmio.

Pg. 95 Tout Rien / All Nothing, 1978
Colored pencil on frosted cell and paper

Pg 96–97 Taratata la Parade, 1977
Colored pencil on frosted cell and paper

OSCAR

Pg. 98–101 Le Fleuve aux Grandes Eaux / The Mighty River, 1993
Colored pencil on frosted cell and paper

Pg. 102–103 The Man Who
Planted Trees, 1987
Colored pencil on frosted cell and paper
© Radio-Canada 1987

GEORGES SCHWIZGEBEL

Switzerland
Studio GDS
Vibert 15, Carouge
CH-1227
Phone: 41 22 342 72 36
E-mail: gschwiz@worldcom.ch

Le Vol d'Icare / The Flight of Icarus, 1974
Hors-jeu / Off-Side, 1977
Le Ravissement de Frank N. Stein / The Ravishing of Frank N. Stein, 1982
78 Tours / 78 R.P.M., 1985
Nakounine, 1986
Le Sujet du Tableau / The Subject of the Picture, 1989
La Course à l'Abîme / The Ride to the Abyss, 1992
L'Année du Daim / The Year of the Deer, 1995
Fugue, 1998
La Jeune Fille et les Nuages / The Young Girl and the Clouds, 2000

First Prize - *Valladolid*, 1985
Grand Prize - *Stuttgart and Treviso*, 1985
First Prize - *Zagreb*, 1995
Grand Prize - *Espinho*, 1995
Best Swiss - *Short Film*, 2002

Traditional animation
Acrylic painting
Crayon
Gouache and pastel

GEORGES SCHWIZGEBEL

Formado en la Escuela de Arte y en el Colegio de Artes Plásticas de Ginebra, a Georges Schwizgebel se le conoce en Suiza tanto por su faceta de pintor como de director de películas de animación. En el fondo, esos dos oficios se confunden en su obra, en la que la pintura se pone en movimiento. Su trabajo con tinta acrílica, lápiz, guache y pastel se distingue por la precisa sugerencia de la luz, la economía y la decisión de su trazo.

Schwizgebel prefiere el papel y el uso de las manos antes que cualquier tipo de máquina -y mucho menos de los ordenadores, cuyo resultado considera poco atractivo. Su apego a los procesos tradicionales se puede medir en el hecho de que sigue usando una vieja cámara Mitchell que supuestamente perteneció a Charles Chaplin.

No obstante, nada le lleva al convencionalismo. Como la mayoría de los animadores, Schwizgebel ha conciliado durante muchos años el trabajo puramente comercial con sus proyectos como autor. Actualmente ya se puede dedicar exclusivamente a sus algo experimentales cortometrajes en su estudio GDS, en los que sentido y forma no se pueden separar. Uno de los temas favoritos de Schwizgebel es el propio movimiento, unido al sorprendente uso que hace de la banda sonora.

Sus películas ya han sido objeto de retrospectivas en París, Annecy, Roma, Nueva York, Tokio y Taipei, entre otras ciudades. De forma paralela a su carrera como cineasta, Schwizgebel dibuja escenarios teatrales y frescos, concibe la decoración de inmuebles y expone sus cuadros por toda Europa.

Gli studi fatti da Georges Schwizgebel alla Scuola d'Arte e al Collegio di Arte Plastiche di Ginevra hanno fatto sì che in Svizzere sia conosciuto tanto per il suo lavoro di pittore che per quello di regista di film d'animazione. Infatti le i suoi due ruoli si fondono e confondono nella sua opera in cui la pittura acquista movimento. Il suo lavoro con pittura acrilica, matita, acquarello e pastelli si distingue per il preciso uso della luce e per l'economia e la decisione del suo tratto.

Schwizgebel preferisce la carta e utilizzare le mani al posto di qualsiasi tipo di macchina, ancor meno se si tratta di computer, perché considera il risultato decisamente poco attraente. Non è un caso che continui ad usare una vecchia macchina fotografica Mitchell che sembra sia appartenuta a Charles Chaplin. Questo aneddoto dimostra sicuramente il suo attaccamento ai processi tradizionali!

Nonostante ciò, niente porta a forme di convenzionalità. Come la maggior parte degli animatori, Schwizgebel ha conciliato durante numerosi anni il lavoro puramente commerciale con i suoi progetti come autore. Attualmente nel suo studio GDS, si può dedicare ai suoi cortometraggi un tanto sperimentali, in cui la sensibilità e la forma non si possono separare. Uno dei temi preferiti di Schwizgebel è lo stesso movimento unito all'uso sorprendente che fa della colonna sonora.

I suoi film sono stati oggetto di retrospettive in tante città, come ad esempio Parigi, Annecy, Roma, New York, Tokyo e Taipei. Inoltre, svolge un'attività parallela a quella di cineasta come disegnatore di scenografie teatrali e di affreschi, di decoratore e espone i suoi quadri in tutta Europa.

Formado na Escola de Artes e no Colégio de Artes Decorativas de Genebra, Georges Schwizgebel é igualmente conhecido na Suíça como pintor e diretor de filmes de animação. No fundo, esses dois ofícios se confundem em sua obra, onde a pintura de fato se põe em movimento. Seu trabalho com a tinta acrílica, o crayon, o guache e o pastel distingue-se pela sugestão precisa da luz, a economia e a decisão do traço.

Schwizgebel prefere o papel e o uso das mãos a qualquer tipo de máquina – muito menos os computadores, cujo resultado acha pouco atraente. Seu apego a processos tradicionais pode ser medido pelo fato de usar até hoje uma velha câmera Mitchell que teria supostamente pertencido a Charles Chaplin.

Nada disso, porém, o leva ao convencionalismo. Como a maioria dos animadores, Schwizgebel conciliou durante muitos anos os trabalhos puramente comerciais com seus projetos de autor. Hoje, em seu Studio GDS, em Genebra, ele já pode se dedicar exclusivamente a seus curtas um tanto experimentais, em que sentido e forma não podem ser separados. Schwizgebel tem o próprio movimento como um de seus temas favoritos, aliado a um uso surpreendente da trilha musical.

Seus filmes já foram objeto de retrospectivas em Paris, Annecy, Roma, Nova Iorque, Tóquio e Taipei, entre outras cidades. Paralelamente à carreira de cineasta, Schwizgebel desenha cenários teatrais e afrescos, concebe a decoração de imóveis e expõe seus quadros pela Europa.

Pg. 104 Sketches

Pg. 105–107 The Young Girl and the Clouds, 2000
Acrylic painting on cell and pastel

GIL ALKABETZ

Israel/Germany
Sweet Home Studio
Bebelstr. 58 70193
Stuttgart, Germany
Phone/Fax: + 49 711 6361735
E-mail: gil@alkabetz.com

Bitzbutz, 1984
Swamp, 1991
Yankale, 1995
Ecstazoo, 1996
Rubicon, 1997
Lucky Stars - pilot, 2000
Trim Time, 2002
Travel to China, 2002

Best First Film - *Annecy*, 1985
First Prize Animation - *Melbourne*, 1985
Best German Short Film, 1992
Special Jury Prize - *Ottawa*, 1992
Critics Prize - *Oberhausen*, 1996
First Prize Animation - *Krakow*, 1996
Art Academy Students Award - *Zagreb*, 1996
Funniest Film - *Annecy*, 1997
Silver Plaque - *Chicago*, 1997
Jury and Audience Prizes - *Castelli Animati, Rome*, 1997
Best Animation Film - *Mediawave*, 1998

Plasticine on glass
Painting on cell
Hand drawing
Computer compositing

GIL ALKABETZ

www.alkabetz.com

Excelentes guiones, un lenguaje innovador y un dibujo básicamente sencillo que ahorra detalles y subraya lo esencial han convertido a Gil Alkabetz en uno de los nombres más importantes de la animación alemana contemporánea. Nacido en un *kibutz* israelí en 1957, estudió Diseño Gráfico en Jerusalén y se inició como animador en el estudio Frame by Frame. Entre 1985 y 1995, trabajó como animador e ilustrador independiente, además de ser profesor de esas materias en Haifa y en la Cinemateca de Jerusalén. En 1995, tras conseguir una beca, se trasladó a la ciudad alemana de Stuttgart donde, en 2001, fundó Sweet Home Studio con su esposa y colaboradora Nurit Israel.

Las raíces israelíes de Alkabetz continúan nutriendo sus películas, aunque no de manera explícita. Los temas recurrentes de la disputa de territorio y del difícil desafío de administrar conflictos sugieren una lectura política de fábulas complejas y llenas de humor negro como *Bitzbutz*, *Swamp* y *Rubicon* –ésta última seleccionada para el Festival de Cannes.

Las imágenes de Gil Alkabetz que más han recorrido el mundo tal vez hayan sido los créditos iniciales del largometraje de Tom Tykwer *Run Lola Run*, así como la secuencia en que un clon animado de la actriz Franka Potente aparece corriendo por la televisión. No obstante, los cortos independientes de este animador mordaz también han logrado reconocimiento en el circuito de la animación.

Su producción más reciente apunta hacia una sana diversificación. En 2002, su estudio creó el experimental *Travel to China* –donde con una sola foto se cuenta toda la historia del deseo de evasión de un hombre– y el corto infantil *Trim Time*, que narra la dura vida de un árbol a lo largo de todo un año.

Sceneggiature eccellenti, un linguaggio innovativo e un disegno principalmente semplice che risparmia dettagli e sottolinea l'essenziale, hanno reso Gil Alkabetz uno dei nomi più importante del panorama dell'animazione tedesca contemporanea. Nato in un *kibutz* israeliano nel 1957, studiò disegno grafico a Gerusalemme e mosse i suoi primi passi nello studio Frame by Frame. Tra il 1985 e il 1995 lavorò come animatore e illustratore indipendente, oltre ad insegnare le stesse materie a Haifa e nella Cinemateca di Gerusalemme. Nel 1995, dopo aver ottenuto una borsa di studio, si trasferì nella città tedesca di Stoccarda in cui, nel 2001, fondò l'impresa Sweet Home Studio con sua moglie e collaboratrice Nurit Israel.

Le radici israeliane di Alkabetz continuano a far da spunto ai suoi film, anche se non esplicitamente. I temi ricorrenti della disputa dei territori e della complicata gestione del conflitto, suggeriscono una lettura politica di favole complesse e piene di umorismo negro come *Bitzbutz*, *Swamp* e *Rubicon*, quest'ultima selezionata per il Festival di Cannes.

Le immagini di Gil Alkabetz più famose, sono probabilmente i titoli iniziali del lungometraggio di Tom Tykwer *Lola Corre*, così come la sequenza in cui un clone dell'attrice Franka Potente appare in corsa sullo schermo. Tuttavia, i cortometraggi indipendenti di questo mordace animatore hanno anche ricevuto riconoscimenti nel circuito dell'animazione.

La sua produzione più recente tende alla diversificazione. Nel 2002 il suo studio creò il film sperimentale *Travel to China*, in cui con una sola foto si racconta la storia del desiderio di evasione di un uomo e il cortometraggio infantile *Trim Time*, che narra la dura vita di un albero durante un anno intero.

Ótimos roteiros, linguagem inovadora e um desenho basicamente simples, que dispensa detalhes e sublinha o essencial, fizeram de Gil Alkabetz um nome forte na animação contemporânea alemã. Ele nasceu num kibutz israelense, em 1957. Em Jerusalém, estudou design gráfico e iniciou-se como animador no estúdio Frame By Frame. Entre 1985 e 1995, foi animador e ilustrador freelance, além de professor dessas matérias em Haifa e na Cinemateca de Jerusalém. Em 1995, estimulado por uma bolsa de estudos, transferiu-se para Stuttgart, Alemanha, onde em 2001 fundou, com sua mulher e colaboradora Nurit Israel, o Sweet Home Studio.

As raízes israelenses de Alkabetz continuam a nutrir seus filmes, ainda que não de uma maneira explícita. Os temas recorrentes da disputa de território e do difícil desafio de administrar conflitos sugerem uma leitura política para pequenas fábulas complexas e cheias de humor negro como *Bitzbutz*, *Swamp* e *Rubicon* (este último selecionado para o Festival de Cannes).

As imagens de Gil Alkabetz que mais correram o mundo talvez sejam os créditos iniciais do longa-metragem de Tom Tykwer *Run Lola Run*, bem como a seqüência em que um clone animado da atriz Franka Potente aparece correndo na TV. Mas os curtas independentes desse animador mordaz também têm feito boa carreira no circuito específico.

Sua produção recente aponta para uma saudável diversificação. Em 2002, seu estúdio deu vida ao experimental *Travel to China* – em que uma única foto conta toda a história do desejo de evasão de um homem – e o infantil *Trim time*, que narra um ano na dura vida de uma árvore.

Pg. 108–109 Lobster tale, 2004
Traditional animation

Pg. 110 Ecstazoo, 1996
Ink on paper

Pg. 110 (right) Ecstazoo
(visual development), 1996
Ink on paper

Pg. 111 Run Lola Run (opening
sequence), 1999
Traditional animation

Run Lola Run (opening
sequence), 1999
Storyboard

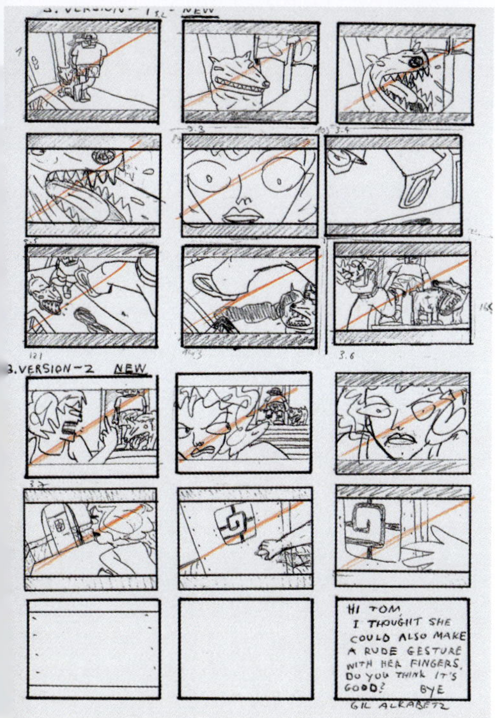
3.VERSION-2 NEW
HI TOM,
I THOUGHT SHE
COULD ALSO MAKE
A RUDE GESTURE
WITH HER FINGERS,
DO YOU THINK IT'S
GOOD? BYE
GIL ALKABETZ

IGOR KOVALIOV

Ukrania / USA
Klaskycsupo

Yego Zhena Kuritsa / Hen, His Wife, 1989
Andrei Svislotski, 1991
Rugrats TV series, 1991
Duckman TV series, 1994
Aaahh!!! Real Monsters! TV series, 1994
Bird in the Window, 1996
The Rugrats movie, 1998
Flying Nansen, 2000

Grand Prize - *Ottawa*, 1990/1996
Special Jury Prize - *Shanghai*, 1992
Best Experimental Film - *Oberhausen*, 1992
Best part of TV Show - *Ottawa*, 1994
Special Prize - *Annecy*, 1995
Best Animation - *Short Sitges*, 1996
Special Jury Prize - *WAC, USA*, 2000
Special Prize - *Hirsohima*, 2000
Grand Prize - *Castelli Animati, Rome*, 2000

Traditional animation
2D computer graphics

IGOR KOVALIOV

Si el destino puede dibujar caprichosamente los trazos de una vida, el caso de Igor Kovaliov es ejemplar.

Nacido en Kiev en 1954, Kovaliov suspendió el examen de ingreso a una escuela de arte porque no sabía dibujar. Con 18 años de edad, en lugar de desanimarse empezó a trabajar como animador en el Kiev Studio bajo la influencia de la obra del estoniano Priit Pärn. Al apuntar la *perestroika* fundó, junto a Alexander Tartarsky, Pilot, el primer estudio de animación independiente de la desaparecida Unión Soviética, instalado en las dependencias de una antigua iglesia ortodoxa.

La repercusión de su primera película de autor, *Hen, His Wife*, que llegó a ser seleccionada para el Festival de Cannes, llamó la atención del húngaro Gabor Csupo, quien le propuso trabajar en el estudio Klasky Csupo de Hollywood. El resto de esta historia de éxito es una constante alternancia entre proyectos típicamente comerciales, como la serie de TV y el primer largometraje de los Rugrats o películas totalmente personales como *Bird in the window* y *Flying Nansen*. En ambos casos, Kovaliov ha sido ampliamente reconocido y galardonado por su talento.

Sus cortos de autor forman uno de los conjuntos más consistentes del mundo de la animación. En ellos, sus personajes viven experiencias de soledad, paranoia, locura y reclusión. Los resquicios autobiográficos conviven con un simbolismo abundante en un ambiente en el que pasado y presente, memoria e imaginación se confunden y van más allá de cualquier distinción. Su estilo gráfico es denso, lleno de tonos marrones y de claroscuros intensos, de inspiración indiscutiblemente rusa. A pesar de todo, el destino ha querido que Kovaliov se transformara en un artista sin fronteras.

Se il destino può delineare capricciosamente i tratti della vita di un individuo, il caso di Igor Kovaliov è esemplare.

Kovaliov nacque a Kiev nel 1954 e non superò la prova d'ingresso di una scuola d'arte perché non sapeva disegnare. A 18 anni, invece di rinunciare, si mise a lavorare come animatore nel Kiev Studio, sotto l'influenza dell'opera dell'estone Priit Pärn. In appoggio alla *perestroika* fondò insieme a Alexander Tartarsky, Pilot, il primo studio di animazione indipendente della ormai scomparsa Unione Sovietica, con sede in un'antica chiesa ortodossa.

La ripercussione che ebbe il suo primo film d'autore, *Hen, His Wife*, che fu selezionato dal Festival di Cannes, incuriosì l'ungherese Gabor Csupo, che gli propose di lavorare nello studio Klasky Csupo di Hollywood. Il resto di questa storia di successo è un'alternanza constante tra progetti tipicamente commerciali, come la serie televisiva e il primo film *Rugrats* o lavori totalmente intimisti come *Bird in the window* e *Flying Nansen*. In entrambi i casi, a Kovaliov è stato ampiamente riconosciuto il suo talento con l'assegnazione di numerosi premi.

I suoi cortometraggi d'autore formano una delle opere più consistenti nel mondo dell'animazione. In essi i personaggi vivono esperienze di solitudine, paranoia, pazzia e reclusione. Gli accenni autobiografici convivono con un simbolismo abbondante in un ambiente in cui il passato e il presente, memoria e immaginazione si confondono e vanno al di là di qualsiasi distinzione. Lo stile grafico di Kovaliov è denso, pieno di toni marroni e chiaroscuri intensi, d'ispirazione indiscutibilmente russa. Nonostante tutto, il destino ha voluto che Kovaliov si trasformasse in un artista senza frontiere.

Se o destino pode desenhar caprichosamente os traços de uma vida, o caso de Igor Kovaliov é exemplar.

Nascido em Kiev, em 1954, Kovaliov foi reprovado na admissão a uma escola de artes por não saber desenhar. Em vez de desanimar, começou a animar aos 18 anos de idade, no estatal Kiev Studio, influenciado pela obra do estoniano Priit Pärn. Em parceria com Alexander Tartarsky, no alvorecer da perestroika, fundou o primeiro estúdio de animação independente da ex-URSS, o Pilot, instalado nas dependências de uma velha igreja ortodoxa.

A repercussão de seu primeiro filme autoral, *Hen, his wife*, que chegou a ser selecionado para o Festival de Cannes, chamou a atenção do húngaro Gabor Csupo, que o convidou para trabalhar em Hollywood, no estúdio Klasky Csupo. O resto dessa história de sucesso é uma constante alternância entre projetos tipicamente comerciais, como a série de TV e o primeiro longa-metragem dos Rugrats, e filmes inteiramente pessoais, como *Bird in the window* e *Flying Nansen*. Em ambos os casos Kovaliov tem seu talento amplamente reconhecido e premiado.

Seus curtas autorais formam um dos conjuntos mais consistentes do mundo da animação. Suas personagens vivem experiências de solidão, paranóia, alienação e encarceramento. Resquícios autobiográficos convivem com um simbolismo abundante, em atmosfera onde passado e presente, memória e imaginação se confundem para além de toda distinção. O estilo gráfico é denso, cheio de marrons e claro-escuros intensos, de inspiração indiscutivelmente russa. Mas quis o destino que ele se transformasse num artista sem fronteiras.

Pg. 113–114 Bird in the Window, 1996
Traditional animation

Pg. 115 Inspirational paintings

THE ILLUMINATED FILM COMPANY LTD

United Kingdom
115 Gunnersbury Lane,
London W3 8HQ
United Kingdom
Phone: +44 20 8896 1666
Fax: +44 20 8896 1669
E-mail: info@illuminatedfilms.com

The Very Hungry Caterpillar & Other Stories, 1993
T.R.A.N.S.I.T., 1997
Christmas Carol – The Movie, 2001
War Game, 2002
War Boy, 2003

Grand Prix and Best in category - *WAC, Los Angeles*, 1998
Grand Prix and Audience Prize - *Espinho*, 1998
Children's Choice - *BAA London*, 2002
Best TV Special - *Annecy*, 2002
Winner Animation - *Tokyo Kinder Film Festival*, 2002

2D animation
3D CGI
Cut out

ILLUMINATED FILMS

www.illuminatedfilms.com

Illuminated Film Company es el pequeño reino de Iain Harvey, nombre que confirma que el papel de un productor en el cine de animación es muy importante. Antes de fundar esta empresa en 1993, Harvey ya estaba en posesión de un currículo respetable. Procedente del sector editorial, con particular interés por los libros infantiles, produjo el clásico *The Snowman*, de Dianne Jackson (nominado al Oscar en 1982), *Prince Cinders* (1993) y el famoso especial de televisión *Father Christmas* (1991). Fue también productor ejecutivo de *Cuando el viento sopla*, de Jimmy Murakami (1987), premiado en Annecy, y de la serie *Spider!* (BBC, 1991).

La adaptación de bellos libros infantiles podría considerarse una constante en la carrera de Iain Harvey. La primera producción de Illuminated Film Company, *The Very Hungry Caterpillar & Other Stories*, una serie de cinco episodios dirigida por Andrew Goff, llevó a la pantalla la creatividad narrativa y gráfica del escritor americano Eric Carle. Con *T.R.A.N.S.I.T.*, de Piet Kroon, un sofisticado tributo al *art déco* y al lujoso turismo del pasado, la productora cautivó al público adulto y conquistó grandes premios en diferentes festivales. La temática infantil se retomó con el largometraje *Cuento de Navidad de Charles Dickens*, con el corto *War Game* y con su futura continuación *War Boy*.

La empresa de Iain Harvey distribuye películas por todo el mundo a través de Disney y de la MGM. En 2003, preprodujo la comedia de situación animada *Village People*, escrita por Oliver Lansley y dirigida por Edward Foster. En la actualidad, Harvey es el vicepresidente de la European Association of Animated Film (Cartoon).

L'impresa Illuminated Film Company è il piccolo regno indiscusso di Iain Harvey, un nome che è la conferma del fatto che nel cinema d'animazione il produttore è molto importante. Prima di fondare quest'impresa, Harvey già possedeva un curriculum di tutto rispetto, venendo dal settore editoriale, con particolare attenzione ai libri infantili. Produsse un classico: *The Snowman*, di Dianne Jackson, (che fu candidato all'Oscar nel 1982) e *Prince Cinders* del 1993, oltre al famoso speciale per la televisione *Father Christmas*, del 1991. Harvey fu anche produttore esecutivo di *Quando soffia il vento*, di Jimmy Murakami (1987), premiato ad Annecy e della serie *Spider!* (BBC, 1991).

Il saper adattare i libri infantili più belli potrebbe essere considerato come una constante nella carriera di Iain Harvey. La prima produzione dell'Illuminated Film Company, *The Very Hungry Caterpillar & Other Stories*, è una serie di cinque episodi diretta da Andrew Goff, che portò sul grande schermo la creatività narrativa e grafica dello scrittore americano Eric Carle. Con *T.R.A.N.S.I.T.*, di Piet Kroon, un tributo ricercato all'*art déco* e al lussuoso turismo del passato, la casa produttrice affascinò il pubblico adulto e ottenne riconoscimenti a vari livelli in distinti festival. I temi infantili furono riproposti nel lungometraggio *Christmas Carol* di Charles Dickens, nell cortometraggio *War Game* e nel suo seguito *War Boy*.

L'impresa di Iain Harvey distribuisce film in tutto il mondo attraverso la Disney e la MGM. Nel 2003 ha prodotto la 'situation comedy' animata *Village People*, scritta da Oliver Lansley e diretta da Edward Foster. Attualmente Harvey è il vicepresidente dell'European Association of Animated Film (Cartoon).

A Illuminated Film Company é o pequeno reino de Iain Harvey, nome que comprova a importância do papel de um produtor no cinema de animação. Antes de fundar esta empresa, em 1993, Harvey já possuía um currículo dos mais respeitáveis: egresso do setor editorial, com particular interesse pelos livros infantis, ele produzira o clássico *The Snowman*, de Dianne Jackson (indicado ao Oscar em 1982), *Prince Cinders* (1993) e o popular especial de TV *Father Christmas* (1991). Fora também produtor executivo de *When the Wind Blows*, de Jimmy Murakami (1987), premiado em Annecy, e da série *Spider!* (BBC, 1991).

A adaptação de belos livros infantis seria uma constante na carreira de Iain Harvey. A primeira produção da Illuminated Film Company, *The Very Hungry Caterpillar & Other Stories*, série de cinco episódios dirigida por Andrew Goff, transportou para as telas a criatividade narrativa e gráfica do escritor americano Eric Carle. Com *T.R.A.N.S.I.T*, de Piet Kroon, sofisticado tributo à Art Déco e ao turismo luxuoso do passado, a produtora fez um contato bem-sucedido com a platéia adulta e conquistou grandes prêmios em festivais. A temática infantil seria retomada no longa-metragem *Christmas Carol*, baseado em Charles Dickens, no curta *War Game* e sua futura continuação, *War Boy*.

A empresa de Iain Harvey distribui seus filmes internacionalmente através da Disney e da MGM. Em 2003, pré-produzia a sitcom animada *Village People*, escrita por Oliver Lansley e dirigida por Edward Foster. Harvey é vice-presidente da European Association of Animated Film (Cartoon).

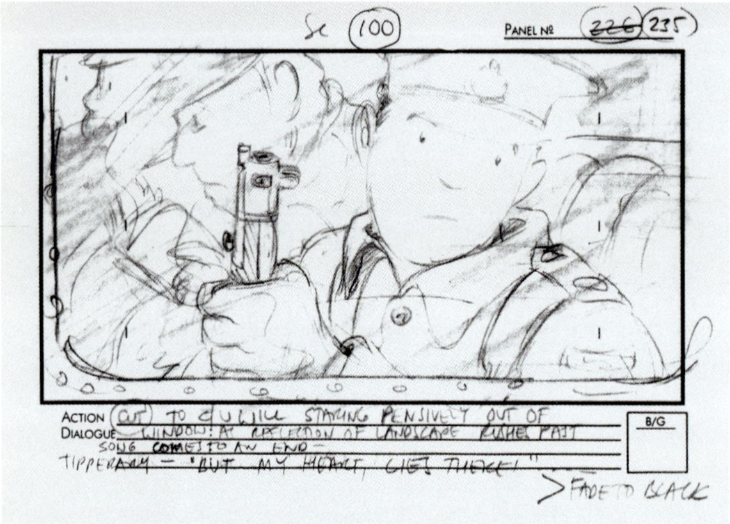

Pg. 116 Christmas Carol – The Movie (Storyboard), 2001

Pg. 117 Christmas Carol – The Movie, 2001
Dir.: Jimmy T Murakami
Traditional animation

Pg. 118 Christmas Carol – The Movie, 2001
Dir.: Jimmy T Murakami
Traditional animation

Christmas Carol – The Movie, 2001
London street background.

Pg. 119 Christmas Carol – The Movie, 2001
Scrooge's childhood home background

Christmas Carol – The Movie, 2001
Interior background

Pg. 120 War Game, 2002
Dir.: Dave Unwin
Traditional animation

War Game(storyboard), 2002

Pg. 121 War Game, 2002
Dir.: Dave Unwin
Traditional animation

War Game (storyboard), 2002

TONS
YOU
UNTRY'S ARMY!

Seq (2) Sc (35)
PANEL № (82)
SUNSET SKY
ACTION (CUT) TO SHOT OF PLAYERS APPROACHING CAMERA
DIALOGUE LACEY — : "ITS NOT FOOTBALL. WE HAVE TO WORK. WE HAVE TO LOOK AFTER
: THE FIELDS."
FREDDIE — : "THEY'RE GOING TO BE SOLDIERS!..."
B/G

ISHU PATEL

Canada/India

How Death Came to Earth, 1972
Perspectrum, 1975
Bead Game, 1977
Afterlife, 1978
Top Priority, 1981
Paradise, 1985
Divine Fate, 1994

Best Film - *BAA*, 1978
Grand Prix - *Annecy*, 1978
Canadian Film Award, 1978
Silver Bear - *Berlin*, 1985
First Prize - *Los Angeles*, 1985
Unicef Prize - *Ottawa*, 1994

Traditional animation with backlight and multiples exposures

ISHU PATEL

www.nfb.ca

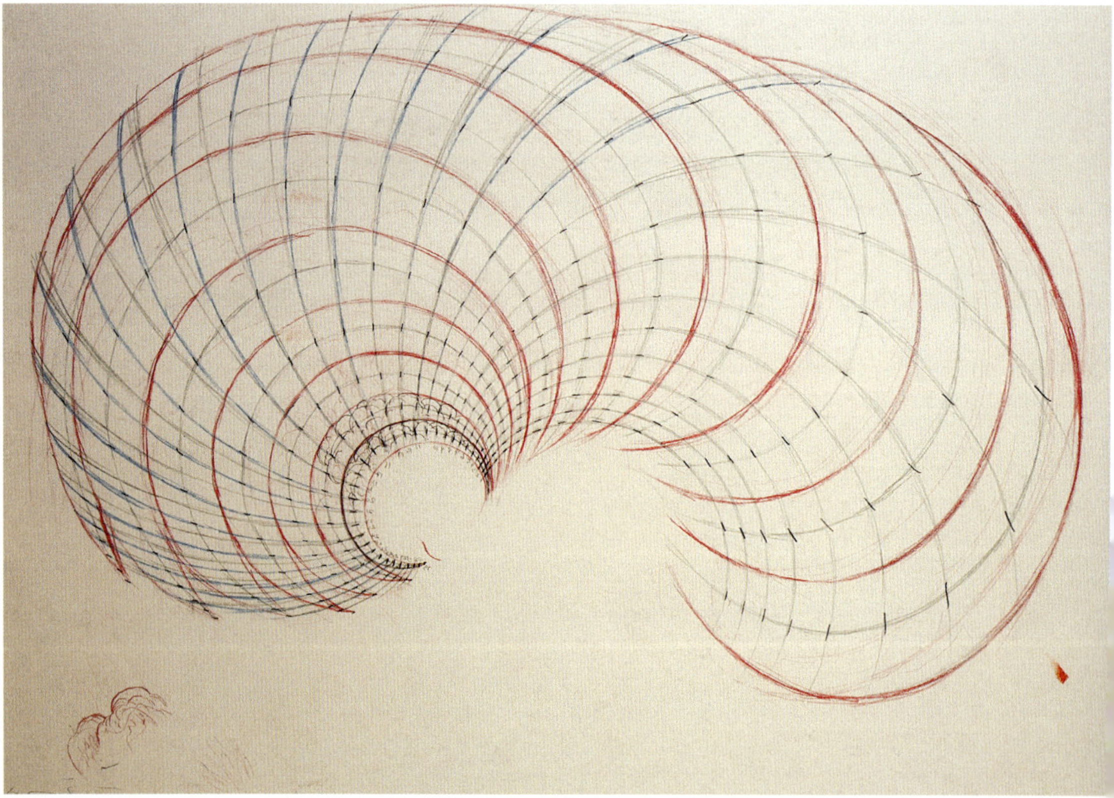

La dimensión sagrada de la cultura india recorre las películas de Ishu Patel. Sus guiones destilan una sabiduría ancestral en forma de pequeños cuentos morales contra la ambición desmedida, la predación de la naturaleza y el impulso destructor que acomete al género humano. Este animador suele partir de un concepto para buscar la forma de plasmarlo audiovisualmente. Sus animaciones en plastilina, con un sofisticado proceso de iluminación desde abajo, transmiten a la perfección el carácter misterioso y variable que distingue a sus fábulas. Entre las diversas técnicas investigadas por Patel destaca la animación de cuentas coloridas en *Bead Game*, una de sus primeras películas, inspirada en los trabajos de decoración de las mujeres Inuit. El sencillo material se mostraba como un impresionante libelo contra el átomo y el creciente belicismo que acompaña a la evolución del hombre.

La dimensione sacra della cultura indiana percorre i film di Ishu Patel. Le sue sceneggiature trasudano una saggezza atavica, sotto forma di piccoli racconti morali rivolti contro l'ambizione smisurata, la depredazione della natura e l'impulso distruttivo che investe il genere umano. Quest'animatore è solito partire da un concetto per poi trovare il modo di plasmarlo "audiovisualmente". Le sue animazioni di plastilina, con un sofisticato processo di illuminazione dal basso, trasmettono alla perfezione il carattere misterioso e variabile che contraddistingue le sue favole. Tra le diverse tecniche sviluppate da Patel, spicca l'animazione di perline colorate in *Bead Game*, uno dei suoi primi film, ispirato ai lavori di decorazione delle donne Inuit. L'utilizzo di questo semplice materiale risalta la critica contro l'uso della energia atomica ed il crescente bellicismo che accompagna l'evoluzione dell'uomo.

A dimensão sagrada da cultura indiana atravessa os filmes de Ishu Patel. Seus roteiros destilam uma sabedoria ancestral na forma de pequenos contos morais contra a ambição desmedida, a predação da natureza e o impulso destruidor que acomete o gênero humano. Ele costuma partir de um conceito para buscar a forma de realizá-lo audiovisualmente. Suas animações em massa de modelar, com um sofisticado processo de iluminação por baixo, transmitem à perfeição o caráter misterioso e cambiante que convém a suas fábulas. Entre as diversas técnicas pesquisadas por Patel, destaca-se a animação de pequenas contas coloridas em *Bead Game*, um de seus primeiros filmes, que se inspirou em trabalhos de decoração das mulheres Inuit. O singelo material prestava-se a um impressionante libelo contra o átomo e o crescente belicismo que acompanha a evolução do homem.

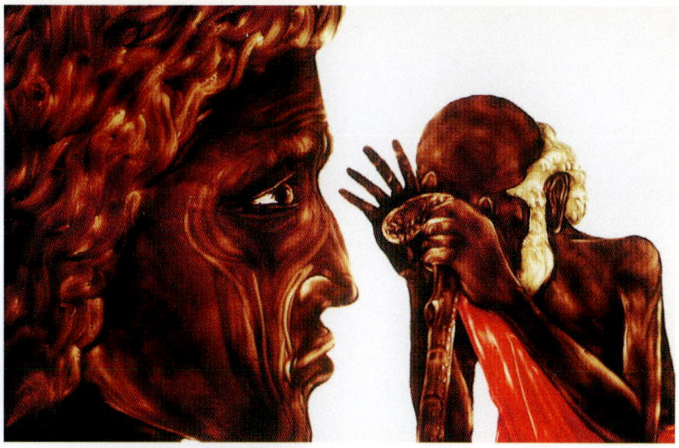

. 122 Paradise (scene planning), 1985

. 123–124 Paradise, 1985
aditional animation with backlight
d multiples exposures.

. 125 Top Priority, 1981
int on glass

Pg. 126 Visual developments

Pg. 127
Artist at work

Artist at work

Making of Afterlife, 1978

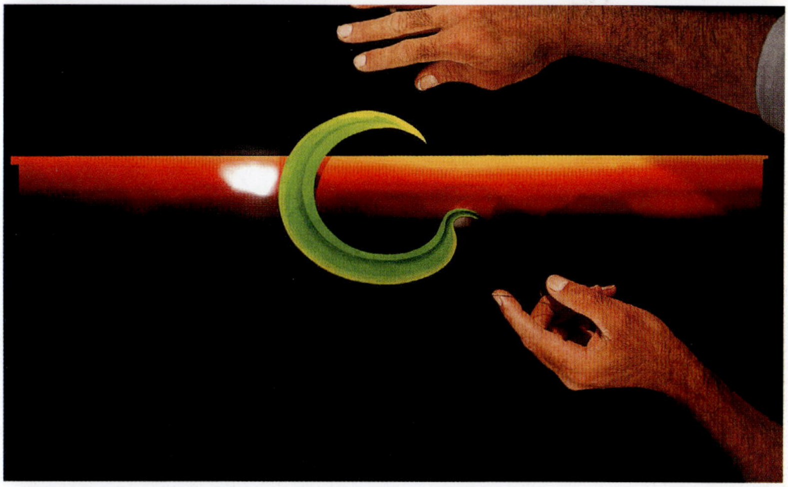

J. J. SEDELMAIER PRODUCTIONS, INC.

USA
199 Main Street, White Plains, New York 10601
Phone: 914 949 7979
Fax: 914 949 7989
E-mail: sedelmaier@aol.com

Beavis and Butthead, 1993
Schoolhouse Rock, 1993
The X-Presidents, Fun with Real Audio, Animated Outtakes, The Ambiguously Gay Duo, 1996-2000
Third Leg of Justice, 2002
Captain Linger, Harvey Birdman Attorney at Law - pilot

Telly Awards, 1993/1994/1995
First Place - *ASIFA/East,* 1994
First Place - *Campaign Mobius Award,* 1995
Best Educational Film - *Annecy,* 1995
Best Film - *ASIFA/East,* 1996
Annie Award, 1996
Best Short in Video - *Anima Mundi/Rio de Janeiro,* 2002

Traditional animation
Stop-motion photography
Digitally drawn animation

J. J. SEDELMAIER PRODUCTIONS

www.jjsedelmaier.com

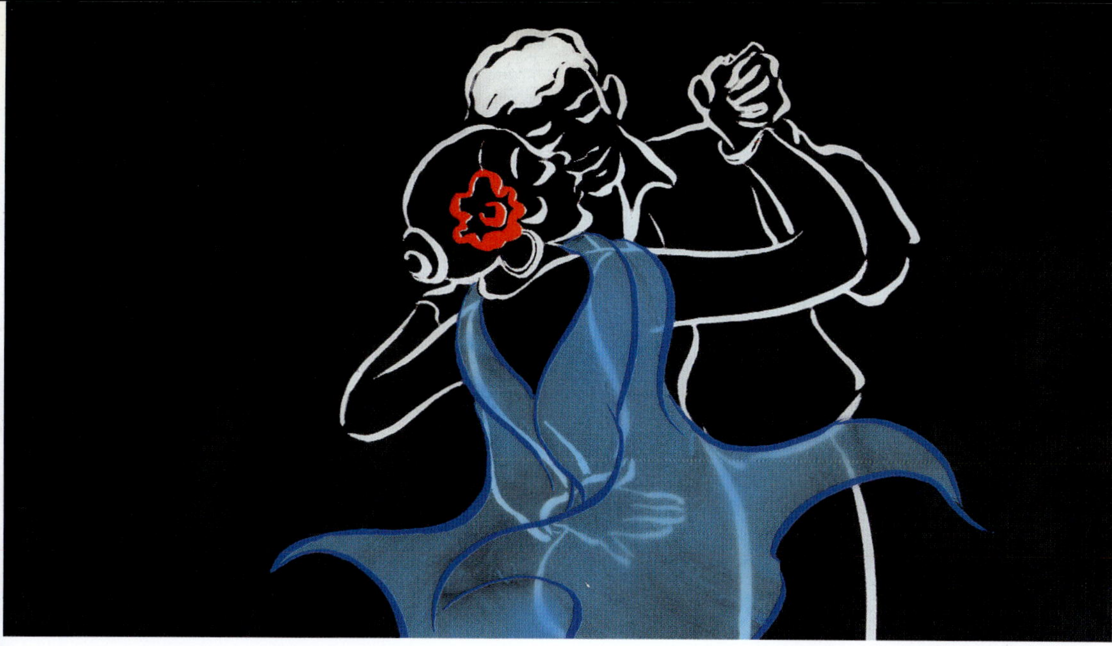

Su madre se dedica al diseño gráfico y su padre es Joe Sedelmaier, el director de anuncios publicitarios. De este modo, cualquier psicólogo aficionado entenderá por qué el pequeño J. J. Sedelmaier vivía rodeado de cómics, de donde sacaba historias para animar en *stop motion* con una cámara Super 8. Cuando creció, enseguida trató de transformar el juego en una profesión y, de hecho, en los años ochenta, comenzó a introducirse en el mundo de los dibujos animados.

Como animador independiente pasó por los estudios de Tony Eastman y R. O. Blechman entre otros, hasta establecerse como productor y director. En 1991, fundó J. J. Sedelmaier Productions, donde continúa supervisando la creación de proyectos y, en muchos casos, cogiendo él mismo el lápiz o manejando teclado.

Sedelmaier es el responsable de la animación de programas de televisión tan conocidos como *Beavis and Butthead* de la MTV y los irreverentes cortos *Saturday TV Funhouse* del programa *Saturday Night Live*, de la NBC. Asimismo, ha colaborado con ilustradores como Al Hirschfeld, George Booth y Garry Trudeau.

La cartera de clientes comerciales de J. J. Sedelmaier Productions se podría confundir con un listín de teléfonos, de ahí que los variados estilos que usa puedan ir desde los delicados anuncios del papel higiénico Northern Quilters al toque *anime-retro* de la célebre campaña *Speed Racer* de Volkswagen. En lo que a tecnología se refiere, el estudio ha sido uno de los últimos en introducir la producción digital, si bien se ha mantenido fiel a la concepción del dibujo tradicional.

Paralelamente a los trabajos de animación, J. J. Sedelmaier Productions opera en el área del diseño gráfico, el diseño de envoltorios, anuncios impresos, carteles, folioscopios, ilustraciones, etc., muy en consonancia con la tradición de la familia Sedelmaier.

Sua madre si dedica al disegno grafico e suo padre è il regista di annunci pubblicitari, Joe Sedelmaier. È chiara dunque (e qualsiasi psicologo lo confermerebbe) la ragione per cui il piccolo J. J. Sedelmaier viveva circondato dai comic, che erano la fonte d'ispirazione delle sue storie animate in *stop motion*, girate con una telecamera Super 8. Quando crebbe, Sedelmaier cercò subito di trasformare il gioco in una professione e negli anni Ottanta riuscì ad introdursi nel mondo dei disegni animati.

Quando era animatore indipendente, passò per gli studi di Tony Eastman e di R. O. Blechman, tra gli altri, fino ad affermarsi come produttore e regista. Nel 1991, fondò la J. J. Sedelmaier Productions, impresa in cui continua a supervisionare la creazione dei progetti e, in molti casi, continua a disegnare sia tradizionalmente sia per mezzo di una tastiera.

Sedelmaier è il responsabile dell'animazione di programmi televisivi molto conosciuti come *Beavis and Butthead* della MTV e gli irriverenti cortometraggi *Saturday TV Funhouse* del programma *Saturday Night Live*, della catena NBC. Ha anche collaborato con illustratori del calibro di Al Hirschfeld, George Booth e Garry Trudeau.

Il portfolio clienti di J. J. Sedelmaier Productions è talmente vasto, che facilmente potrebbe confondersi con un elenco telefonico. Anche la diversità di stili adottati nelle campagne pubblicitarie è concorde con la varietà dei clienti: dalla delicatezza di annunci come quello della carta igienica Northern Quilters, al tocco retró della celeberrima campagna *Speed Racer* di Volkswagen. Per quanto riguarda la tecnologia, lo studio è stato uno degli ultimi a introdurre la produzione digitale, anche se si è mantenuto fedele al disegno tradizionale.

J. J. Sedelmaier Productions, congiuntamente ai lavori tradizionali, opera nel settore del disegno grafico, del disegno di confezioni e incarti, degli annunci stampati, dei manifesti, delle illustrazioni, etc., in armonia completa con la tradizione della famiglia Sedelmaier.

Sua mãe é uma designer gráfica. Seu pai, o diretor de comerciais Joe Sedelmaier. Qualquer psicólogo amador entenderá porque o pequeno J. J. Sedelmaier vivia cercado de revistas em quadrinhos e escolhia histórias para animar em *stop motion* com uma câmera Super 8. Quando cresceu, ele tratou logo de transformar a brincadeira numa profissão. Nos anos 1980, começou a entrar no mundo do desenho animado.

Como animador *freelance*, freqüentou os estúdios de Tony Eastman, R. O. Blechman e outros, até se estabelecer como produtor e diretor. Em 1991, fundou a J. J. Sedelmaier Productions, onde continua supervisionando a criação de projetos e, em muitos casos, assumindo ele próprio o lápis ou o teclado.

Sedelmaier é o responsável pela animação de atrações de TV tão populares como *Beavis and Butthead*, da MTV, e os irreverentes curtas *Saturday TV Funhouse*, do programa *Saturday Night Live*, da NBC. Ele já colaborou com ilustradores como Al Hirschfeld, George Booth e Garry Trudeau.

O portifólio de clientes comerciais da JJSP pode ser confundido com um catálogo telefônico. E os estilos variados podem abranger desde os suaves anúncios do papel sanitário Northern Quilters ao *look* anime-retrô da célebre campanha *Speed Racer*, da Volkswagen. Em matéria de técnica, o estúdio foi um dos últimos a migrar para a produção digital, ainda que mantendo-se fiel à concepção do desenho tradicional.

Paralelamente aos trabalhos de animação, a JJSP opera na área de design gráfico, design de embalagens, anúncios impressos, cartazes, flipbooks, ilustrações etc. Bem de acordo com a tradição da família Sedelmaier.

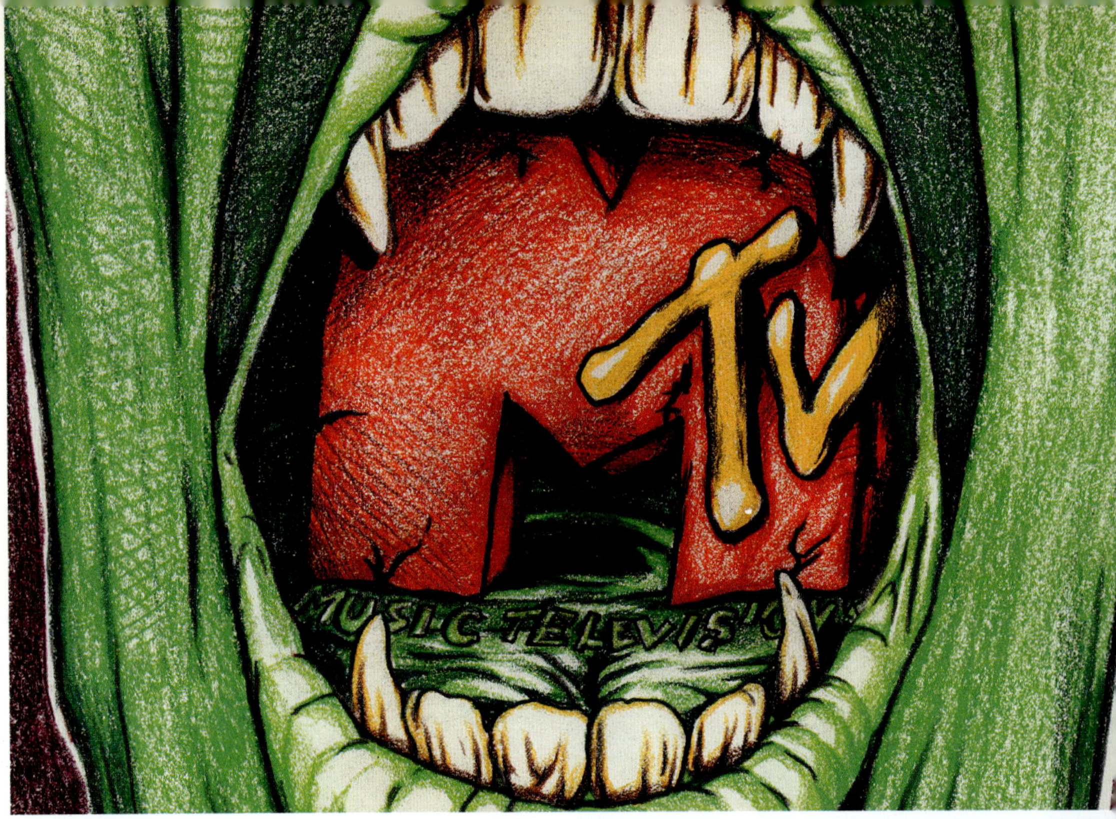

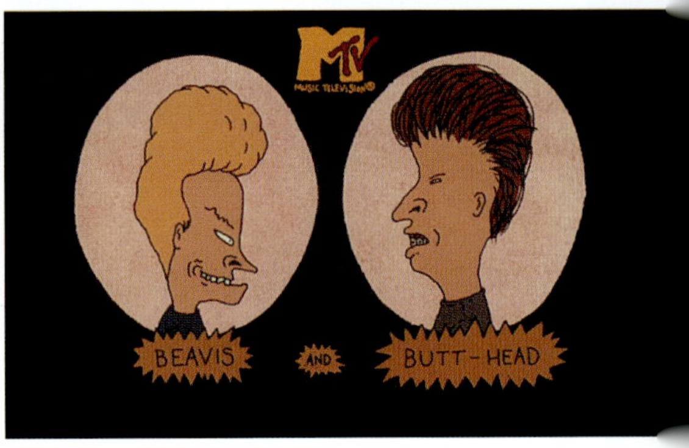

Pg. 128 Graco (commercial)

Pg. 129 Tango (commercial)

Pg. 130 Spots for MTV

Pg. 130 (bottom right)
Beavis & Butthead

Pg. 131 TV Series Spot Nickelodeon

JEAN-FRANÇOIS LAGUIONIE

France
30 Rue Yvonne Le Tac
75018 Paris
Phone: 33 1 4606 7027
Fax: 33 1 4254 2109
E-mail: laguionie.jf@wanadoo.fr

La demoiselle et le violoncelliste / The Damsel and the Cellist, 1965
L'Arche de Noé / Noah's Ark, 1967
Une bombe par Hasard / A Bomb by Chance, 1969
Le masque du diable / The Mask of the Devil, 1975
L'acteur / The Actor, 1976
La traversée de l'Atlantique à la rame / Rowing Across the Atlantic, 1978
Gwen ou le livre des sables / Gwen or the Book of Sand, 1984
Le château des singes / A Monkey's Tale, 1999
L'Île de Black Mór / The Island of Black Mór, 2004

Grand Prix - *Annecy*, 1965
Silver Dragon - *Krakow*, 1967
Golden Dragon - *Krakow*, 1969
Golden Palm - *Cannes*, 1978
César Prize - *France*, 1978
First Prize - *Ottawa*, 1978
Critics Prize - *Annecy*, 1984
Feature Film Prize - *Los Angeles*, 1990

2D animation
Cut out

JEAN-FRANÇOIS LAGUIONIE

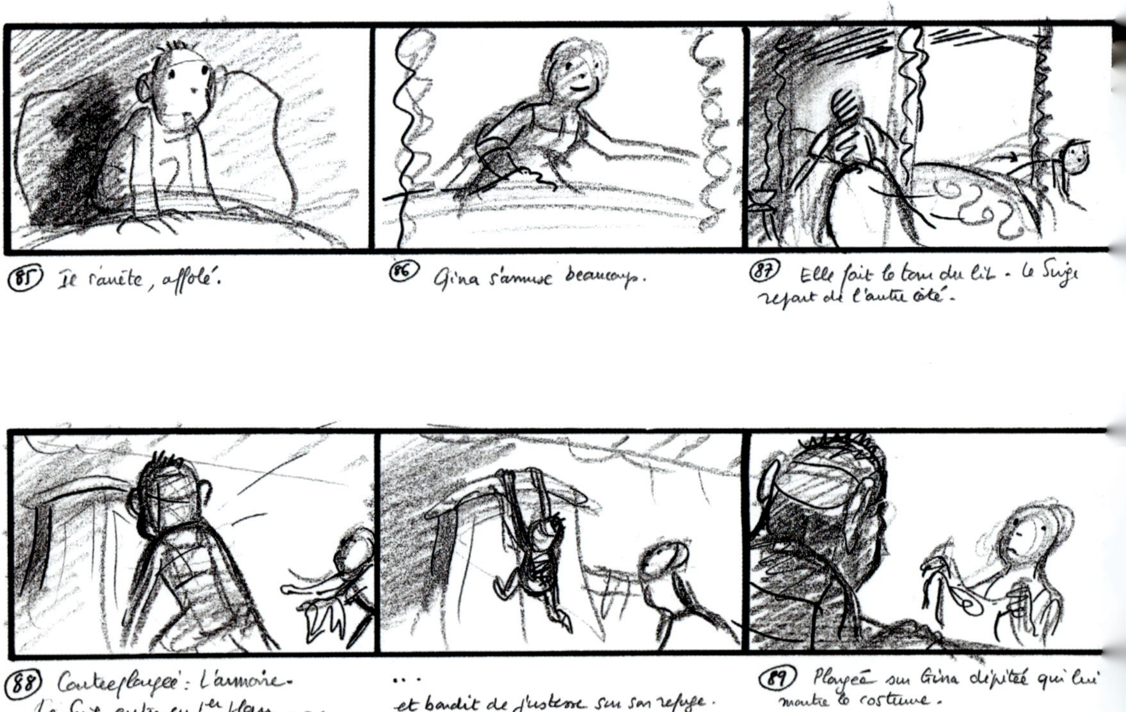

Demasiado tímido como para actuar ante el público, el joven Jean-François Laguionie prefería montar escenarios y pequeños espectáculos de sombras chinescas para sus compañeros de la Escuela de Arte Dramático, hasta que un día, Paul Grimault, el gran maestro de la animación francesa, vio su trabajo y le propuso colaborar con él. Nacía así un nuevo genio de la animación.

El cineasta ha conciliado en las películas de animación sus dos grandes pasiones, el teatro y el grafismo. Además, como escritor de un talento excepcional, adapta sus propias historias a una serie de croquis y convierte el guión en imágenes. Gracias a su sensibilidad teatral, ajusta la escenificación y la iluminación para, por fin, accionar la cámara.

Con su primer cortometraje, *La demoiselle et le violoncelliste*, una pequeña ópera prima de figuras de papel recortadas, conquistó el Gran Premio del Festival de Annecy, mientras que con el clásico *La traversée de l'Atlantique à la rame* ganó la Palma de Oro de Cannes y el premio César al mejor corto de animación francés del año. Laguionie fundó su propio estudio, La Fabrique, en 1979, con el que pasó a la producción de largometrajes, aunque no por ello ha arrinconado la técnica de las figuras recortadas o adoptado la animación digital.

La trayectoria de Jean-François Laguionie –o simplemente Jef, como todos le llaman– es un buen ejemplo de adaptación al mercado sin traicionar los principios que le han convertido en fuente de inspiración para animadores de todo el mundo. Sus películas abordan desde historias intimistas a aventuras de grandes proporciones y de producción multinacional. Bajo la aparente simplicidad de sus microcuentos, se esconden expectativas drásticas y amenazas del Apocalipsis. Las cosas no son siempre lo que parecen.

Il giovane Jean-François Laguionie, troppo timido per esibirsi davanti al pubblico, preferiva montare le scenografie e piccoli spettacoli di ombre cinesi per i suoi compagni della Scuola di Arte Drammatica. Un giorno però Paul Grimault, grande maestro dell'animazione francese, vide i suoi lavori e decise di proporgli di collaborare con lui. Nasceva così un nuovo genio dell'animazione.

Il cineasta ha conciliato in questo modo nei suoi film due grandi passioni, il teatro e la grafica. Scrittore dall'eccezionale talento, adatta le sue storie a una serie di bozzetti e trasforma la sceneggiatura in immagini. Grazie alla sua sensibilità teatrale, sistema la messa in scena e l'illuminazione in modo da poter azionare la telecamera.

La demoiselle et le violoncelliste, il suo primo cortometraggio, è una piccola opera prima fatta di figure di carta ritagliate che ha conquistato il Gran Premio del Festival di Annecy. Con il classico *La traversée de l'Atlantique à la rame* ha vinto la Palma d'Oro a Cannes e il premio César al miglior cortometraggio d'animazione francese dell'anno. Laguionie ha fondato il suo primo studio nel 1979, La Fabrique, tramite il quale è passato alla produzione di lungometraggi, senza però trascurare la tecnica delle figure ritagliate e senza passare all'animazione digitale.

L'orientamento professionale di Jean-François Laguionie o semplicemente Jef, come lo chiama chi lo conosce, è un buon esempio di adattamento al mercato senza però venir meno ai principi che lo hanno reso una fonte d'ispirazione per tutti gli animatori del mondo. I suoi film abbracciano stili che vanno dalle storie di tipo introspettivo ad avventure di grandi proporzioni, oltre alle produzioni multinazionali. I suoi micro racconti nascondono sotto un apparente semplicità, aspettative drastiche e minacce apocalittiche, a dimostrazione del fatto che le cose non sono sempre ciò che appaiono.

Tímido demais para atuar no palco, o jovem Jean-François Laguionie preferia fazer cenários e pequenos espetáculos de teatro de sombras para seus colegas numa escola de artes cênicas. Um dia foi observado pelo mestre da animação francesa Paul Grimault, que o convidou para trabalhar com ele. Nascia assim um novo gênio da animação moderna.

A paixão de Laguionie pelo teatro e pelo grafismo encontrou uma forma de conciliação nos filmes animados. Escritor talentoso, ele adapta suas próprias histórias numa série de croquis, contando o roteiro em imagens. Com sensibilidade teatral, ajusta a encenação e as luzes para, enfim, acionar a câmera.

Já no primeiro curta, *La demoiselle et le violoncelliste*, ele conquistou o Grande Prêmio do Festival de Annecy com uma pequena obra-prima em recortes de papel. O clássico *La traversée de l'Atlantique à la rame* ganharia a Palma de Ouro de Cannes e o Prêmio César de melhor animação francesa do ano. Laguionie fundou seu próprio estúdio, La Fabrique, em 1979, e passou à produção de longas-metragens. Jamais desprezou a técnica dos recortes ou adotou a animação em computadores.

Sua trajetória é um exemplo feliz de adaptação ao mercado sem trair os princípios que o transformaram numa inspiração para animadores de todo o mundo. Os filmes de Jean-François Laguionie – ou simplesmente Jef, como todos o chamam – abordam desde histórias intimistas até aventuras de grandes proporções e produção multinacional. Por baixo da aparente simplicidade de seus microcontos, correm expectativas drásticas e ameaças de apocalipse. Nem tudo é exatamente o que parece.

Pg. 132–133 L'Île de Black Mór / The Island of Black Mór (storyboard), 2004

Pg. 134 L'Île de Black Mór / The Island of Black Mór, 2004
Traditional animation

L'Île de Black Mór / The Island of Black Mór (storyboard), 2004

Pg. 135 La Traversée de l'Atlantique à la Rame / Rowing Across the Atlantic, 1978
Traditional animation

JERZY KUCIA

Poland
31-428 Krakow
Ul. Chrobrego 29/33
Phone/Fax: + 48 12 411 7961
E-mail: jkucia@interia.pl

Powrót / Return, 1972
Winda / The Elevator, 1974
Szlaban / The Barrier, 1977
Krag / The Circle, 1978
Refleksky / Reflections, 1979
Wiosna / The Spring, 1980
Odpryski / Chips, 1984
Parada / Parade, 1986
Przez Pole / Across the Fields, 1992
Strojenie Instrumentów / Tuning Instruments, 2000

Grand Prix - *Grenoble*, 1973
International Prize - *Oberhausen*, 1974
ASIFA Prize, 1978
Special Prize - *Annecy*, 1979
State of Krakow Prize, 1983
Grand Prize - *Toronto*, 1984
First Prize - *Oberhausen*, 1987
Utrecht Prize, 1996
Prize - *Ottawa*, 2000
Special Jury Award - *World Festival of Animated Films*, 2002
International Short Film Award - *BAA*, 2002
Award of the Land of Baden-Württemberg - *Stuttgart*, 2002
Jury Special Prize - *Zagreb*, 2002

Drawing
Painting
Manipulated live-action
Traditional animation
Cut-out

JERZY KUCIA

A Jerzy Kucia, artista plástico y profesor de la Academia de Bellas Artes de Cracovia, se le reconoce como maestro de animación en Polonia, país con una notable tradición en ese área. Su obra suele compararse con la de otros artistas de la introspección y de lo sublime, como el cineasta francés Robert Bresson.

De hecho, sus cortometrajes forman un compendio de sutilezas sobre la emoción humana. Con Kucia, la narración de historias acostumbra a ceder lugar a la cuidadosa observación de los procesos mentales y de los efectos del paso del tiempo sobre la psique de las personas. Sus técnicas de intervención gráfica o plástica en la película, fotograma por fotograma, son variadas y siempre sorprenden. *Across the Fields* tardó cinco años en concluirse, e hizo falta que Kucia y su esposa Ewa creasen 16.000 dibujos para una película de 18 minutos.

A pesar de ello, las técnicas no tiranizan el proceso creativo del realizador, sino que le ayudan en la búsqueda de lo principal: la percepción de los mecanismos de la vida. A Kucia le gusta denominar sus películas "documentales emocionales". En vez de contar historias, presenta "problemas": los devaneos de un hombre durante un viaje en tren, la lucha sin gloria de un insecto por sobrevivir, las esperanzas que se generan cuando llega la primavera. La memoria personal, las tradiciones de su país y las grandes conmociones históricas vividas en la Europa del Este tienen un papel preponderante en su obra, que rechaza a los personajes de cómic y la narrativa convencional.

Jerzy Kucia es un poeta audiovisual que recoge pequeños momentos y que no evita hacer frente a la dimensión más dura de la realidad.

Jerzy Kucia, artista polacco e professore dell'Accademia di Belle Arti di Cracovia è riconosciuto come maestro dell'animazione in Polonia, un paese con una notevole tradizione in quest'ambito. La sua opera viene paragonata spesso a quella di altri artisti dell'introspezione e del sublime, come il cineasta francese Robert Bresson.

I suoi cortometraggi formano un compendio di sottili osservazioni dell'emozione umana. Nella narrazione delle storie è solito dar passo all'osservazione attenta dei processi mentali e degli effetti del trascorrere del tempo sulla psiche umana. Le incursioni grafiche o plastiche che effettua nel film, fotogramma per fotogramma, sono varie e sempre sorprendenti. *Across the Fields* tardò cinque anni per essere terminato, e Kucia e sua moglie Ewa dovettero creare 16.000 dipinti per un film che dura 18 minuti.

La tecnica, in ogni modo, non prevale sulla ricerca dell'aspetto più importante di cui va in cerca il realizzatore durante il processo creativo, vale a dire la percezione dei meccanismi della vita. A Kucia piace definire i suoi film come "documenti emozionali", invece di raccontare storie, presenta dei "problemi": i deliri di un uomo durante un viaggio in treno, l'infruttuosa lotta di un insetto per sopravvivere, le speranze che si generano quando arriva la primavera. I ruoli più importanti nella sua opera lo rivestono la memoria personale, le tradizioni del suo paese e i grandi avvenimenti storici vissuti in Europa dell'est, mentre i personaggi dei fumetti e la narrativa convenzionale vengono rifiutati.

Jerzy Kucia è un poeta dell' audiovisivo che coglie i piccoli momenti della vita, ma non disdegna affrontare la dimensione più dura della realtà.

Jerzy Kucia, artista plástico e professor da Academia de Belas Artes de Cracóvia, é festejado como um mestre da animação num país, a Polônia, que tem nobre tradição nessa área. Sua obra costuma ser comparada à de outros grandes artistas da introspecção e do sublime, como o cineasta francês Robert Bresson.

De fato, seus curtas formam um compêndio de sutilezas sobre a emoção humana. Em Kucia, a narração de histórias freqüentemente cede lugar à observação cuidadosa de processos mentais e dos efeitos da passagem do tempo sobre a psique das pessoas. Suas técnicas de intervenção gráfica ou plástica na película, fotograma por fotograma, são variadas e sempre surpreendentes. *Across the Fields* levou cinco anos para ser concluído, exigindo que Kucia e sua mulher Ewa criassem 16.000 pinturas para um filme de 18 minutos.

Ainda assim, as técnicas não tiranizam o processo criativo do realizador, mas apenas o ajudam na busca do principal: a percepção dos mecanismos da vida. Kucia gosta de chamar seus filmes de "documentários emocionais". Em vez de contar histórias, ele apresenta "problemas": os devaneios de um homem durante uma viagem de trem, a luta inglória de um inseto pela sobrevivência, as esperanças geradas pela chegada da primavera. A memória pessoal, as tradições de seu país e os grandes abalos históricos vividos pela Europa Oriental têm papel preponderante em sua obra, que recusa as personagens de cartum e as narrativas convencionais.

Jerzy Kucia é um poeta audiovisual que lida com pequenos momentos de tempo e não se furta a encarar a dimensão mais dura da realidade.

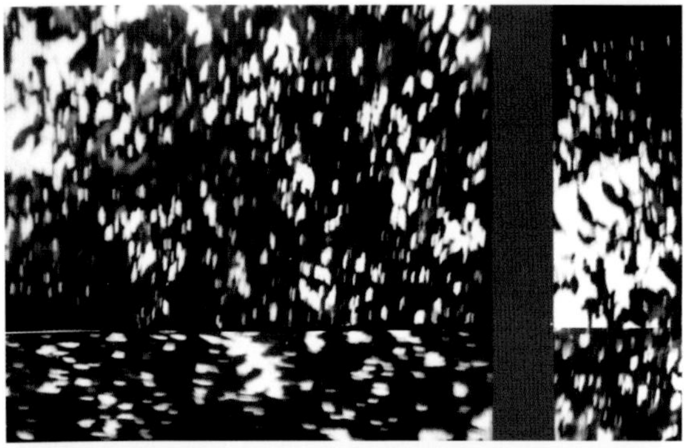

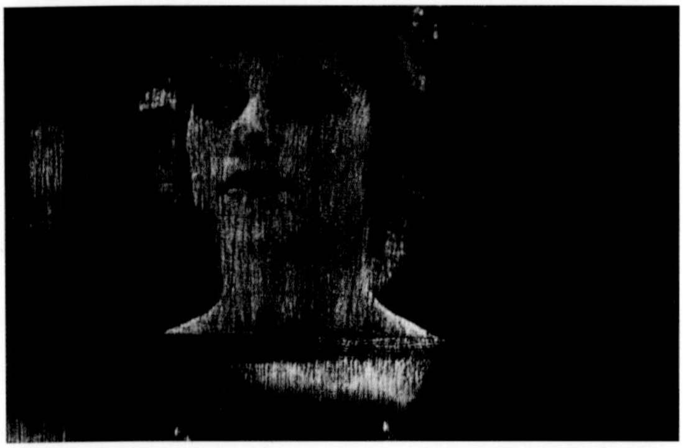

Pg. 137–138 Across the Fields, 1992

Pg. 139 The Spring, 1980

JOAN C. GRATZ USA GRATZFILM 1801 NW Upshur Suite 610 Portland, Oregon 97209 Phone: + 1 503 289 5145 E-mail: gratz@spiritone.com	**Candyjam**, 1988 **Mona Lisa Descending a Staircase**, 1992 **Pro and Con**, 1992 **Dowager's Feast**, 1996 **Innerplay**, 2000 **Dowager's Idyll**, 2001	**Academy Award** - *Best Animated Short*, 1993 **Special Jury Prize** - *Ottawa*, 1993 **Golden Conch** - *Bombay*, 1994 **Gold Award** - *WorldFest*, 1993 **Best Experimental Film** - *WAC USA*, 1996	**Clay** **Painting**

JOAN C. GRATZ

www.gratzfilm.com

El cine y la pintura han encontrado una forma de diálogo original en la técnica que usa Joan C. Gratz en sus prodigiosos cortometrajes. La animadora usa la plastilina de colores como si fuera tinta, mezclando tonos y organizando el flujo de las imágenes a través de líneas delicadas. Su objetivo es atribuir movimiento, secuencia y ritmo a la pintura y, al mismo tiempo, dotar a la imagen cinematográfica de abstracción y estilización.

Su obra maestra, *Mona Lisa Descending a Staircase*, ilustra a la perfección el método de las metamorfosis en cascada, que no se agotan en la mera hazaña formal sino que amplían el sentido de lo que se ve en la pantalla. En este corto, ganador de un Oscar, Gratz explora el rostro humano en la pintura del siglo XX y hace que su "onomatopeya visual" comunique el estilo gráfico y el contenido emocional del trabajo de 35 grandes artistas.

La carrera profesional de Joan C. Gratz empezó en los estudios de Will Winton, donde trabajó de animadora y diseñó escenas y efectos para los principales cortometrajes que allí se producían. La excelencia de su trabajo con la plastilina también se puede ver en los videoclips de John Fogerty (*Vanz can't Danz*) y Peter Gabriel (*Digging in the Dirt*), además de decenas de anuncios publicitarios realizados con producción propia a partir de 1986.

Es en sus películas artísticas, sin embargo, en las que el público internacional mejor reconoce la sublime marca cultural de Gratz. Sus tres cortos más recientes son experimentos en el área de la abstracción y del caleidoscopio, donde la pintura con plastilina parece perseguir la fluidez absoluta del lenguaje musical.

Il cinema e la pittura hanno incontrato una maniera originale di dialogare nella tecnica impiegata da Joan C. Gratz nei suoi prodigiosi cortometraggi. L'animatrice utilizza la plastilina colorata come se fosse pittura, mescolando le tonalità e organizzando il flusso delle immagini attraverso linee delicate. Il suo obiettivo consiste nell'attribuire movimento, sequenza e ritmo alla pittura e, allo stesso tempo, dotare l'immagine cinematografica d'astrazione e di stilizzazione.

La sua opera prima, fino ad oggi, *Mona Lisa Descending a Staircase*, illustra alla perfezione il metodo delle "metamorfosi a cascata", che non si esauriscono nella semplice prodezza formale, ma estendono il significato di ciò che si vede sullo schermo. In questo cortometraggio, vincitore di un Oscar, Gratz esamina il volto umano nella pittura del XX secolo e fa sì che la sua "onomatopea visuale" comunichi lo stile grafico ed il contenuto emozionale del lavoro di 35 grandi artisti.

La carriera professionale di Joan C. Gratz cominciò negli studi di Will Winton, in cui lavorò come animatrice e disegnò scene ed effetti per i principali cortometraggi che vi si producevano. L'alta qualità del suo lavoro con la plastilina si può ammirare anche nei videoclip di John Fogerty (*Vanz can't Danz*) e Peter Gabriel (*Digging in the Dirt*), senza contare le decine di annunci pubblicitari realizzati in proprio, a partire dal 1986.

Senza ombra di dubbio, sono i suoi film artistici lo scenario in cui il pubblico internazionale riconosce meglio il marchio distintivo culturale di Joan Gratz. I suoi cortometraggi più recenti sono esperimenti nel campo dell'astrazione e del caleidoscopio, in cui la pittura con plastilina sembra inseguire la fluidità assoluta del linguaggio musicale.

O cinema e a pintura encontraram uma forma original de diálogo na "clay-painting" usada por Joan C. Gratz em seus curtas prodigiosos. Ela utiliza a massinha colorida como se fossem tintas, misturando tons e organizando o fluxo de imagens através de linhas delicadas. Sua meta é atribuir movimento, seqüência e ritmo à pintura, e ao mesmo tempo dotar a imagem cinematográfica de abstração e estilização.

Sua obra-prima até o momento, *Mona Lisa Descending a Staircase* ilustra à perfeição o método de metamorfoses em cascata, que não se esgotam na mera façanha formal, mas ampliam o sentido do que é visto na tela. Nesse curta detentor de um Oscar, Joan explora o rosto humano na pintura do século 20, fazendo com que sua "onomatopéia visual" comunique o estilo gráfico e o conteúdo emocional do trabalho de 35 grandes artistas.

A carreira profissional de Joan C. Gratz começou nos estúdios de Will Vinton, onde ela atuou como animadora, designer cenográfica e de efeitos nos principais curtas ali produzidos. A excelência de seu trabalho com as massinhas pode ser vista também em videoclipes de John Fogerty (*Vanz can't Danz*) e Peter Gabriel (*Digging in the Dirt*), além de dezenas de comerciais realizados com produção própria a partir de 1986.

Mas é nos filmes artísticos que o público internacional melhor reconhece a marca culturalmente requintada de Joan. Seus três curtas mais recentes são experimentos na área da abstração e da caleidoscopia, onde a pintura com massinha parece perseguir a fluidez absoluta da linguagem musical.

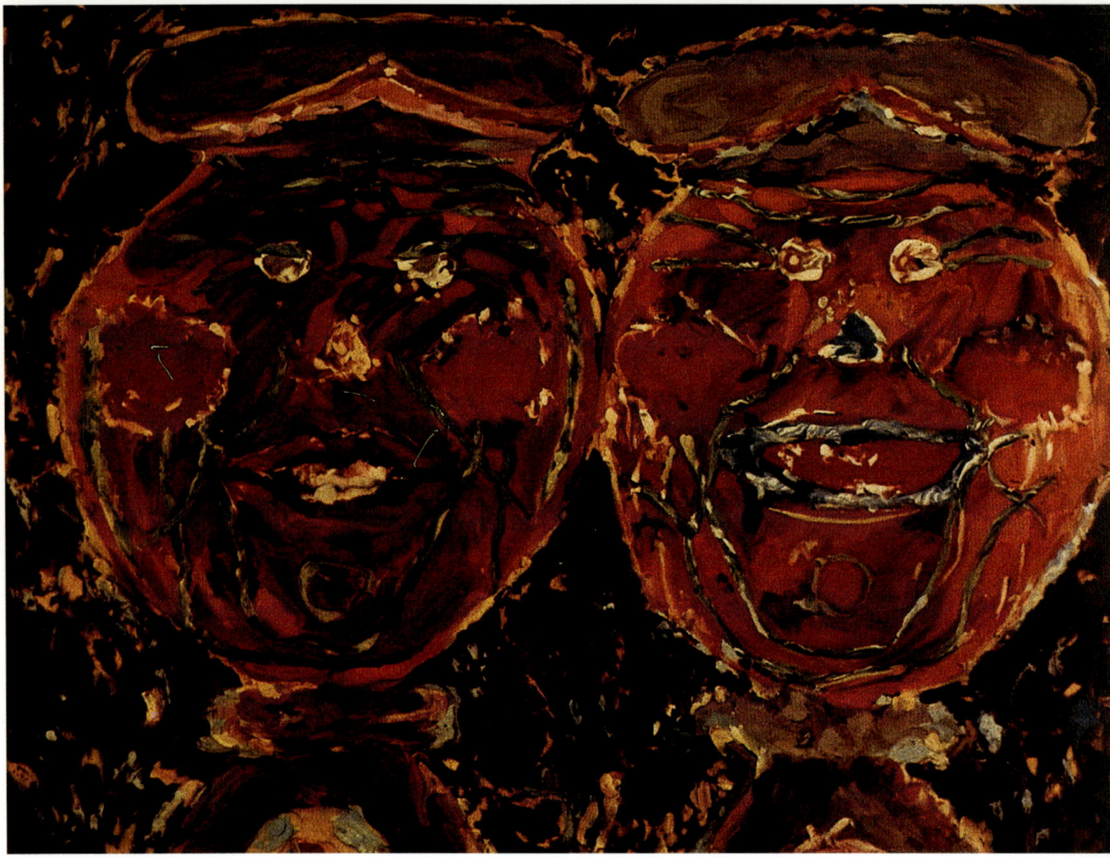

Pg. 140 The shooting of "Mona Lisa Descending a Staircase".

The Creation, 1981
Clay painting.

Pg 141–144 Mona Lisa Descending a Staircase, 1992
Clay painting.

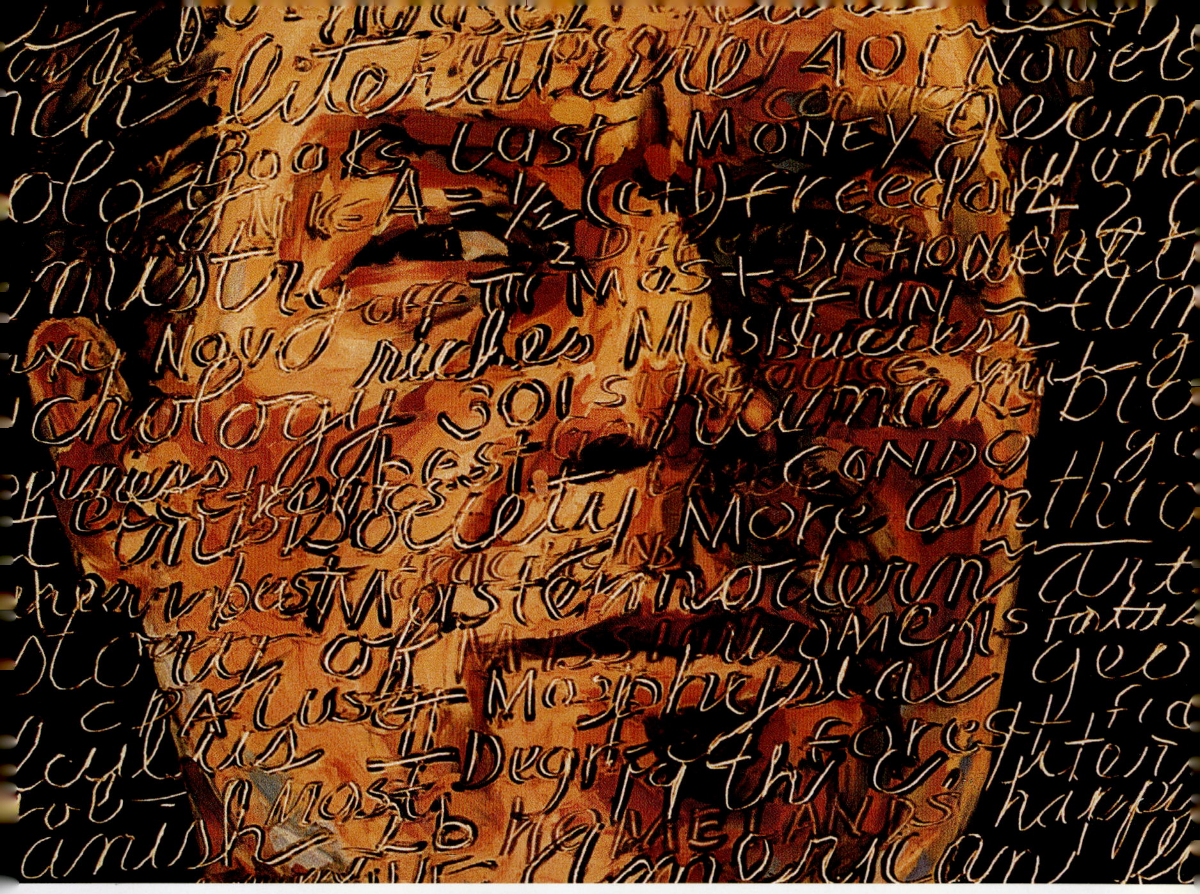

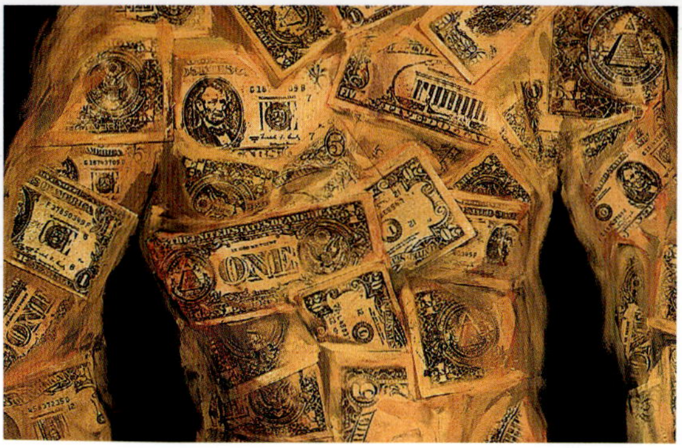

Pg. 145 Pro and Con, 1992
Mixed media

Pg. 145 (bottom left) Pro and Con, 1992
Mixed media

JOANNA QUINN United kingdom Beryl Productions International Ltd. c/o Chapter, Market Road, Canton, Cardiff, CF5 1QE United Kingdom Phone: 029 20 396 775 (Office), Phone: 029 20 226 225 (Studio) E-mail: studio.beryl@fut.net	**Girls Night Out,** 1986 **Moo Glue,** 1987 **Tea at Number 10,** 1987 **Castell Cant,** 1988 **Body Beautiful,** 1990 **Elles,** 1992 **Britannia,** 1993 **Famous Fred,** 1996 **Wife of Bath/The Canterbury Tales,** 1998	**Special Jury, Ufoleis and Mellow Manor Prizes** - *Annecy*, 1987 **Silver Dragon** - *Krakow*, 1988 **Cymru Award** - *BAFTA*, 1991 and 2000 **Silver Hugo** - *Chicago*, 1992 **Special Jury Prize for Best Humour** - *Zagreb*, 1992 **Best under 5 min** - *Espinho, 1993 and Zagreb*, 1994 **Audience Prize** - *Zagreb*, 1994 **Best Film category E** - *Hiroshima*, 1994 **Golden Hugo** - *Chicago*, 1994 **Best Childrens Animation** - *BAFTA*, 1997 **Grand Prix TV** - *Annecy*, 1997 **Best between 13-26 min** - *Espinho*, 1997 **Best Animated Film** - *BAFTA*, 1999 **Emmy Awards,** 1999	**Hand drawing** **Traditional animation**

JOANNA QUINN

Observar a las personas es la mayor fuente de inspiración para la animadora británica Joanna Quinn, quien les suele pedir a sus amigos que repitan alguna acción varias veces mientras ella analiza los movimientos del cuerpo, identifica las posiciones clave y realiza algún esbozo. Esa es la base para sus dibujos, donde ya apuntan los trazos que conducirán a la forma final.

Es el método que utiliza desde su primera película, *Girls Night Out*, realizada cuando todavía cursaba Diseño Gráfico en la Universidad de Middlesex de Londres. En esa película nació Beryl, personaje que retomó en futuros trabajos y que bautizó la empresa que fundó en Cardiff en 1987 con el productor y escritor Les Mills, la Beryl Productions International.

Beryl personifica las intenciones de Joanna Quinn en el sentido de que explora la identidad de la mujer en un mundo dominado por la dictadura de la belleza y de la buena forma física. Quinn atribuye a las cineastas del sexo femenino una gran responsabilidad como creadoras de una imagen positiva de la mujer.

Nacida en 1962 en Birmingham, Inglaterra, se ha dedicado a incentivar nuevos talentos, ya sea como profesora de animación con una intensa actividad en Europa y Estados Unidos, o abriendo su estudio de Cardiff a jóvenes recién salidos de la universidad.

Beryl Productions tiene una importante cartera de clientes comerciales, mientras que las películas personales de Joanna Quinn son una atracción garantizada en los grandes festivales. *Famous Fred*, un musical de 30 minutos sobre un astro felino del rock, y *Wife of Bath*, segmento de *The Canterbury Tales*, fueron nominadas al Oscar al mejor corto de animación.

L'osservazione delle persone è la maggiore fonte d'ispirazione per l'animatrice britannica Joanna Quinn, che è solita chiedere ai suoi amici che ripetano un'azione molte volte, mentre ne osserva il movimento del corpo, ne identifica le posizioni chiave e realizza alcuni schizzi. Questa è la base dei suoi disegni che contengono già le tracce che la condurranno alla forma finale.

Il metodo che la Quinn utilizza lo adottò con il suo primo film, *Girls Night Out*, che realizzò quando ancora frequentava la facoltà di Disegno Grafico all'Università di Middlesex a Londra. In questo film creò Beryl, il personaggio che riprese in lavori futuri e il cui nome venne dato anche all'impresa che fondò a Cardiff nel 1987 con il produttore e scrittore Les Mills: la Beryl Productions International.

Beryl impersona le intenzioni di Joanna Quinn di esplorare l'identità della donna in un mondo dominato dalle imposizioni della bellezza e della prestanza fisica. Quinn attribuisce alle cineaste donne una responsabilità notevole come creatrici di un'immagine positiva della donna.

Nata in Inghilterra, a Birmingham, nel 1962, si è dedicata alla promozione di nuovi talenti in qualità di professoressa di animazione con un'intensa attività, sia in Europa che negli Stati Uniti e anche in qualità di talent scout, avendo aperto il suo studio a Cardiff a giovani recentemente laureati.

Beryl Productions dispone di un grande ventaglio di clienti e i film personali di Jonna Quinn sono sinonimo di successo garantito presso i festival rinomati cui prendono parte. *Famous Fred*, un musical di 30 minuti su una stella del rock e *Wife of Bath*, segmento di *The Canterbury Tales*, furono candidati all'Oscar al miglior cortometraggio d'animazione.

Observar as pessoas é a maior fonte de inspiração para a animadora britânica Joanna Quinn. Ela costuma pedir aos amigos que desempenhem determinadas ações repetidas vezes, enquanto ela analisa os movimentos do corpo e identifica e rascunha as posições chave. Essa é a base para seus desenhos, nos quais ela deixa todos os traços que conduziram à forma final.

Assim foi desde o seu primeiro filme, *Girls Night Out*, feito enquanto Joanna ainda cursava Design Gráfico na Middlesex University de Londres. Naquele filme nasceu a personagem Beryl, que ela retomou em futuros trabalhos e batizou a empresa que fundou em 1987 com o produtor e escritor Les Mills, em Cardiff, a Beryl Productions International.

Beryl personifica as intenções de Joanna Quinn no sentido de explorar questões da identidade da mulher num mundo dominado pela ditadura da beleza e da boa forma física. Joanna atribui às cineastas do sexo feminino uma grande responsabilidade como criadoras de uma imagem positiva da mulher.

Nascida em Birmingham, Inglaterra, em 1962, ela tem sido uma dedicada incentivadora de novos talentos, seja como professora de animação com intensa atividade na Europa e EUA, seja abrindo seu estúdio de Cardiff a jovens recém-saídos da universidade.

A Beryl Productions tem uma importante carteira de clientes comerciais e os filmes pessoais de Joanna Quinn são atrações garantidas nos grandes festivais. *Famous Fred*, um musical de 30 minutos sobre um astro felino do rock, e *Wife of Bath*, segmento de *The Canterbury Tales* receberam indicações para o Oscar da categoria.

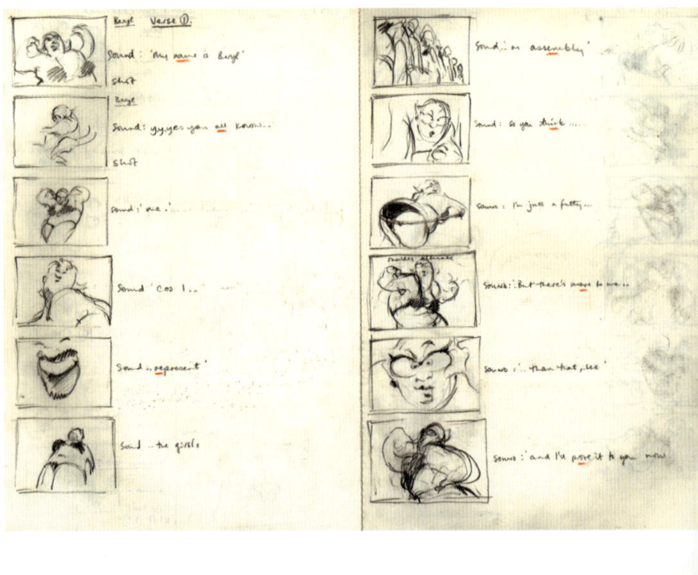

Pg. 147 Charmin, 1999/2003
Commercial spots
Studio/client: Acme Filmworks
Agency: D'Arcy, London/New York

Pg. 148 Body Beautiful, 1990
Traditional animation

Body Beautiful, 1990
Storyboard

Pg. 149 Body Beautiful, 1990
Traditional animation

MISH

Pg. 150 Body Beautiful, 1990
Traditional animation.

Body Beautiful, 1990
Visual development.

Pg. 151 Elles, 1992
Animation key-frames
Pencil on paper

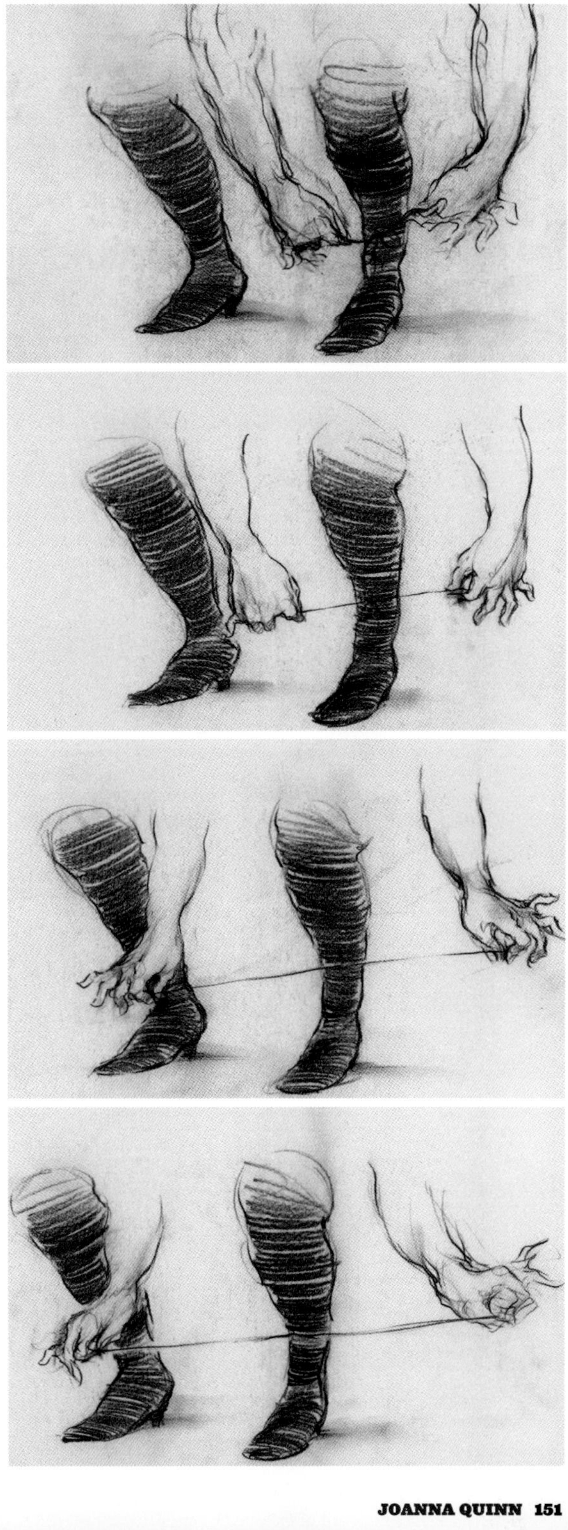

JONATHAN HODGSON United Kingdom Contact: Jane Colling, Sherbet/Jonathan Hodgson 112-114 Great Portland Street, London W1N 5PE Phone: +44 (0)20 7636 6435 Fax : +44 (0)20 7436 3221 E-mail: jane@sherbet.co.uk / jh@junkyard.uk.com	**Dogs,** 1981 **Night Club,** 1983 **Menagerie,** 1984 **Train of Thought,** 1985 **The Doomsday Clock,** 1987 **Feeling My Way,** 1997 **The Man with the Beautiful Eyes,** 1999 **Camouflage,** 2001	**Best Student Film** - *Stuttgart and Cambridge,* 1981 **Jury Special Prize** - *Annecy,* 1983 **Mari Kuttna Award** - *London,* 1983 **Grand Jury Prize** - *Ottawa,* 1998 **Best Under 7 min** - *BAA,* 2000 **Best Short Animation** - *BAFTA,* 2000 **Best Animation** - *Dresden,* 2000 **UNICEF Prize** - *WAC/USA,* 2001 **Main Prize** - *Dresden,* 2001 **Jury Prize** - *Oberhausen,* 2001	**Traditional animation** **Moving collages** **Digitally manipulated live action**

JONATHAN HODGSON

www.sherbet.co.uk

Para Jonathan Hodgson no hay nada tan complejo o delicado que no pueda servir de tema para crear una película de animación. Ha tratado los recuerdos de las personas que han pasado su infancia al lado de padres esquizofrénicos –en el documental *Camouflage*–, el subconsciente de un hombre que va de casa al trabajo –en *Feeling My Way*– y niños que descubren otra dimensión de la realidad según un cuento del "maldito" Charles Bukowski –en *The Man with the Beautiful Eyes*. La inspiración de este notable animador nacido en Oxford en 1960 surge de la observación de la vida en sus múltiples facetas.

En lo que a técnicas se refiere, a Hodgson le gusta probar combinaciones ambiciosas. Al principio de su carrera predominaba el dibujo puro y sencillo, aunque ya suficientemente sofisticado, como puede comprobarse en *Dogs* – un trabajo de su época de estudiante– y en *Night Club* –su primer corto profesional sobre la soledad de la noche en Liverpool–. Con el tiempo, este realizador ha desarrollado un estilo singular de *collage* animado, así como una manera personal de trabajar digitalmente la imagen real y mezclarla con la animación, obteniendo efectos de gran dramatismo.

Graduado en el Royal College of Art, Hodgson, uno de los fundadores de la productora Bermuda Shorts, dirige anuncios publicitarios, aperturas de televisión y videoclips desde 1985. En 1996, junto con el productor Jonathan Bairstow creó en Londres la empresa Sherbet, habitualmente galardonada en los festivales internacionales. En Sherbet, Hodgson da continuidad a una larga colaboración con la animadora Susan Young al mismo tiempo que produce trabajos de Sandra Ensby y Ruth Lingford, entre otros.

Per Jonathan Hodgson non esiste niente troppo complesso o troppo delicato che non possa essere usato per fare un film d'animazione. I ricordi delle persone che hanno passato l'infanzia accanto a genitori schizofrenici gli sono serviti per il documentario *Camouflage*, il subconscio di un uomo che va da casa al lavoro è il tema di *Feeling My Way* e i bambini che scoprono un'altra dimensione della realtà, ispirato al racconto del "maledetto" Charles Bukowski, sono i personaggi di *The Man with the Beautiful Eyes*. L'ispirazione di questo notevole animatore nato ad Oxford nel 1960, sorge dall'osservazione della vita nelle sue molteplici sfaccettature.

Hodgson ama combinare in maniera ambiziosa le diverse tecniche d'animazione. All'inizio della sua carriera predominava il disegno puro e semplice, sebbene abbastanza sofisticato, prova ne è *Dogs*, un lavoro della sua epoca di studente. Ritroviamo la stessa tecnica anche in *Night Club*, il suo primo cortometraggio professionale, che ha come tema la solitudine della notte a Liverpool. Con il tempo, questo realizzatore ha sviluppato uno stile singolare di "collage" animato, così come una maniera personale di rendere l'immagine reale digitale e fonderla con l'animazione, ottenendo effetti fortemente drammatici.

Hodgson, che si laureò al Royal College of Art e fu uno dei fondatori della casa di produzione Bermuda Shorts, dirige annunci pubblicitari, sigle televisive e videoclip dal 1985. Nel 1996, assieme al produttore Jonathan Bairstow, creò a Londra l'impresa Sherbet, che ottiene sempre grandi riconoscimenti nei festival internazionali. Alla Sherbet, Hodgson continua la collaborazione con l'animatrice Susan Young, e contemporaneamente produce lavori di Sandra Ensby e Ruth Lingford, tra altri.

Para Jonathan Hodgson, nada é tão complexo ou delicado que não se preste a um filme de animação. Ele já lidou com as lembranças de pessoas que viveram a infância ao lado de pais esquizofrênicos (o documentário animado *Camouflage*), com o subconsciente de um homem que caminha de casa para o trabalho (*Feeling My Way*) e com garotos que descobrem uma outra dimensão da realidade segundo um conto de "maldito" Charles Bukowski (*The Man with the Beautiful Eyes*). A inspiração desse notável animador nascido em Oxford, em 1960, vem da observação da vida em suas múltiplas camadas.

Também em matéria de técnicas, Hodgson é dado a experimentar as combinações mais ambiciosas. No início da carreira, predominava o desenho puro e simples, mas já sofisticado o bastante para destacar *Dogs*, seu trabalho de estudante, e *Night Club*, seu primeiro curta profissional sobre a solidão na noite de Liverpool. Com o tempo, Hodgson desenvolveu um estilo singular de colagem animada, assim como uma maneira toda pessoal de trabalhar digitalmente imagens filmadas ao vivo e misturá-las com animação, obtendo efeitos de grande dramaticidade.

Formado pelo Royal College of Art, Hodgson dirige comerciais, aberturas de TV e videoclipes desde 1985, tendo sido um dos fundadores da produtora Bermuda Shorts. Em 1996, juntamente com o produtor Jonathan Bairstow, criou em Londres a Sherbet, contumaz detentora de prêmios em festivais. Na Sherbet, Hodgson dá continuidade a uma longa parceria com a animadora Susan Young e produz trabalhos de Sandra Ensby e Ruth Lingford, entre outros.

gold FISH

GOLDfish

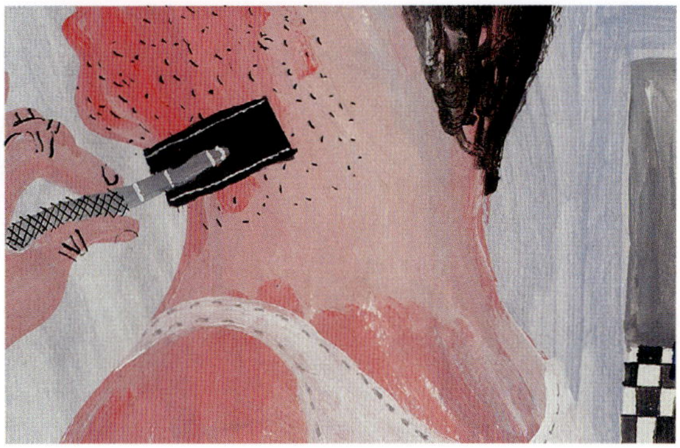

Pg. 153–155 The Man With the Beautiful Eyes, 1999
Traditional animation

Pg. 155 (right) Menagerie, 1984
Traditional animation

JOSÉ MIGUEL RIBEIRO

Portugal
Zeppelin Filmes, Lda.
Contact: Luís da Matta Almeida
Av. de Portugal, 66 1o DTO,
2795-554 Carnaxide
Phone: + 351 21 425 1980
Fax: + 351 21 425 1989
E-mail: info@zeppelin-filmes.pt

Representações / Representations, 1988
Ovo / Egg, 1994
O banquete da rainha / The Queen's Feast, 1996
A suspeita / The Suspect, 1999
Timor Lorosae, 1999
As coisas lá de casa / Home Things (series), 2001-2002

Special Prize - *Valencia*, 1995
Best Didactic Film - *Espinho*, 1996
Quality Prize - *CNC/France*, 1997
Best Film - *Anima Mundi/Rio de Janeiro*, 2000
Cartoon d'Or, 2000
Fipresci Prize - *Tróia/Portugal*, 2001
Best Script and Best Portuguese Film - *Espinho*, 2002

Puppet
Clay animation

JOSÉ MIGUEL RIBEIRO

www.zeppelin-filmes.pt

El cortometraje *A suspeita* hizo historia en el cine de animación portugués en 2000, dado que fue la primera película del país en conquistar el Cartoon d'Or al mejor film de animación europeo, así como más de 20 premios internacionales. En el corto, suspense y humor viajan juntos en un vagón de tren en el que cuatro personas comparten la sensación de que existe un peligroso asesino entre ellas.

El joven director José Miguel Ribeiro, nacido en 1966, se inspiró en los viajes en tren entre Lisboa y Oporto que realizó durante el período en que asistía al curso de animación impartido por el estudio Filmógrafo de Oporto. Ribeiro también estudió pintura en la Escuela Superior de Bellas Artes de Lisboa, participó en el taller de videoarte de la Fundación Calouste Gulbenkian –donde después pasaría a dar clases de animación en 3D– y realizó unas prácticas de nueve meses en el estudio Lazennec Bretagne de Rennes, en Francia.

Esta formación ecléctica le ha equipado de un excelente dominio de la narrativa y de la manipulación de muñecos y figuras de plastilina. Asimismo, como resultado de sus prácticas en Francia, realizó con Pierre Bouchon el corto *Ovo*, que recibió importantes premios. Ribeiro ha participado también en producciones del estudio Filmógrafo, como *Os salteadores*, de Abi Feijó, e integra una generación especial de animadores portugueses surgida en los ochenta que empieza a conquistar espacios en un país que todavía no tiene tradición en la animación. Una prueba de ello es la exhibición en la pequeña pantalla de su serie infantil *As coisas lá de casa*, hecha totalmente con plastilina.

José Miguel Ribeiro es uno de los realizadores más galardonados del cine de animación portugués hasta el día de hoy, y no menor es su reputación como ilustrador de libros, revistas y periódicos.

Il cortometraggio *A suspeita*, realizzato nel 2000, ha fatto storia nel cinema d'animazione portoghese poiché fu il primo film del paese a conquistare il Cartoon d'Or al miglior film d'animazione europeo, oltre ad ottenere più di 20 premi internazionali. In questo cortometraggio la suspence e l'umorismo viaggiano insieme nel vagone di un treno, in cui quattro persone condividono la sensazione che tra di loro ci sia un pericoloso assassino.

Il giovane regista José Miguel Ribeiro, nato nel 1966, s'ispirò ai viaggi in treno tra Lisbona e Oporto che realizzò durante il periodo in cui assisteva al corso d'animazione impartito dallo studio Filmógrafo di Oporto. Ribeiro, inoltre, studiò pittura nella Scuola Superiore di Belle Arti di Lisbona, partecipò al laboratorio di "videoarte" della Fondazione Calouste Gulbenkian, dove poco tempo dopo avrebbe dato lezioni di 3D, e fece pratica per nove mesi nello studio Lazennec Bretagne di Rennes, in Francia.

Questa eclettica formazione, gli ha permesso dominare in maniera eccellente la narrativa e la manipolazione dei pupazzi e delle figure di plastilina. Come risultato della pratica svolta in Francia, Ribeiro realizzò con Pierre Bouchon il cortometraggio *Ovo*, che ottenne premi importanti. Inoltre ha partecipato a produzioni dello studio Filmógrafo, come *Os salteadores*, di Abi Feijó ed è parte integrante di una generazione di animatori portoghesi, sorta negli Anni Ottanta, che solo adesso comincia a conquistare degli spazi, che la mancanza di tradizione nel settore non gli aveva ancora permesso di avere. La serie infantile *As coisas lá de casa*, realizzata totalmente in plastilina, è una prova di questa rapida ascesa.

José Miguel Ribeiro è uno dei realizzatori più premiati del cinema dell'animazione portoghese fino ad oggi e non meno importante è la sua reputazione quale illustratore di libri, di riviste e di giornali.

No ano de 2000, o curta-metragem *A suspeita* fez história no cinema de animação português. Foi o primeiro filme do país a conquistar o Cartoon d'Or de melhor animação européia, além de mais de 20 prêmios internacionais. Suspense e humor viajam juntos num vagão de trem onde quatro pessoas compartilham a sensação de existir um perigoso assassino entre elas.

O jovem diretor José Miguel Ribeiro, nascido em 1966, inspirou-se em suas próprias viagens de trem entre Lisboa e Porto, no período em que freqüentava um curso de animação no estúdio Filmógrafo, do Porto. Ribeiro estudou também pintura na Escola Superior de Belas Artes de Lisboa, participou de workshop de videoarte na Fundação Calouste Gulbenkian (onde depois passaria a ensinar animação tridimensional) e estagiou durante nove meses no estúdio Lazennec Bretagne, em Rennes, França.

Essa formação eclética o equipou com um excelente domínio de narrativa e de manipulação de bonecos e figuras em massinha. Como resultado de seu estágio francês, realizou com Pierre Bouchon o curta *Ovo* que mereceu prêmios importantes. Ele participou de produções do Filmógrafo, como *Os salteadores*, de Abi Feijó, e integra uma geração especial de animadores portugueses, surgida nos anos 1980, que começa a conquistar espaços num país ainda sem tradição no filme animado. Uma prova disso é a exibição na TV de sua série infantil *As coisas lá de casa*, toda feita em massinha.

José Miguel Ribeiro é um dos mais premiados realizadores do cinema de animação português até hoje. Mas sua reputação não é menor como ilustrador de livros, revistas e jornais.

a suspeita

Pg. 157 A Suspeita / The Suspect (poster), 1999.
Stop motion.

Pg. 158 Making of "A Suspeita"

Pg. 159 A Suspeita / The Suspect, 1999
Visual developments

Braço Partido.

SERRA DA CANECA
SERRA DA CANECA

PUB

KATHY SMITH

Australia/USA
School Of Cinema Television
Animation & Digital Arts
University of Southern California
Phone: + 1 213 821 1348
E-mail: kathy@imoods.org
kates@usc.edu

Power & Passion, 1983
Designed Nightmare, 1983
A Figure in Front of a Painting, 1984
Ayers Rock Animation, 1985
Change of Place, 1985
Delirium (installation), 1987
Living on the Comet, 1993
Indefinable Moods, 2001

Bronze Award - *New York EXPO*, 1994
International Digital Media Art Track Award - *Hong Kong*, 2001
Silver Award - *Leonardo Prix/Italy*, 2001
Jury Award - *New York EXPO*, 2001
Best Animated Short - *USA Film Festival*, 2002

Oil painting
Mixed media
Traditional animation
Pixilation
Stop motion
2D and 3D CGI

KATHY SMITH

www.kathymoods.org

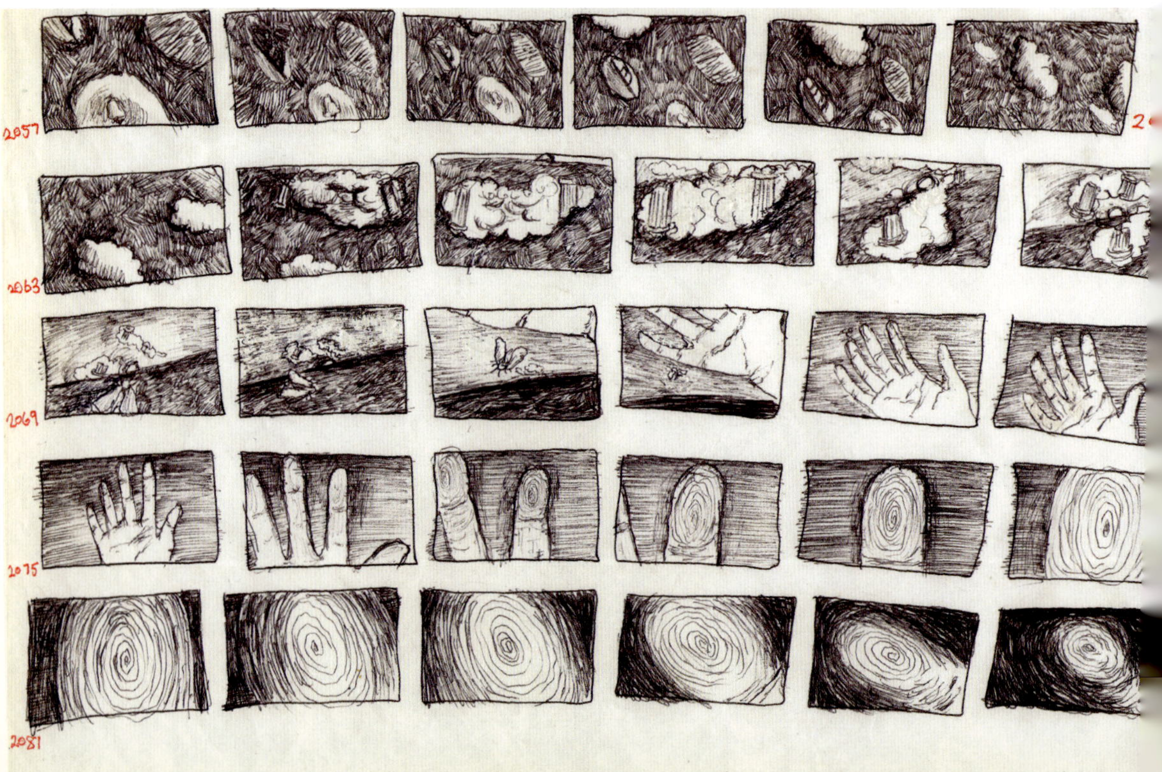

Ante las películas de Kathy Smith, el espectador, durante algunos instantes, puede llegar a suponer que no está despierto. El flujo de sus imágenes y la construcción de las bandas sonoras remiten a una experiencia onírica. Smith define su trabajo como un intento de expresar el misterio de la existencia a través de la narrativa no lineal de los sueños. La espiritualidad, la muerte y la falta de control sobre el ambiente son algunos de sus temas más recurrentes.

Nacida en 1963, en Taree, Australia, aunque radicada en la actualidad en los EE.UU., Kathy Smith trabaja desde 1982 con pinturas, instalaciones y películas de animación. Es extremamente hábil con la fusión de técnicas tradicionales y el medio digital. A menudo, reordena sus pinturas y dibujos en nuevos colages de sentido más amplio y los anima en un proceso totalmente personal. En *Indefinable Moods*, da vida a pinturas al óleo aplicándolas a objetos tridimensionales virtuales animados.

En su búsqueda por trascender la imagen estática a través de la perspectiva, de los juegos de luz y del "deseo de movimiento", Kathy descubrió las obras de los pintores renacentistas y quedó fascinada. La animación le parece que es el vehículo ideal para alcanzar tal objetivo, así como para expresar ideas complejas, procesos mentales y emociones.

El junguiano *Living on the Comet* explora prototipos del ciclo de la vida. La película-instalación *Delirium* parte de la noticia de un accidente para investigar sus repercusiones psicosomáticas, transportando al espectador a través de un viaje de imágenes, sonidos y movimientos. Para Kathy Smith, la alta tecnología no es un fetiche ni un fin en sí misma, sino una herramienta al servicio de las formas de comunicación.

Lo spettatore davanti ai film di Kathy Smith dubita spesso, durante alcuni istanti, d'essere sveglio. Il flusso delle immagini e l'articolazione delle bande sonore fanno pensare ad un'esperienza onirica. Smith definisce il suo lavoro come il tentativo di esprimere il mistero dell'esistenza attraverso la narrativa non lineare dei sogni. La spiritualità, la morte e la mancanza di controllo sull'ambiente sono alcuni dei temi ricorrenti.

Kathy Smith è nata a Taree, Australia nel 1963, sebbene attualmente risieda negli Stati Uniti, dove lavora dal 1982 con dipinti, installazioni e film di animazione. La sua abilità consiste nel fondere le tecniche tradizionali con gli strumenti digitali. Sovente ridistribuisce i dipinti e i collage in un contesto più ampio e gli da vita in un processo totalmente personale. Nel film *Indefinable Moods*, anima dipinti all'olio applicando oggetti virtuali tridimensionali animati.

Le opere dei pittori del Rinascimento affascinano Kathy, sempre alla ricerca della trascendenza dell'immagine statica attraverso la prospettiva dei giochi di luce e del "desiderio di movimento". Si serve dell'animazione per raggiungere tale obiettivo come pure per esprimere idee complesse, processi mentali ed emozioni.

Con il film *Living on the Comet*, con un'eco junghiano, sfrutta i prototipi del ciclo della vita. Il film-installazione artistica *Delirium* prende spunto dalla notizia di un incidente per investigarne i riverberi psicosomatici, trasportando lo spettatore in un viaggio di immagini, suono e movimento. Kathy Smith utilizza la tecnologia non tanto come un simbolo feticista né come fine a se stessa, quanto come uno strumento al servizio delle forme della comunicazione.

Diante dos filmes de Kathy Smith, o espectador pode, por um momento, supor que não está acordado. O fluxo de suas imagens e a construção de suas bandas sonoras remetem à experiência onírica. Ela define seu trabalho como uma tentativa de expressar o mistério da existência através da narrativa não-linear dos sonhos. A espiritualidade, a morte e a ausência de controle sobre o ambiente estão entre os seus temas recorrentes.

Nascida em 1963, em Taree, Austrália, mas estabelecida atualmente nos EUA, Kathy Smith trabalha desde 1982 com pintura, instalações e filmes de animação. Ela é extremamente hábil na fusão de técnicas tradicionais com o meio digital. Com freqüência, rearranja suas pinturas e desenhos em novas colagens de sentido expandido e as anima num processo inteiramente pessoal. Em *Indefinable Moods*, ela anima pinturas a óleo aplicando-as sobre objetos tridimensionais virtuais animados.

Kathy é fascinada pelas obras dos pintores renascentistas, em sua busca de transcender a imagem estática através da perspectiva, dos jogos de luz e do "desejo de movimento". A animação lhe parece o veículo ideal para atingir esse objetivo, assim como para exprimir idéias complexas, processos mentais e emoções.

O junguiano *Living on the Comet* explora os arquétipos do ciclo da vida O filme-instalação *Delirium* parte da notícia de um acidente para investigar suas reverberações psicossomáticas, transportando o espectador numa viagem de imagens, sons e movimentos. Para Kathy Smith, a alta tecnologia não é um fetiche ou um fim em si mesmo, mas uma ferramenta a serviço de novas formas de comunicação.

Pg. 160 Living on the Comet, 1993
Storyboard

Pg. 161 Indefinable Moods, 2001
Mixed media

Pg. 162 (top) Indefinable Moods, 2001
Mixed media.

Indefinable Moods, 2001
Animation hanging to dry

Pg. 162 (bottom) Indefinable
Moods, 2001
3D planning chart created for the film

The artist in her studio

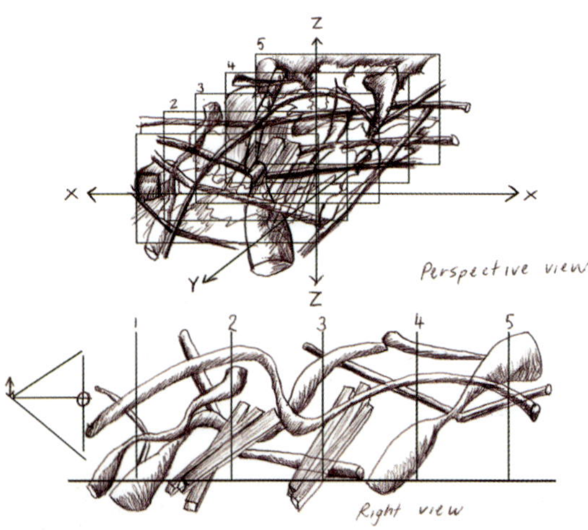

KECSKEMÉTFILM LTD.

Hungary
6000 Kecskemét,
Liszt Ferenc u. 21
Phone: + 36 76 481 711
Fax: (36) 76 481787
E-mail: kfilm@kecskemetfilm.hu

Hé, te! / Hey, You!, 1976
Gordiuszi csomó / Gordian Knot, 1980
Aréna / Arena, 1982
Az éjszaka csodái / The Miracles of the Night, 1982
Vízipók-Csodapók / Water-Spider, Wonder-Spider, 1985
Leo és Fred / Leo and Fred, 1986
Western, 1990
Zöldfa u.66. / Greentree Street 66, 1992
Éjszakai kultúrtörténeti hadgyakorlat / Culturhistorical Manoeuvre at Night, 1992
A Monkey's Tale, 1998

Bronze Hugo - *Chicago*, 1977
Silver Pigeon - *Leipzig*, 1978
Opera Prima Prize - *Zagreb*, 1980
Silver Prize - *Espinho*, 1980 and 1982,
Special Award - *Zagreb*, 1982
Special Prize of the Jury - *Mediawave*, 1990

Multiple techniques

KECSKEMÉT-FILM

www.kecskemetfilm.hu

La cohesión del equipo, en un ambiente casi familiar, es uno de los triunfos con los que cuenta la productora Kecskemétfilm para mantenerse desde que se fundó, en 1971, como uno de los líderes de la animación húngara.Después de la exitosa experiencia de privatización de 1995, el estudio pasó a manos de sus 20 empleados fijos, a los que se suelen sumar entre 100 y 150 artistas autónomos.

Kecskemétfilm produce todo tipo de películas de animación, desde cortos artísticos hasta largometrajes y series para televisión, pasando por anuncios y películas educativas. El mayor éxito que ha conseguido la empresa ha sido la serie *Water-Spider, Wonder-Spider*, que exploraba la vida de los seres marinos y que sólo en Hungría fue vista por más de un millón de personas. Las series *Leo and Fred* y *Hungarian Folk-Tales* también conquistaron al público telespectador.

Las producciones de Kecskemétfilm emplean una enorme variedad de técnicas y temáticas y van dirigidas tanto a un público adulto como infantil. La historia y las leyendas de Hungría ocupan un lugar destacado en gran parte de los guiones, junto con los poemas cinematográficos y las sátiras políticas de gran repercusión nacional.

Ya han salido más de 250 películas de los tableros de dibujo de directores como Mária Horváth, Lajos Nagy, Péter Szoboszlay, Zoltán Szilágyi Varga, Árpád Miklós y Gizella Neuberger. Entre las diversas coproducciones internacionales en las que el estudio ha participado, destaca el proyecto multinacional *Le Château des Singes* de Jean-François Laguionie.

Kecskemétfilm promueve un gran festival anual de largometrajes de animación, mantiene una fundación para el desarrollo de este arte y ha creado la primera facultad de animación de Hungría.

Uno dei trionfi di cui si può vantare la casa produttrice Kecskemétfilm è sicuramente la coesione del gruppo di lavoro, qualità che ha dovuto mantenere viva per rimanere ai vertici del panorama dell'animazione in Ungheria. Kecskemétfilm attraversò con successo anche l'esperienza della privatizzazione nel 1995 quando lo studio passò in mano ai suoi 20 impiegati fissi, cui si aggiungono normalmente tra i 100 e 150 artisti autonomi.

La produzione della Kecskemétfilm spazia tra tutti i tipi di film di animazione, cortometraggi artistici, lungometraggi e serie televisive, annunci pubblicitari e film educativi. Il successo più grande che ha ottenuto questa casa di produzione è stato *Water-Spider, Wonder-Spider*, che trattava della vita degli essere marini e che ha raggiunto, solamente in Ungheria, un milione di spettatori. Stessa sorte toccò alle serie televisive *Leo and Fred* e *Hungarian Folk-Tales* che conquistarono i telespettatori.

Le produzioni di Kecskemétfilm utilizzano una varietà enorme di tecniche e tematiche, e sono dirette al pubblico adulto e a quello infantile. La storia e le leggende ungheresi sono frequenti nella maggior parte delle sceneggiature, ma sono presenti anche i poemi cinematografici e la satira politica che ha una gran ripercussione nazionale.

Sono stati realizzati più di 250 film dai tecnigrafi di registi come Mária Horváth, Lajos Nagy, Péter Szoboszlay, Zoltán Szilágyi Varga, Árpád Miklós e Gizella Neuberger. Lo studio ha partecipato, tra le diverse coproduzioni internazionali, al progetto multinazionale *Le Château des Singes (Scimmie come noi)*, di Jean-François Laguionie.

La casa di produzione Kecskemétfilm promuove un gran festival annuale di lungometraggi di animazione, mantiene inoltre una fondazione che promuove lo sviluppo dell'arte dell'animazione ed ha creato la prima facoltà di animazione in Ungheria.

A coesão da equipe, num ambiente quase familiar, é um dos trunfos com que conta a Kecskemétfilm para se manter desde sua fundação, em 1971, como um dos líderes da animação húngara. Após uma bem-sucedida experiência de privatização, em 1995, o estúdio passou às mãos de seus 20 empregados fixos, aos quais costumam se somar entre 100 e 150 artistas free-lance.

A Kecskemétfilm produz todo tipo de filme de animação – de curtas artísticos a longas-metragens e séries para TV, passando por comerciais e filmes educativos. O maior sucesso da empresa até hoje foi a série *Water-Spider, Wonder-Spider*, que explorava a vida dos seres marinhos e foi vista por mais de 1 milhão de pessoas somente na Hungria. As séries *Leo and Fred* e *Hungarian Folk-Tales* conquistaram igualmente o público telespectador.

As produções da Kecskemétfilm lidam com uma enorme variedade de técnicas e temáticas, dirigindo-se tanto ao público adulto quanto ao infantil. A História e as lendas da Hungria ocupam lugar de destaque em grande parte dos roteiros, ao lado de poemas cinematográficos e sátiras políticas de grande repercussão nacional.

Mais de 250 filmes já saíram das pranchetas de diretores como Mária Horváth, Lajos Nagy, Péter Szoboszlay, Zoltán Szilágyi Varga, Árpád Miklós e Gizella Neuberger. Entre as várias co-produções internacionais, o estúdio participou do projeto multinacional *Le Château des Singes*, de Jean-François Laguionie.

A Kecskemétfilm promove um grande festival anual de longas de animação, mantém uma fundação para o desenvolvimento dessa arte e criou a primeira faculdade de animação da Hungria.

Pg. 164 Arcra Arc / Face to Face, 1994
2D animation
© KECSKEMÉTFILM LTD.

Pg. 165 Leb Wohl Lieber Dachs / Badger`s Parting Gifts, 2002
2D Animation
© JÜRGEN EGENOLF PRODUCTIONS

Pg. 166 Angyalbárányok / The Angel Sleeps, 2002
2D animation
© KECSKEMÉTFILM LTD.

Pg. 167 Voyaga au centre de la terre / Journey to the Centre of the Earth, 2000
2D animation
© LA FABRIQUE, TELE IMAGES CREATION, FRANCE3, EM.TV & MERCHANDISING AG

KOJI YAMAMURA

Japan
Yamamura Animation Inc.
4-14-4-205 Kasuya,
Setagaya-ku, Tokyo 157-0063
E-mail: yam@jane.dti.ne.jp

Hyakka zukan / Japanese-English Pictionary, 1989
Fushigina Elevator, 1991
Ouchi / A House, 1993
Sandoicchi / The Sandwiches, 1993
Ame no hi / Imagination, 1993
Kipling Jr., 1995
Kid's Castle, 1995
Bavel no Hon / Bavel's Book, 1996
Dottini suru! / Your Choice!, 1999
Atama Yama / Mt. Head, 2002

First Prize - *Hiroshima*, 1992
Best Director Animation - *Chicago*, 1993
First Prize Animation - *Chicago*, 1996 and 1999
Grand Prix - *Annecy*, 2003
Grand Prix - *Mediawave*, 2003
Jury Special Prize - *Leipzig*, 2003

Traditional animation
Animation with photos
3-D animation with clay
Computer graphics

KOJI YAMAMURA

www.jade.dti.ne.jp/~yam/

Koji Yamamura tenía 13 años de edad cuando realizó su primera película de animación. A los 40 todavía conserva el gusto por la fabulación infantil, aunque el dominio de las técnicas le haya transformado en uno de los nombres más punteros de la animación mundial. Yamamura busca la esencia de la vida en los pequeños momentos, cosa que el niño sabe tan bien valorar.

El gran éxito -así como la nominación al Oscar- de *Mt. Head*, fábula algo cruel sobre un cerezo que nace encima de la cabeza de un pobre hombre, representó el cenit de una carrera que ha sabido combinar los sentimientos de la infancia con una percepción crítica adulta.

Las películas de Yamamura huyen de cualquier patrón. En el contexto de la animación japonesa destacan por su calidad poética y por suscitar la reflexión a través del humor. Y visualmente son una fuente inagotable de placer.

También en lo que se refiere a la técnica, las producciones de Yamamura Animation, creada en 1993, desafían cualquier clasificación. Incluyen cortometrajes para niños, películas publicitarias y videos con plastilina, fotos, lápices de color, tinta, etc. Hoy en día, Yamamura finaliza sus películas en el ordenador, a pesar de que siempre intenta mantener una gran variedad de procesos analógicos.

El gusto por las metamorfosis caracteriza las creaciones de Yamamura, quien eleva esa capacidad del cine de animación a un alto grado y crea un flujo constante de imágenes que se transforman en un abrir y cerrar de ojos. Los árboles nacen en la cabeza, los peces vuelan bajo la lluvia, los caimanes van al barbero, los edificios miran asombrados... Todo es divertido y satírico,y, al mismo tiempo, funciona como una sutil herramienta educativa.

Koji Yamamura realizzò il suo primo film d'animazione all'età di 13 anni. A 40 anni continuano a piacergli le favole infantili, anche se il saper dominare le tecniche lo ha trasformato in uno degli uomini di punta nel mondo dell'animazione. Yamamura ricerca l'essenza della vita nei momenti brevi, così come solo i bambini sanno apprezzare.

Il gran successo, con tanto di candidatura all'Oscar, che ha ottenuto *Mt. Head*, una favola un po' crudele che narra di un ciliegio che cresce sulla testa di un pover'uomo, rappresenta l'apice di una carriera in cui si combinano i sentimenti dell'infanzia con una percezione critica da adulto.

I film di Yamamura rifuggono i modelli soliti. Nel novero della filmografia d'animazione giapponese si distinguono per la loro qualità poetica e per suscitare la riflessione per mezzo dell'umorismo. A livello visivo si tratta di fonti inesauribili di piacere.

Anche le tecniche utilizzate nelle produzioni della Yamamura Animation, creata nel 1993, sfidano qualunque classificazione. Includono cortometraggi per bambini, film pubblicitari e video fatti con la plastilina, ma anche con fotografie, matite colorate, inchiostro, etc. Attualmente Yamamura rifinisce i suoi film al computer, nonostante cerchi sempre di mantenere una gran varietà di procedimenti analogici.

Il piacere che nutre per la metamorfosi caratterizza le creazioni di Yamamura che eleva il cinema d'animazione ad un livello superiore e crea un flusso constante d'immagini che si trasformano in un batter d'occhio. Gli alberi possono nascere sulla testa, i pesci possono volare sotto la pioggia e i caimani possono andare dal barbiere, mentre gli edifici possono guardare stupiti... In questo contesto tutto diverte e può essere oggetto di satira e contemporaneamente può servire da sottile strumento d'educazione.

Koji Yamamura tinha 13 anos de idade quando realizou seu primeiro filme de animação. Aos 40 anos, ele ainda conserva o gosto pela fabulação infantil, embora seu domínio das técnicas o tenha transformado num dos nomes de ponta da animação mundial. Yamamura procura a essência da vida nos pequenos momentos, que a criança sabe valorizar tão bem.

O enorme sucesso – e a indicação ao Oscar – de *Mt. Head*, fábula um tanto cruel sobre uma cerejeira que nasce no topo da cabeça de um pobre homem, representou a culminância de uma carreira que soube combinar sentimentos da infância com uma percepção crítica adulta.

Os filmes de Yamamura escapam a toda padronização. No contexto da animação japonesa, destacam-se por sua qualidade poética e por suscitarem a reflexão através do humor. Visualmente, são fontes de inesgotável prazer.

Também em matéria de técnica, as produções da Yamamura Animation, criada em 1993, desafiam classificações. Elas incluem curtas-metragens para crianças, filmes publicitários e vídeos com massa de modelar, fotos, lápis de cor, tinta etc. Hoje em dia Yamamura finaliza seus filmes em computador, mas procura manter sempre neles uma variedade de processos analógicos.

O gosto pelas metamorfoses caracteriza as criações de Yamamura. Ele eleva essa capacidade do cinema de animação a um alto grau, criando um fluxo constante de imagens que se transformam num piscar de olhos. Árvores nascem em cabeças, peixes voam debaixo de chuva, jacarés vão ao barbeiro, edifícios arregalam os olhos... Tudo diverte e satiriza, mas ao mesmo tempo funciona como sutis ferramentas de educação.

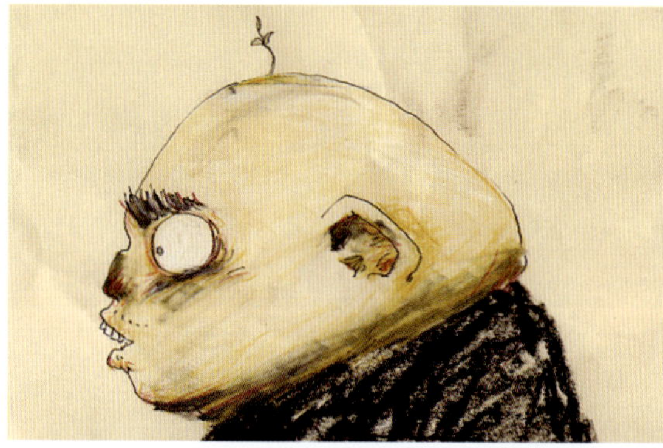

Pg. 168 Atama Yama / Mt. Head, 2002
Visual development

Pg. 169 Atama Yama / Mt. Head, 2002
Traditional animation

Pg. 170 Atama Yama / Mt. Head, 2002
Visual development

Pg. 170 (bottom) Atama Yama / Mt. Head, 2002
Poster

Pg. 171 Jubilee, 1999
Visual developments

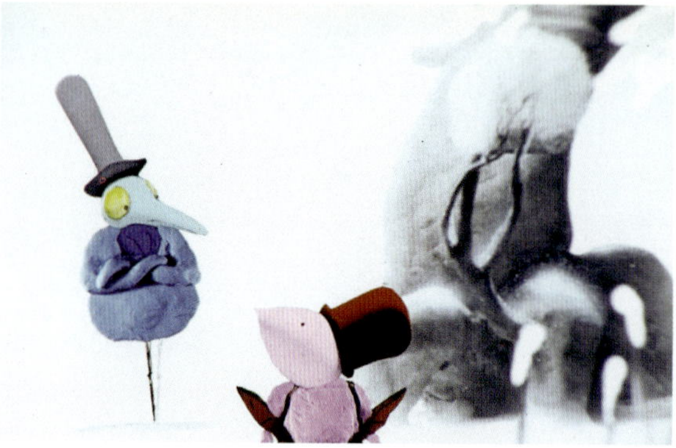

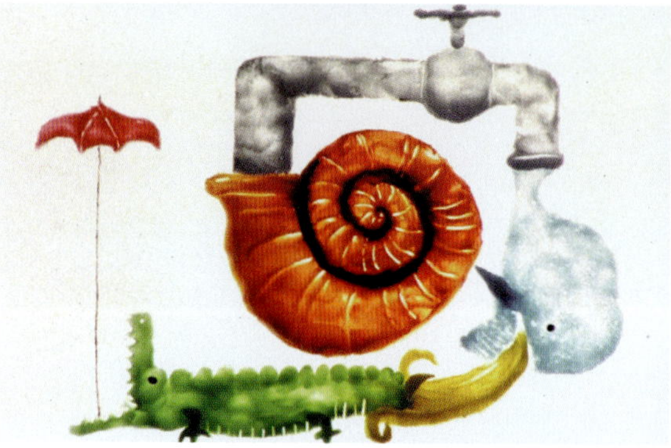

Pg. 172
(top row) Ouchi / A House, 1993
Clay, Puppet, Photo, Drawings on cel

(middle row) Ame no hi / Imagination, 1993
Clay, Puppet, Photo, Drawings on cel

(bottom row) Sandoicchi / The Sandwiches, 1993
Clay, Puppet, Photo, Drawings on cel

Pg. 173 Karo & Pyio, 1993
Work in progress

KONSTANTIN BRONZIT

Russia
"Melnitsa" Studio
196135, St. Petersburg,
Tipanove Str., 3 APT. 127
Phone: + 7 812 567 1552
Fax: + 7 812 567 8506
E-mail: kbronzit@pochta.ru

Karusel / The Round-about, 1988
Memento Mori, 1991
Farewell, 1993
Nock-Nock, 1993
Switchcraft, 1994
Pacifier, 1994
Die Hard, 1997
Au bout du monde / At the End of the Earth, 1999
Bog / The God, 2003

Grand Prix - *Annecy*, 1995
Grand Prix TV - *Annecy*, 1997
Best short - *Anima Mundi/Rio de Janeiro*, 1999
Special Prize of the Jury, Public Prize and Funniest Film - *Annecy*, 1999
Golden Spike - *Valladolid*, 1999
Best animation - *Tampere and Krakow*, 1999

Pencil on paper
Traditional animation
2D and 3D computer graphics

KONSTANTIN BRONZIT

El pleno dominio de los golpes de efecto animados, el fino sentido de la parodia y la disponibilidad para probar nuevas técnicas han convertido al ruso Konstantin Bronzit en uno de los nombres más destacados de la animación europea. Asimismo, el público y el jurado de los mayores festivales internacionales se han rendido al peculiar humor de *Au bout du monde* y *The God*, sus películas más recientes. En la primera de ellas, una casita en frágil equilibro sobreel vértice de una colina triangular provoca situaciones hilarantes entre sus huéspedes. En la segunda, la imagen de una divinidad oriental se deshace progresivamente en un amable sacrilegio.

Nacido en San Petersburgo en 1965, Bronzit estudió en el Instituto Superior de Arte y Diseño de su ciudad natal. Posteriormente trabajó como animador en un estudio especializado en películas científicas populares, donde realizó su primera película, *The Round-about*. Entre 1988 y 1994, dibujó tiras cómicas para periódicos y revistas, con las que consiguió ocupar el primer lugar en algunos concursos internacionales de su categoría. Al mismo tiempo, continuó dirigiendo pequeñas películas de animación que resultaron premiadas y que lo han llevado a transitar bien tanto en la animación tradicional como en el diseño gráfico digital.

El corto *Au bout du monde* lo concibió y realizó durante un programa de prácticas para animadores europeos en el estudio Folimage de Valence, Francia. La película recibió cerca de 70 premios y fue nominada al César, el mayor reconocimiento del cine francés. *The God*, a su vez, es un corto digital en 3D que participó en la Quincena de los Realizadores del Festival de Cannes. Para 2004, Konstantin Bronzit prepara el corto *Lavatory-Lovestory*, cuyo título ya anuncia su fidelidad a la sátira de lo cotidiano.

Il pieno dominio dei colpi d'effetto animati e il fine senso della parodia accompagnato dalla disponibilità a sperimentare nuove tecniche, hanno trasformato il russo Konstantin Bronzit in uno dei nomi più conosciuti dell'animazione europea. Il pubblico e le giurie dei più grandi festival internazionali si sono arresi di fronte all'umorismo peculiare di *Au bout du monde* e *The God*, i suoi film più recenti. Nel primo, una casetta in equilibrio precario sulla cima di una collina triangolare provoca situazioni esilaranti tra i suoi ospiti e nel secondo l'immagine di una divinità orientale si disfa lentamente in una sorta di dolce sacrilegio.

Nato a San Pietroburgo nel 1965, Bronzit studiò all'Istituto Superiore di Arte e Disegno della sua città natale. In seguito lavorò come animatore in uno studio specializzato in film scientifici popolari, dove realizzò il suo primo lavoro, *The Round-about*. Tra il 1988 e il 1994, disegnò strisce di fumetti per giornali e riviste, che gli permisero di vincere alcuni concorsi internazionali della sua categoria. Non ha smesso, però, di dirigere piccoli film d'animazione che gli hanno apportato numerosi premi e lo hanno collocato in posizioni di riguardo per quanto riguarda l'animazione tradizionale e il disegno grafico digitale.

Il cortometraggio *Au bout du monde*, Bronzit lo concepì e lo realizzò durante un programma di pratiche per animatori europei nello studio Folimage di Valence, in Francia. Il film ricevette qualcosa come 70 premi e fu anche nominato al César che è, di fatto, il maggior riconoscimento del cinema francese. Il cortometraggio digitale e in 3D *The God*, partecipò alla "Quindicina dei realizzatori" del Festival di Cannes. Il 2004 vede Konstantin Bronzit alle prese con il corto *Lavatory-Lovestory*, il cui titolo preannuncia la sua fedeltà alla satira della quotidianità.

Pleno domínio da *gag* animada, fino senso de paródia e disponibilidade para experimentar novas técnicas fizeram do russo Konstantin Bronzit um nome de ponta da animação européia. O público e os jurados dos maiores festivais internacionais renderam-se ao humor peculiar de *Au bout du monde* e *The God*, seus filmes mais recentes. No primeiro, uma casinha fragilmente equilibrada no vértice de uma colina triangular provocava situações hilariantes entre seus freqüentadores. No segundo, a imagem de uma divindade oriental desconstruía-se progressivamente num amável sacrilégio.

Nascido em São Petersburgo, em 1965, Bronzit formou-se em Artes e Design na Rússia e trabalhou como animador num estúdio especializado em filmes científicos populares. Ali realizou seu primeiro filme, *The Round-about*. Entre 1988 e 1994, desenhou cartuns para jornais e revistas, vencendo diversos concursos internacionais na categoria. Ao mesmo tempo, seguiu dirigindo pequenos e premiados filmes de animação, que o levaram a transitar muito bem entre a animação tradicional e a computação gráfica.

Au bout du monde foi concebido e realizado durante um programa de residência para animadores europeus no estúdio Folimage, em Valence, França. O filme recebeu cerca de 70 prêmios e foi indicado para o César, láurea máxima do cinema francês. *The God*, por sua vez, foi criado em computação gráfica 3D e participou da Quinzena dos Realizadores, no Festival de Cannes. Para 2004, Konstantin Bronzit prepara o curta *Lavatory-Lovestory*, cujo título já anuncia sua fidelidade à sátira do cotidiano.

1 Ч/Ф. ОКНО В ЦЕНТРЕ. В ОКНЕ ЛУНА И ЗВЁЗДЫ. СВЕРХУ ТИТР НАЗВАНИЯ (ПОЯВЛ. И ИСЧЕЗАЕТ НПЛ) В ДОМЕ ЗВУК ХРАПА.

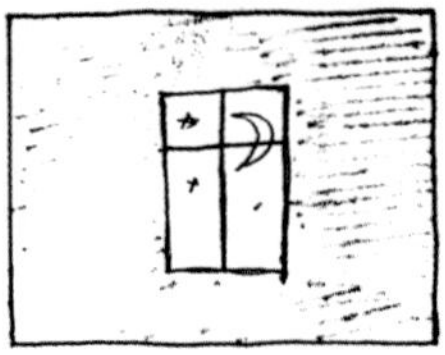

2 ОТЕЗД ОТ ОКНА. ЛУНА "УЕЗЖЛЕТ" ИЗ ОКНА. ВИДЕН ДОМ СИЛУЭТОМ. ДОМ "СТОИТ" НА НИЖНЕЙ РАМКЕ КАДРА.

3 ОТЕЗД ПРОДОЛЖАЕТСЯ. ВИДЕН ДОМ НА ОСТРИЕ ВЕРШИНЫ. СВЕТАЕТ. ВНИЗУ ОБЛАКА. ХРАП.

4 ЗВЕНИТ БУДИЛЬНИК. ЗВУКИ ПРОБУЖДЕНИЯ. КРЯХТЕНИЕ. ЛАЙ СОБАКИ, МЫЧАНИЕ КОРОВЫ. ЗЕВОТА. ГРОХОТ ВЕДРА. ПРОДОЛЖЕНИЕ ЧЬЕГО-ТО ХРАПА.

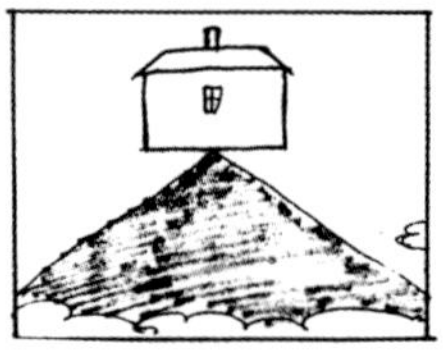

5 ДОМ НАЧИНАЕТ КАЧАТЬСЯ С "ПИКАНТНЫМИ" ЗВУКАМИ, ВЗДОХАМИ. ТУДА-СЮДА.

6 НАКОНЕЦ, ДОМ КЛОНИТСЯ ВЛЕВО, УПИРАЕТСЯ НА СКЛОН. ОТКРЫВАЕТСЯ ДВЕРЬ, ВЫБЕГАЕТ СОБАКА, РАДОСТНО ЛАЕТ, НОСИТСЯ ВВЕРХ ВНИЗ.

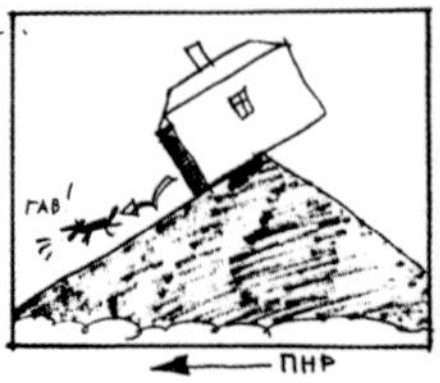

7 ВЫСОВЫВАЕТСЯ КОРОВА. ЕЁ КТО-ТО ПЫТАЕТСЯ ВЫТОЛКНУТЬ ИЗ ДОМА, НО КОРОВА ОСТАНАВЛИВАЕТСЯ НА ПОЛПУТИ. ТУПО СМОТРИТ СТЕКЛЯННЫМИ ГЛАЗАМИ, ЖУЁТ. СОБАКА НАЧИНАЕТ МОЧИТЬСЯ ТУТ ЖЕ, ПЕРЕД ДОМОМ.

8 ПОПИСАВ, СОБАЧКА РАДОСТНО ВСЁ "ЗАРЫВАЕТ", КОМЬЯ ЗЕМЛИ ЛЕТЯТ В МОРДУ КОРОВЕ. КОРОВА ТРОГАЕТСЯ С МЕСТА ...

Pg. 174 Au Bout du Monde / At the End of the Earth, 1999
Visual developments

Pg. 175 Au Bout du Monde / At the End of the Earth, 1999
Traditional animation

Pg. 176 Au Bout du Monde / At the End of the Earth, 1999
Storyboard

Pg. 177
Lavatory-Lovestory, 2004
Traditional animation

Die Hard, 1997
Traditional animation

9999

LITTLE FLUFFY CLOUDS	**Zeppelin**, 1996	**Clios**	**Cell animation**
	Jack-in-the Box, 2001	**Anicom**	**Hand drawing**
USA	**Yo-Yo**, 2002-2003	**London International Advertising Award**	**Computer graphics**
Contact: Betsy De Fries	**Au petite morte**, 2003	**Creativity 27**	**Flash**
499 Alabama Street, Studio CXII, San Francisco CA 94110	**Cinemania (series)**, 2003	**SF Ad Club**	**Mixed techniques**
Phone: 415.621.1300	**Winnie the Pooh (series pilot)**, 2003		
Fax: 415.389.9304			
E-mail: betsy@littlefluffyclouds.com			

LITTLE FLUFFY CLOUDS

www.littlefluffyclouds.com

La inglesa Betsy de Fries y el holandés Jerry van de Beek insisten en llamar "boutique de animación" a su estudio Little Fluffy Clouds. Esta es su manera de subrayar las pequeñas dimensiones y el toque distintivo que caracterizan la producción del estudio que ellos mismos fundaron en 1996 en California. Mientras que el nombre tiene su origen en una canción del grupo inglés Orb, el estilo surge de la combinación de conocimiento tecnológico y de la sensibilidad artística de sus fundadores.

De Fries es escritora, poetisa y artista multimedia con una vasta experiencia en la creación de CD-ROM, sitios web, exposiciones, cortos y juegos, al tiempo que también ha hecho de escenógrafa, figurinista y directora artística. Por otro lado, su socio es un devoto investigador de los recursos digitales y autor de cortos de animación como *Ja-Knikker/Oil Pumps* (1992) y *Jazz* (1994). En Little Fluffy Clouds, ambos aúnan sus habilidades en una serie de trabajos comerciales y de autor, siempre bajo el lema: fundir los métodos tradicionales con el ordenador en pro de la belleza y de la comunicación.

Ambos animadores son los responsables de los premiados anuncios de Coca-Cola, Pringles, Budweiser, Nickelodeon y McDonald's, entre otros, en los que las formas gráficas ganan vida y crean espectáculos memorables. Asimismo, para el programa concurso *Cinemania* del canal de televisión por cable AMC, desarrollaron un paquete de animación que incluye robots, ambientes y escenarios.

En los cortometrajes de autor, el dúo aumenta el desafío de tratar de forma poética la representación del agua y de la luz en las imágenes digitales, de forma que *Au Petite Morte* es un ejercicio poético sobre el ciclo de la vida reflejado en un río, mientras que *Yo-Yo* es la breve odisea de un objeto a través de cuatro mundos abstractos distintos.

L'inglese Betsy de Fries e l'olandese Jerry van de Beek insistono nel chiamare il loro studio Little Fluffy Clouds, la "piccola bottega d'animazione". Questo è il loro modo di sottolineare le piccole dimensioni e il tocco distintivo che caratterizzano la produzione dello studio che essi stessi fondarono nel 1996 in California. Il nome si ispiraa una canzone del gruppo inglese Orb, mentre il loro stile nasce dalla combinazione tra la conoscenza tecnologica e la sensibilità artistica dei suoi fondatori.

De Fries è una scrittrice, una poetessa e un'artista multimediale con un'ampia esperienza nella creazione di CD-ROM, siti web, esposizioni, cortometraggi e giochi, ma è stata anche scenografa, figurinista e direttrice artistica. Mentre il suo socio è un ricercatore appassionato delle risorse digitali, autore di cortometraggi d'animazione come *Ja-Knikker/Oil Pumps* (1992) e *Jazz* (1994). All'interno di Little Fluffy Clouds, entrambi uniscono le loro capacità in una serie di lavori commerciali e artistici, sempre in linea con lo slogan: fondere i metodi tradizionali con il lavoro al computer, a favore della bellezza e della comunicazione.

Entrambi hanno firmato diversi annunci premiati, come quelli per Coca-Cola, Pringles, Budweiser, Nickelodeon e McDonald's, in cui le forme grafiche prendono vita e creano spettacoli memorabili. Per il programma concorso *Cinemania* del canale televisivo via cavo AMC, hanno sviluppato un intero insieme d'animazione, comprendente robot, ambientazione e scenografia.

Nei cortometraggi artistici, il duo raddoppia la posta nella sfida per trattare in forma poetica la rappresentazione dell'acqua e della luce nelle immagini digitali, di modo che *Au Petite Morte* è una pratica poetica sul ciclo della vita riflesso in un fiume, mentre *Yo-Yo* è la breve odissea di un oggetto attraverso quattro diversi mondi astratti.

A inglesa Betsy de Fries e o holandês Jerry van de Beek fazem questão de chamar a Little Fluffy Clouds de "boutique de animação". É sua maneira de sublinhar as pequenas dimensões e o toque distintivo que caracterizam a produção desse estúdio por eles fundado em 1996, na Califórnia, EUA. O nome vem de uma canção da banda inglesa Orb. O estilo vem da combinação de conhecimento tecnológico e sensibilidade artística de seus fundadores.

Betsy é escritora, poeta e artista multimídia com vasta experiência na criação de CDs, websites, exposições, curtas e jogos. Atuou também como pintora cênica, figurinista e diretora de arte. Seu sócio é um devotado pesquisador de recursos digitais e autor de curtas de animação como *Ja-Knikker / Oil Pumps* (1992) e *Jazz* (1994). Na LFC eles somam suas habilidades numa série de trabalhos comerciais e autorais. A palavra de ordem é fundir os métodos tradicionais ao computador em prol da beleza e da comunicação.

Eles são responsáveis por anúncios premiados da Coca-Cola, Pringles, Budweiser, Nickelodeon, McDonalds etc, onde formas gráficas ganham vida e fazem performances memoráveis. Para o game show *Cinemania*, da rede a cabo AMC, desenvolveram um pacote de animação que inclui robôs, ambientes e palcos.

Nos curtas autorais, a dupla enfrenta o desafio de lidar poeticamente com a representação da água e da luz nas imagens de computador. *Au Petite Morte* é um exercício poético sobre o ciclo da vida espelhado num rio. *Yo-Yo* é a breve odisséia de um objeto através de quatro mundos abstratos distintos.

Pg. 178-179 Au Petite Mort, 2003
2D & 3D computer graphics

Pg. 180 Jack-in-the Box, 2001
3D computer graphics

Pg. 181 Cinemania (series), 2003
3D computer graphics

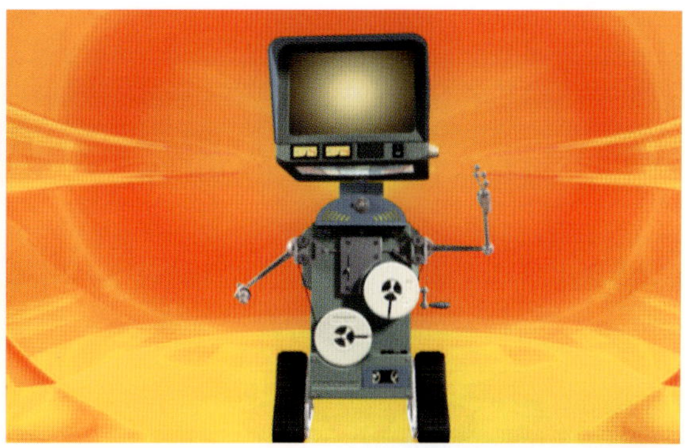

LOOSE MOOSE LTD

United Kingdom
Contact: Glenn Holberton
E-mail: info@loosemoose.net
74 Berwick Street,
London W1F 8TF
Phone: 0207 287 3821
Fax: 0207 734 4220

Balloon, 1991
I pagliacci, Altered Ego, 1994
Interrogating Ernie, 2000
Thunder Pig, 2001
Fingathing

Best Animated Short - *BAFTA*, 1991
Gold Hugo Best Student Animated Film - *Chicago*, 1994
Best First Film - *Ottawa*, 1994
Best TV Pilot - *WAC/USA*, 2001
Jury Award - *Anima Mundi/Rio de Janeiro*, 2002

Traditional animation
Claymation
Puppet animation
2D and 3D computer graphics
Mixing all techniques with live action

LOOSE MOOSE

www.loosemoose.net

Pg. 182 Rocky (commercial spot), 1996
Visual development

Pg. 183 Rocky (commercial spot), 1996
Brisk - Beyond Cool
Stop Motion

Pg. 184 Interrogating Ernie, 2000
Dir.: Ken Lidster
Stop Motion

Visual developments

Pg. 185 Ernie and Anima Mundi's trophy won in 2001 for Best Short Film

Sylvester Stallone, Frank Sinatra, Elvis Presley y Bruce Willis se han visto convertidos en personajes de la famosa campaña del té Lipton Brisk en los Estados Unidos. Igualmente, los anárquicos anuncios del tentempié Peperami captan diariamente la atención del público inglés. Detrás de estos y de muchos otros éxitos de los intermedios de la televisión de todo el mundo está el talento del equipo de Loose Moose.

La empresa, radicada en Londres, surgió en 1994 de la mano del director Ken Lidster y del productor Glenn Holberton, a los que se unió la directora Ange Palethorpe un año después. Lidster había sido galardonado con un BAFTA por la película que hizo como proyecto de fin de carrera para la National Film and Television School, la poética *Balloon*. Ange, graduada en la misma institución, había sido la gran revelación de los festivales de Chicago y Ottawa con la película que preparó también como proyecto de fin de carrera, la híbrida y sofisticada *Altered Ego*. Holberton, en la industria desde 1978, había producido algunas de las multipremiadas películas de Barry Purves y ya había estado al frente de otros estudios.

Juntos, llevaron a Loose Moose al panteón de los grandes estudios comerciales de ámbito internacional. Ken Lidster se mantuvo ligado al cine artístico a través de la operística *I pagliacci* y de la divertida *Interrogating Ernie*, en la que un amable dinosaurio tiene que dar explicaciones de todas las tragedias del mundo desde la Era Glacial.

Al equipo de Loose Moose le gustan las propuestas desafiantes, que incluyen la combinación de técnicas diferentes entre sí y la acción real. De ahí pueden surgir desde fotocopiadoras desfogándose en un *happy hour* hasta esqueletos motorizados en perfecta sincronía con la música del grupo Fingathing. Basta con pedirlo.

Sylvester Stallone, Frank Sinatra, Elvis Presley e Bruce Willis sono stati i protagonisti della famosa campagna del tè Lipton Brisk negli Stati Uniti. Allo stesso modo, gli annunci anarchici che pubblicizzano lo spuntino Peperami, attraggono ogni giorno l'attenzione del pubblico inglese. Dietro le quinte di questi e numerosi altri intervalli televisivi di successo in tutto il mondo, c'è il talento del team di Loose Moose.

L'impresa, con sede a Londra, fu costituita nel 1994 per mano del regista Ken Lidster e del produttore Glenn Holberton cui si unì, un anno più tardi, la regista Ange Palethorpe. Lidster è stato premiato con un premio BAFTA per il film che realizzò come tesi finale alla National Film and Television School, il poetico *Balloon*. Ange, che si laureò nella stessa scuola, era stata la gran rivelazione dei festival di Chicago e Ottawa con il film che anche lei aveva presentato quale tesi finale, *Altered Ego*, un'opera ibrida e sofisticata. Holberton, che lavora nell'industria cinematografica dal 1978, aveva prodotto alcuni dei suoi più volte premiati film di Barry Purves e diretto, allo stesso tempo, vari altri studi pubblicitari.

Tutti e tre portarono la Loose Moose nell'Olimpo dei grandi studi commerciali di valore internazionale. Ken Lidster rimase legato al cinema artistico grazie a *I pagliacci*, di chiaro sfondo operistico, ma anche alla divertente *Interrogating Ernie*, in cui un simpatico dinosauro deve dare spiegazione di tutte le tragedie del mondo a partire dall'Era glaciale.

Il gruppo Loose Moose apprezza le proposte stimolanti, che includono la combinazione di tecniche diverse tra loro e l'azione reale. In questo contesto possono nascere fotocopiatrici che si sfogano in un *happy hour* e perfino scheletri motorizzati in perfetta sincronia con la musica del gruppo Fingathing. Basta chiedere!

Sylvester Stallone, Frank Sinatra, Elvis Presley e Bruce Willis já tiveram suas personalidades incorporadas a uma famosa campanha do chá Lipton Brisk nos EUA. Os anárquicos comerciais do lanche Peperami fisgam diariamente a atenção do público inglês. Por trás desses e muitos outros *hits* dos intervalos da TV pelo mundo afora está o talento do pessoal da Loose Moose.

A empresa, baseada em Londres, surgiu em 1994 pelas mãos do diretor Ken Lidster e do produtor Glenn Holberton, aos quais se juntou, um ano mais tarde, a diretora Ange Palethorpe. Lidster havia ganho um Prêmio BAFTA com seu filme de conclusão de curso na National Film and Television School, o poético *Balloon*. Ange, egressa da mesma escola, tinha sido a grande revelação dos festivais de Chicago e Ottawa com seu filme de graduação, o híbrido e sofisticado *Altered Ego*. Holberton, na indústria desde 1978, havia produzido filmes multipremiados de Barry Purves e estado à frente de outros estúdios.

Juntos, eles levaram a Loose Moose ao panteão dos grandes estúdios comerciais internacionais. Ken Lidster manteve-se ligado ao filme artístico através do operístico *I pagliacci* e do divertido *Interrogating Ernie*, onde um amável dinossauro tem que prestar contas de todas as tragédias do mundo desde a Era do Gelo.

A turma da Loose Moose gosta de propostas desafiadoras, que incluem a combinação de técnicas diferentes entre si com filmagens ao vivo. Daí podem brotar desde máquinas fotocopiadoras que desabafam numa *happy hour* até esqueletos motorizados em perfeita sincronia com a música da banda Fingathing. Basta pedir.

THE DIFINITIVE HEAD
LUMPY MONO BROW
ANGULAR
OVAL REPLACEMENT EYES
SOFT RUBBER TEETH HORNS AND SPIKES

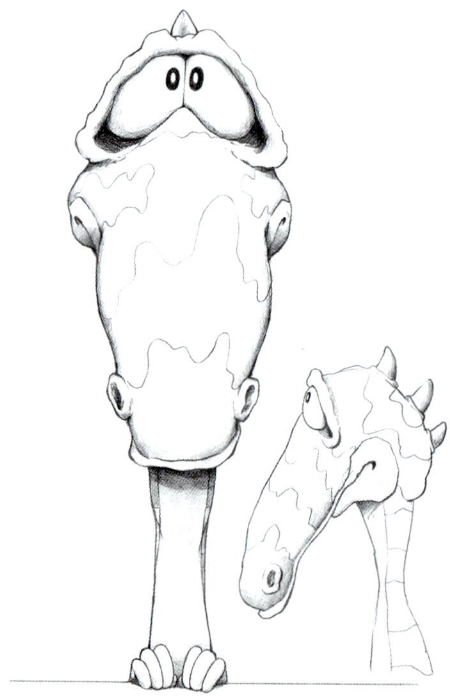

Anima
Mundi

MICHAEL DUDOK DE WIT

Holland / United Kingdom
3 Birchwood Avenue
London N103BE England
E-mail: m@dudokdewit.com

The Interview, 1978
Tom Sweep, 1992
Le moine et le poisson / The Monk and the Fish, 1994
Father and Daughter, 2000

Grand Prize - *Espinho*, 1994/2000
Jury Prize - *Otawa*, 1994
Cartoon d'Or, 1995/2001
Best Short Animation - *César*, 1996
Hiroshima Prize, 1996
Academy Award, 2001
Jury Award - *Anima Mundi/Rio de Janeiro*, 2001
Grand Prize and Audience Prize - *Annecy and Hiroshima*, 2001
Best Short Animation - *BAFTA*, 2001
Grand Prize - *Zagreb*, 2001
Best Animation - *Clermont-Ferrand*, 2001
Audience Award - *Leipzig*, 2001
Winner 5-15 min - *WAC*, 2001

Drawing with pencil
Brush and charcoal on paper or
Watercolor backgrounds
Scanning
Digital coloring

MICHAEL DUDOC DE WIT

www.dudokdewit.com

A L'INTERIEUR DU MONASTERE :

LE MOINE LIT UN LIVRE , MAIS IL N'ARRIVE PAS A SE CONCENTRER .

IL SE RETROUVE SUR L'AQUEDUC ...

El recorrido artístico de Michael Dudok de Wit cumple la máxima de que un animador se puede convertir en celebridad de la noche al día después de varias décadas de arduo trabajo. Este holandés radicado en Londres ha trabajado como animador y director de animación autónomo desde 1978 en estudios como el de Richard Purdum, Passion Pictures y Folimage. También ha formado parte en los equipos de los estudios Disney para producciones como *Mickey's Audition*, *La bella y la bestia* y *Fantasía 2000*. Asimismo, su nombre consta en los créditos del largometraje *Heavy Metal* y del corto *T.R.A.N.S.I.T.*, entre otros.

Dudok de Wit ha dirigido dos películas propias antes de que un chorro de premios y una nominación al Oscar proyectaran su talento a bordo del cortometraje *Le moine et le poisson*, en 1994. La preciosa película *Father and Daughter*, seis años después, consolidaría su prestigio con un Oscar y su victoria en los principales festivales de animación del mundo.

El estilo de Dudok de Wit se distingue por los paisajes minimalistas, el trazo casi caligráfico, los tonos nostálgicos de su colorido y la ausencia de diálogos, a lo que se suman temas que calan hondo en la emoción del espectador. Si *Le moine et le poisson* evoca una espiritualidad zen para tratar de la obsesión, *Father and Daughter* entra en los paisajes abiertos y vacíos de Holanda para hablar de separación, espera y reencuentro.

Admirador tanto de Tintín como de la animación de la Europa del Este y de los dibujos de los monjes budistas, Dudok de Wit también es un premiado ilustrador de libros y juegos de cartas, además de tener una gran experiencia en dar conferencias sobre animación. Pero, a pesar de todo su éxito, continúa produciendo anuncios para poder sobrevivir.

La traiettoria artistica di Michael Dudok de Wit rispetta la massima che un animatore può diventare una celebrità dall'oggi al domani, dopo decenni di duro lavoro. Quest'olandese installato a Londra, ha lavorato come animatore e direttore d'animazione autonomo sin dal 1978 in studi quali quello di Richard Purdum, Passion Pictures e Folimage. Ha fatto parte dello staff degli studi Disney per produzioni come *Mickey's Audition*, *La bella e la bestia* e *Fantasia 2000*. Il suo nome risulta anche nei titoli di coda del lungometraggio *Heavy Metal* e del corto *T.R.A.N.S.I.T.*, tra i vari lavori.

Dudok de Wit ha diretto innumerevoli film prima di vedere riconosciuto il suo talento grazie alla quantità enorme di premi ricevuti e alla candidatura all'Oscar che ricevette il cortometraggio *Le moine et le poisson*, nel 1994. Sei anni più tardi, il meraviglioso film *Father and Daughter* ne avrebbe consolidato il prestigio con l'Oscar e le vittorie ottenute nei principali festival d'animazione di tutto il mondo.

Lo stile di Dudok de Wit si distingue per i paesaggi minimalisti, il tratto quasi calligrafico, i toni nostalgici dei suoi colori e l'assenza di dialoghi, cui si aggiungono i temi che emozionano lo spettatore. Se *Le moine et le poisson* evoca una spiritualità zen per trattare l'ossessione, *Father and Daughter* entra nei paesaggi aperti e vuoti dell'Olanda per parlare di separazione, attesa e rincontro.

Ammiratore sia di Tintín come pure dell'animazione dell'Europa dell'est e del disegno dei monaci buddisti, Dudok de Wit è un premiato illustratore di libri e giochi di carte, che ha anche un'esperienza enorme nel dare conferenze sull'animazione. Nonostante tutto il suo successo, per vivere continua a produrre annunci pubblicitari.

O percurso artístico de Michael Dudok de Wit comprova a máxima de que um animador pode tornar-se celebridade de um dia para o outro após décadas de trabalho árduo. Esse holandês radicado em Londres trabalhou como animador e diretor de animação freelance desde 1978, em estúdios como o de Richard Purdum, Passion Pictures e Folimage. Integrou equipes dos estúdios Disney em produções como *Mickey's Audition*, *A Bela e a Fera* e *Fantasia 2000*. Seu nome consta nos créditos do longa *Heavy Metal* e do curta *T.R.A.N.S.I.T.*, entre outros.

Ele dirigiu dois filmes pessoais antes que uma enxurrada de prêmios e uma indicação para o Oscar projetasse seu talento a bordo do curta *Le moine et le poisson*, em 1994. O belíssimo *Father and Daughter*, seis anos depois, consolidaria seu prestígio com um Oscar e a vitória nos principais festivais de animação do mundo.

O estilo de Dudok de Wit distingue-se pelas paisagens minimalistas, o traço quase caligráfico, os tons nostálgicos de seu colorido e a ausência de diálogos. A isso se somam temas que calam fundo na emoção do espectador. Se *Le moine et le poisson* evoca uma espiritualidade zen para tratar da obsessão, *Father and Daughter* engaja as paisagens abertas e vazias da Holanda para falar de separação, espera e reencontro.

Admirador tanto de Tintin quanto da animação da Europa Oriental e dos desenhos de monges budistas, Dudok de Wit é também um premiado ilustrador de livros e jogos de cartas, além de experiente conferencista em animação. Mas, apesar de todo sucesso, continua a produzir comerciais para sobreviver.

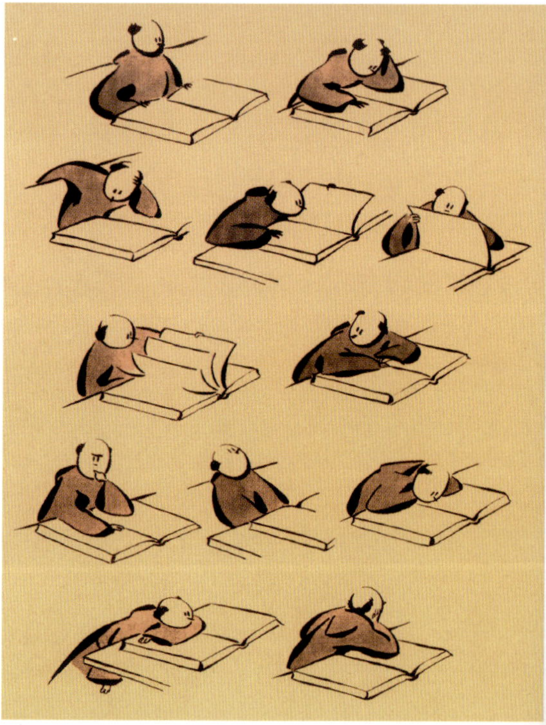

Pg. 186 Le Moine et le Poisson / The Monk and the Fish
Storyboard

Pg. 187 Le Moine et le Poisson / The Monk and the Fish, 1994
Traditional animation

Pg. 188 Le Moine et le Poisson / The Monk and the Fish, 1994
Traditional animation

Visual developments

Pg. 189 Father and Daughter, 2000
Traditional animation.

Storyboard

MICHAELA PAVLÁTOVÁ

Czech Republic
E-mail: mpavlatova@volny.cz

Etuda Z Alba / An Étude From the Album, 1987
Krizovka / The Crossword Puzzle, 1989
Reci, Reci, Reci, / Words, Words, Words, 1991
Uncles and Aunts, 1992
Repete, 1995
This Could Be Me, 1995
Az Naveky / Forever and Ever, 1998
O Babicce / On Grandma, 2000
Graveyard series, 2001
Taily Tales, 2002

First Prize - *Espinho,* 1990
Grand Prix - *Montréal and Valladolid,* 1991
Grand Prix and Audience Prize - *Stuttgart,* 1992
Silver Dove - *Leipzig,* 1992
First Prize - *Zagreb,* 1992
Prize of the Jury - *Stuttgart,* 1995
Special Prize of the Jury - *Annecy,* 1995
Golden Bear - *Berlin,* 1995
First Prize - *Tampere,* 1996 and 1998
Grand Prix - *Hiroshima,* 1996
Best Film - *Anima Mundi/Rio de Janeiro,* 1999
TV Special Prize - *Ottawa,* 1999
Best Animation for the Internet - *WAC Hollywood,* 2001

Cut out
Cell animation
Paintings under camera,
Different techniques combined with documentary film
"Total animation"

MICHAELA PAVLÁTOVÁ

www.michaelapavlatova.com

Humor, ironía, fuerte colorido y sorprendentes ideas hacen que el público se deleite con las animaciones de la checa Michaela Pavlátová, si bien sus películas también llevan a la reflexión sobre la dinámica de pareja, la institución familiar y la complicada tarea de vivir en sociedad.

Words, Words, Words recibió una nominación al Oscar por su inusitado argumento –la conversación que transcurre en un café por medio de un lenguaje animado de símbolos artísticos parece asumir personalidad propia– y por su comunicativa realización. En *Repete*, otro clásico contemporáneo que muestra la historia de tres parejas codificadas por el color azul, verde y rojo, presenta la rutina de la vida en pareja que, aunque por un lado se revela como un obstáculo inevitable, representa una garantía de seguridad.

Michaela Pavlátová nació en Praga, donde estudió en la Academia de Artes, Arquitectura y Diseño. Ha sido una estrecha colaboradora de Pavel Koutsky, con quien comparte la técnica bautizada como "animación total". A lo largo de los últimos años, ha dividido su tiempo entre la capital checa y los EE.UU., donde imparte clases de animación y a la vez hace uso de su talento para crear anuncios.

En 2000, la inquieta Pavlátová dirigió *On Grandma*, película en la que mezcla diferentes técnicas de animación con imágenes de archivo, en una combinación innovadora tanto para las películas de animación como para los documentales. Su reciente producción para Internet incluye la serie de animaciones en flash *Graveyard*, que se pueden ver en su sitio web. En 2003, lanzó su primer largometraje, *Faithless Games*, un melodrama sobre amor, fidelidad, sexo y nacionalismo, filmado con actores reales.

L'umorismo, l'ironia, i contenuti forti e le idee sorprendenti fanno sì che il pubblico si diverta molto con le animazioni dell'artista ceca Michaela Pavlátová. I suoi film contengono anche riflessioni sulla coppia, sull'istituzione della famiglia e sulla complessità di vivere nella società odierna.

Il suo lavoro *Words, Words, Words* ricevette una candidatura all'Oscar per la sua tematica non comune- si tratta di una conversazione che avviene in un bar attraverso un linguaggio animato di simboli artistici che sembra assumere una personalità propria- e per una realizzazione molto comunicativa. In *Repete*, altro classico dei nostri giorni, mostra la storia di tre coppie designate con i colori azzurro, verde e rosso, presentandone la routine monotona della vita a due che, nonostante si riveli essere un ostacolo, rappresenta una garanzia di sicurezza.

Michaela Pavlátová è nata a Praga dove ha studiato all'Accademia d'Arte, Architettura e Disegno. Ha collaborato strettamente con Pavel Koutsky, con il quale condivide la tecnica che hanno battezzato "animazione totale". Negli ultimi anni ha diviso il suo tempo tra la capitale ceca e gli Stati Uniti, dove imparte lezioni d'animazione e crea annunci pubblicitari, facendo mostra del suo talento.

Nel 2000, Pavlátová diresse *On Grandma*, un film in cui fonde le diverse tecniche dell'animazione con immagini d'archivio, in una combinazione del tutto innovativa per i documentari. La recente produzione per Internet include la serie d'animazioni fatte con Flash *Graveyard*, accessibili sul suo sito web. Nel 2003, lanciò il suo primo lungometraggio, *Faithless Games*, filmato con attori veri, un melodramma sull'amore, la fedeltà, il sesso e il nazionalismo.

Humor, ironia, colorido forte e idéias surpreendentes fazem o público se deliciar com as animações da tcheca Michaela Pavlátová. Mas também o fazem refletir sobre a dinâmica dos casais, a instituição familiar e a complicada tarefa de viver em sociedade.

Words, Words, Words recebeu uma indicação para o Oscar por seu inusitado argumento – os termos de uma conversa num café parecem assumir personalidade própria – e sua comunicativa realização. Em *Repete*, outro clássico contemporâneo, a rotina da vida a dois revela-se um obstáculo incontornável, mas ao mesmo tempo uma garantia de segurança, através da história de três casais codificados pelas cores azul, verde e vermelho.

Michaela Pavlátová nasceu em Praga e se formou na Academia de Artes, Arquitetura e Design local. Foi estreita colaboradora de Pavel Koutsky, com quem compartilha a técnica batizada de "animação total". Nos últimos anos, tem dividido seu tempo entre a capital tcheca e os EUA, onde leciona animação e aplica seu talento também na criação de comerciais.

Em 2000, a irrequieta Pavlátová dirigiu *On Grandma*, em que mescla diferentes técnicas de animação com imagens de arquivo numa combinação inovadora tanto para o filme animado como para o documentário. Sua recente produção para a internet inclui a série *Graveyard* e diversas animações em flash, que podem ser vistas no seu website. Em 2003, lançou seu primeiro longa-metragem, *Faithless Games*, melodrama sobre amor, fidelidade, sexo e nacionalismo, filmado com atores ao vivo.

7205-8
Michaela Pavlátová 1995

LOUKA, CVRČENÍ
1
ŠUSTĚNÍ V TRÁVĚ BĚŽÍ PES (VE ZVUKU)
PES ODDYCHUJE S VYPLAZENÝM JAZYKEM
RUCE VÁŽOU UZEL NA ŠŇŮŘE
ZVUK LOUKY UTICHNE
2 RUKA POHLADÍ PSA ZA UŠIMA
3 PÁN SE PSEM SE DÁ DO KROKU
SPUSTÍ SE PRAVIDELNÝ RYTMUS
ULICE - LIDÉ SE MÍJEJÍ
A) PÁN SE PSEM
B) SLEČNA
PÁN SE ZASTAVÍ, POZDRAVÍ JI. POKRAČUJE.
C) PŘEJEDE PÁN NA KOLE (ZVONĚNÍ)
PÁN SE PSEM ODCHÁZÍ
SPĚCHAJÍCÍ PÁN - DÍVÁ SE NA HODINKY
4 KUCHYNĚ
SCÉNA S KRMENÍM NA 4 DOBY (OPAKUJE SE)
5 ULICE
MÍJENÍ A-B-C-D
6 OBÝVÁK 3×
4/4 SCÉNA S VĚŠENÍM (OPAKUJE SE)
7 ULICE
SLEČNA SE OTOČÍ PO PÁNOVI
8 LOŽNICE
OPAKOVÁNÍ 3×
9 ULICE
10 KUCHYNĚ
11 OBÝVÁK
12 LOŽNICE
13 ULICE
14 PES SE NÁHLE VZPŘÍČÍ, ZASTAVÍ
HUDBA SE ZADRHNE
ZVUK + LOUKA
PES NASLOUCHÁ ZVUKU CVRČKŮ

PÁN S PSEM POKRAČUJÍ V CHŮZI (ULICE)
15
16 KUCHYNĚ
PRAVIDELNÉ KRMENÍ
NÁHLE SE PANÍ VZEPŘE
ZVUK...
HUDBA ZTICHNE
PÁN SE DÍVÁ PŘEKVAPENĚ
17 ŽENA ZASNĚNĚ POOTOČÍ HLAVU
CVRČCI NASLOUCHÁ JEJICH HLASU
PÁN ZABOUCHÁ PĚSTÍ
ŽENA SE OTOČÍ
CVRČCI ZMLKNOU, HUDBA
18 CHCE POKRAČOVAT V KRMENÍ, ALE PODÁVÁ LŽÍCI VŽDY VE ŠPATNOU CHVÍLI
- ZA CHVÍLI SE ZESYNCHRONIZUJÍ
ULICE
SLEČNA SE MARNĚ ROZHLÍŽÍ PO PÁNOVI
← SMYK
19 TEN TÁHNE VZPÍRAJÍCÍHO SE PSA
20 OBÝVÁK
PRAVIDELNÁ SCÉNA S VĚŠENÍM
ŽENA ODCHÁZÍ
OZVE SE ZVUK...
HUDBA ZTICHNE
PÁN VYČKÁVÁ, DÍVÁ SE NA HODINKY, OTOČÍ SE
← SMYK, S NÍM VEJDOU CVRČCI
21 PANÍ VZDORUJE. PÁN VOLÁ (HVÍZDÁ) ONA JEN VZDORNĚ OTOČÍ HLAVU
PÁN ZAVOLÁ
CVRČCI UMLKNOU, OBNOVÍ SE HUDBA
22 PANÍ LOUDAVĚ DOJDE, PŘESTŘIHNE SMYČKU, ZASE SE ZESYNCHRONIZUJÍ
23 ULICE
PÁN TÁHNE PSA
ZBYLÍ LIDÉ NA ULICI SE POTKÁVAJÍ V JINÉM POŘADÍ
24 LOŽNICE
PRAVIDELNÉ OBJÍMÁNÍ PŘERUŠÍ TELEFON
25
CVRČCI
POMALU POLOŽÍ SLUCHÁTKO
HUDBA
26 ŽENA SE ZASNĚNĚ VRACÍ
CHCE POKRAČOVAT, ALE VŽDY, KDYŽ NATÁHNE RUCE PO PÁNOVI, TEN JI NEVNÍMÁ - A NAOPAK

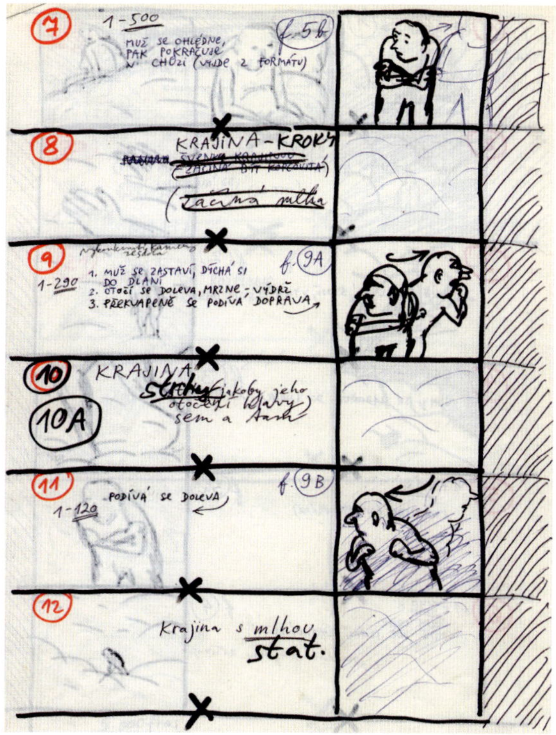

Pg. 191
Repete, 1995
Traditional animation

Repete
Storyboard

Pg. 192 Az Naveky / Forever and Ever, 1998
Traditional animation

Pg. 193 Az Naveky / Forever and Ever, 1998
Traditional animation

Az Naveky / Forever and Ever
Storyboard

NATIONAL FILM BOARD OF CANADA

Canada
3155 Côte de Liesse Road,
Ville Saint Laurent,
Montréal, Quebec H4N 2N4

Special Delivery, 1978
Chaque enfant / Every Child, 1980
Paradis / Paradise, 1985
The Big Snit, 1985
Animando, 1987
The Cat Came Back, 1988
Droits au cœur / Rights from the Heart, 1992
Bob's Birthday, 1995
Dinner for Two, 1997
La plante humaine / The Human Plant, 1997
When the Day Breaks, 1999
Le chapeau / The Hat, 1999
Une leçon de chasse / A Hunting Lesson, 2001

Academy Awards - 1953/ 1978/ 1980/ 1989/ 1993/ 1995/ 1999
Best Animated Short - *Cannes,* 1953/ 1955/ 1999
Prize for Animation in a Documentary - *Cannes,* 1957
Special Jury Award - *Cannes,* 1976
Best Selection - *Annecy,* 1977/1979
Jean Renoir Humanities Award - *Los Angeles,* 1978
Special Achievement Genie Award - *Toronto,* 1989
Don Quichotte Prize - *Annecy,* 1989
Special Prize - *FestRio Brazil,* 1989
Silver Bear - *Berlin,* 1985/1990
Unicef Award - *Berlin,* 1997

Drawn and painted animation
Pixilation
Puppet animation
Paper cut-outs
Pinscreen
Engraving on film
Computer graphics

NFB NATIONAL FILM BOARD OF CANADA

www.nfb.ca

Para todos los que aspiran a hacer de la animación una manifestación personal y un gesto de independencia, el National Film Board de Canadá representa una especie de paraíso terrenal. La regla de oro de la institución es estimular las creaciones de autor, la expresión artística y la investigación con nuevos lenguajes.

El National Film Board fue fundado en 1939 por el documentalista John Grierson. Posteriormente, en 1941, el genial McLaren introdujo el departamento de animación, en el que lideró una auténtica revolución en el género. La contribución del National Film Board en el desarrollo de diferentes técnicas de animación es inestimable –de la intervención directa sobre la película cinematográfica a las primeras experiencias en animación digital: *Metadata*, 1971 y *Hunger*, 1973–. Entre 1986 y 1992, las producciones del National Film Board sirvieron como plataforma para probar el *software* más avanzado del momento. Hoy en día, la producción para Internet ocupa un lugar destacado en la institución.

El interés por las nuevas tecnologías siempre ha convivido con la valoración de los aspectos artesanales de la animación, según lo que predican McLaren y René Jodoin –el primer director de la unidad de producción francófona, creada en 1966–. La noción de vanguardia anima a los creadores ligados al National Film Board, así como el ideal de incluir a jóvenes talentos, mujeres y animadores de países menos favorecidos. Paralelamente a la orientación nacionalista de promover la cultura canadiense, el National Film Board ha tenido un papel fundamental en la propagación del cine de autor por todo el mundo a través de coproducciones y programas de cursos y prácticas para artistas extranjeros prometedores.

El gran reconocimiento por parte de la comunidad internacional eleva a este organismo público canadiense a la condición de tesoro del patrimonio de la animación. Asimismo, su currículo de premios individuales e institucionales es el mayor de todas las entidades del mundo relacionadas con la animación.

A continuación, se presenta el perfil de algunos de los directores de animación vinculados en la actualidad al National Film Board de Canadá.

Per tutti coloro che aspirano a fare dell'animazione un modo di espressione personale e un gesto d'indipendenza, il National Film Board del Canada rappresenta una specie di paradiso terrestre. Infatti la regola d'oro di questa istituzione è stimolare le creazioni d'autore, l'espressione artistica e la ricerca di nuovi linguaggi.

Il National Film Board fu fondato nel 1939 dal documentarista John Grierson. In seguito, nel 1941, il geniale McLaren introdusse il dipartimento d'animazione, all'interno del quale diresse una vera e propria rivoluzione del genere. Il contributo apportato dal National Film Board allo sviluppo delle differenti tecniche d'animazione è considerevole: dall'intervento diretto sulla pellicola cinematografica, alle prime esperienze nell'animazione digitale come *Metadata*, del 1971 e *Hunger*, del 1973. Tra il 1986 e il 1992, le produzioni del National Film Board sono servite da piattaforma per provare il software più avanzato del momento. Oggi le produzioni per Internet occupano un ruolo rilevante nell'istituzione.

L'interesse per le nuove tecnologie è coesistito sempre con la presa in considerazione degli aspetti artigianali dell'animazione, nel rispetto delle convinzioni di McLaren e René Jodoin, il primo direttore dell'unità di produzione francofona, creata nel 1966. La nozione di avanguardia anima i creatori legati al National Film Board, così come esalta l'obiettivo di includere giovani talenti, donne e animatori di paesi meno fortunati.

In contemporanea con il mantenimento di un orientamento nazionalista volto alla promozione della cultura canadese, il National Film Board ha giocato un ruolo fondamentale nel diffondere il cinema d'autore in tutto il mondo, per mezzo di co-produzioni e programmi di corsi e pratiche per promettenti artisti stranieri. Il grande riconoscimento da parte della comunità internazionale eleva quest'organismo pubblico canadese alla condizione di tesoro del patrimonio dell'animazione. Allo stesso modo, il curriculum di premi individuali e istituzionali è il più ricco di qualsiasi altra entità del mondo relativa all'animazione.

A seguire, si presenta il profilo di alcuni dei registi d'animazione attualmente vincolati al National Film Board del Canada.

Para todos os que almejam fazer da animação uma manifestação pessoal e um gesto de independência, o National Film Board do Canadá representa uma espécie de paraíso na terra. A regra de ouro da instituição é estimular a criação autoral, a expressão artística e a pesquisa de novas linguagens.

O NFB foi fundado em 1939 pelo documentarista John Grierson. Em 1941, o genial Norman McLaren introduziu o departamento de animação e liderou uma verdadeira revolução no gênero. A contribuição do NFB para o desenvolvimento das técnicas de animação é inestimável – da intervenção direta sobre a película cinematográfica às primeiras experiências com a animação computadorizada (*Metadata*, 1971, e *Hunger*, 1973). Entre 1986 e 1992, as produções do NFB foram plataforma de testes dos softwares mais avançados da época. Hoje em dia, a produção para a internet ocupa lugar de destaque na instituição.

O interesse pelas novas tecnologias sempre conviveu com a valorização dos aspectos artesanais da animação, conforme as lições pregadas por McLaren e René Jodoin, primeiro diretor da unidade de produção francófona, criada em 1966. A noção de vanguarda anima os criadores ligados ao NFB, assim como os ideais de inclusão de jovens talentos, mulheres e animadores de países menos favorecidos. Lado a lado com a orientação nacionalista de promover a cultura canadense, o NFB tem tido um papel fundamental na disseminação do cinema autoral em todo o mundo, através de co-produções e programas de cursos e estágios para artistas promissores estrangeiros.

O currículo de prêmios individuais e institucionais é o maior dentre todos os organismos envolvidos com a animação no mundo. O reconhecimento carinhoso da comunidade internacional eleva essa agência pública canadense à condição de tesouro do patrimônio da animação.

A seguir, o perfil de importantes diretores de animação vinculados atualmente ao National Film Board do Canadá.

Continental Drift, 1968
Oddball, 1969
Matrioska, 1970
Tchou-tchou, 1972
Le château de sable / The Sand Castle, 1977
Charles and François, 1987
La boîte / The Box, 1989
Le jardin d'ecos / The Garden of Ecos, 1996
Four Seasons in the Life of Ludovic, 1998-2002
Le théâtre de Marianne, 2004

Academy Award, 1978
Special Jury Award - *Espinho,* 1987
Klingsor Prize for the body of work - *Bratislava,* 1999

NFB/CO HOEDEMAN

Nacido en Holanda, Co Hoedeman emigró a Canadá a los 25 años y estudió animación de muñecos en la antigua Checoslovaquia. Su interés se centra en la observación de los movimientos y los comportamientos humanos, así como de las interacciones sociales. Los bañistas de una playa o un niño entretenido con un juguete pueden servirle de inspiración para algunos minutos de poesía animada. Cuatro de sus películas las realizó en estrecha colaboración con artistas Inuit. En otras, prevalece la búsqueda de innovaciones técnicas en la manipulación de objetos y muñecos. *The Sand Castle*, ganador de un Oscar, se convirtió en un clásico de la animación con arena. Con sus historias al mismo tiempo sencillas y mágicas, Hoedeman pretende conducir al espectador adulto de regreso "al jardín de nuestra infancia".

Nato in Olanda, Co Hoedeman emigrò in Canada all'età di 25 anni e studiò animazione di pupazzi nell'ex-Cecoslovacchia. Hoedeman è molto interessato all'osservazione dei movimenti e dei comportamenti umani, così come a quella dei rapporti sociali. I bagnanti di una spiaggia o un bambino che si intrattiene con un giocattolo, possono servirgli da ispirazione per alcuni minuti di poesia animata. Ha realizzato quattro dei suoi film in stretta collaborazione con artisti Inuit e in altri lavori prevale la ricerca d'innovazioni tecniche nella manipolazione di oggetti e pupazzi. Il suo lavoro *The Sand Castle*, vincitore di un Oscar, si trasformò in un classico dell'animazione fatta con la sabbia. Con le sue storie, al tempo stesso semplici e magiche, Hoedeman vorrebbe invitare lo spettatore adulto a ritornare al "giardino della nostra infanzia".

Nascido na Holanda, Co Hoedeman emigrou para o Canadá aos 25 anos e estudou animação de bonecos na antiga Tchecoslováquia. Seu interesse recai na observação dos movimentos e comportamentos humanos e das interações sociais. Os banhistas numa praia ou uma criança entretida com seu brinquedo podem inspirá-lo para alguns minutos de poesia animada. Quatro de seus filmes foram feitos em estreita colaboração com artistas Inuit. Em outros, prevalece a busca de inovações técnicas na manipulação de objetos e bonecos. *The Sand Castle*, ganhador de um Oscar, tornou-se um clássico da animação com volumes de areia. Com suas histórias ao mesmo tempo simples e mágicas, Hoedeman pretende conduzir o espectador adulto de volta "ao jardim da nossa infância".

Pg. 196 Quatre saisons dans la vie de Ludovic / Four Seasons in the Life of Ludovic, 1998-2002
Puppet animation

Pg. 197 La boîte / The Box, 1989
Puppet animation

The Cat Came Back, 1988
Strange Invaders, 2001

Génie Award, 1988
First Prize Debut Works - *WAC/USA,* 1988
Best Humour, Best Music and Audience Awards - *Zagreb,* 1988
Gold World Medal - *New York,* 2001
Grand Prize - *Castelli Animati/Rome,* 2001

NFB/CORDELL BAKER

Sólo ha hecho dos cortometrajes personales, pero han sido dos tiros al blanco. *The Cat Came Back*, versión animada de una antigua canción del folclore canadiense sobre un anciano que hace de todo para librarse de un gato, y *Strange Invaders*, sobre el lado oscuro de la paternidad, se convirtieron inmediatamente en clásicos de la comedia de animación. Ambos los produjo el National Film Board, fueron nominados al Oscar y ganaron innumerables premios en festivales internacionales. No obstante, el canadiense Cordell Barker ha pasado la mayor parte del tiempo en el trajín de los anuncios publicitarios, disputado por los grandes estudios americanos y canadienses. Fue escogido para representar a Canadá en la famosa serie "180" de películas institucionales de Nike y ha dirigido anuncios de Bell Telephone y Coca-Cola, entre muchas otras empresas. Su particularidad radica en considerar que en animación los tiempos, la historia y el color son más importantes que el propio dibujo.

Ha realizzato solo due cortometraggi, che però sono diventati due lavori di successo. *The Cat Came Back*, la versione animata di un'antica canzone del folclore canadese che parla di un anziano che fa di tutto per liberarsi di un gatto e *Strange Invaders*, sul lato oscuro della paternità, divennero immediatamente dei classici della commedia d'animazione. Prodotti dal National Film Board, furono candidati all'Oscar e vinsero numerosi premi in festival internazionali. Ciò malgrado, il canadese Cordell Barker ha passato la maggior parte del tempo occupandosi d'annunci pubblicitari, conteso dai più grandi studi americani e canadesi. Fu scelto per rappresentare il Canada nella famosa serie di film istituzionali della Nike "180" e ha diretto annunci pubblicitari per, tra gli altri, Bell Telephone e Coca-Cola. La sua particolarità risiede nella considerazione che nell'animazione i tempi, la storia ed il colore sono più importanti del disegno stesso.

Ele só fez dois curtas pessoais. Mas foram dois tiros na mosca. *The Cat Came Back*, versão animada de uma velha canção folclórica canadense sobre um velho que faz de tudo para se ver livre de um gato, e *Strange Invaders*, sobre o lado negro da paternidade, tornaram-se clássicos instantâneos da comédia animada. Ambos foram produzidos no NFB, indicados ao Oscar e ganharam inúmeros prêmios em festivais. O canadense Cordell Barker, porém, tem passado a maior parte do tempo no lufa-lufa dos comerciais, disputado por grandes estúdios americanos e canadenses. Foi escolhido para representar o Canadá na famosa série "180" de filmetes institucionais da Nike. Tem dirigido anúncios da Bell Telephone, Coca-Cola etc. Ele considera, em animação, o timing, a história e a cor mais importantes que o próprio desenho.

Pg. 198 The Cat Came Back (storyboard), 1988
Traditional animation

Pg. 199 Strange Invaders, 2001
Traditional animation
© National Film Board of Canada

Second Class Mail, 1984
George and Rosemary, 1987
In and Out, 1989
Bob's Birthday, 1995
Bob and Margaret (series), 1998-2001

Best First Film - *Annecy*, 1985
Jury Award - *Montréal*, 1987
Génie Award, 1988/1993
Best Short - *Zagreb*, 1988
Best Short - *Berlin*, 1990
Academy Award, 1993
Best Short - *Annecy*, 1994
Best Short in category - *Espinho*, 1993
First Prize Primetime - *WAC/USA*, 2002

NFB/DAVID FINE & ALISON SNOWDEN

La inglesa Alison Snowden y el canadiense David Fine se conocieron en la National Film and Television School de Londres y ambos embarcaron durante una temporada en el National Film Board de Canadá. Se les conoce como Snowden and Fine, una unidad que parece haber repercutido en animaciones apasionantes como el corto *George and Rosemary* y la serie de televisión *Bob and Margaret*. La serie, con 26 episodios que tienen lugar en Londres y 26 en Canadá, se basa en el corto *Bob's Birthday*, donde la hilarante historia de una fiesta sorpresa acaba en una situación enormemente embarazosa. Esta coproducción con el National Film Board ganó el Oscar al mejor cortometraje de animación. Las películas de Snowden and Fine abordan las diferentes fases de la vida humana con un humor muy fino y una percepción social penetrante.

L'inglese Alison Snowden ed il canadese David Fine, si conobbero alla National Film and Television School di Londra ed entrambi lavorarono per un qualche tempo nel National Film Board del Canada. Sono conosciuti come "Snowden and Fine", un'unità che ha partecipato in animazioni appassionanti come il cortometraggio *George and Rosemary* e la serie televisiva *Bob and Margaret*. Questa serie, che consta di 26 episodi ambientati a Londra e di altri 26 ambientati in Canada, si basa sul cortometraggio *Bob's Birthday*, in cui l'esilarante storia di una festa a sorpresa si trasforma in una situazione estremamente imbarazzante. Questa co-produzione con il National Film Board ottenne l'Oscar al migliore cortometraggio d'animazione. I film di Snowden and Fine affrontano diverse fasi della vita umana con un umorismo sottile ed una acuta percezione degli aspetti sociali.

A inglesa Alison Snowden e o canadense David Fine se conheceram na National Film and Television School de Londres e juntos embarcaram para um período no National Film Board do Canadá. Suas carreiras formaram a unidade conhecida como Snowden and Fine, que parece ecoar em animações apaixonantes como o curta *George and Rosemary* e a série de TV *Bob and Margaret*. A série, com 26 episódios passados em Londres e 26 no Canadá, baseia-se no curta *Bob's Birthday*, a hilariante história de uma festa-supresa que acaba em situação de enorme constrangimento. Esta co-produção com o NFB ganhou um Oscar de curta animado, façanha quase antecipada com as nomeações dos dois primeiros trabalhos da dupla. Os filmes de Snowden and Fine abordam as várias fases da vida humana com um humor fino e uma percepção social penetrante.

Pg. 200 Bob's Birthday, 1995
Traditional animation

Pg. 201 George and Rosemary, 1987
Traditional animation

Trois exercices sur l'écran d'épingles d'Alexeieff / Three Exercises on Alexeieff's Pinscreen, 1974
Le paysagiste / Mindscape, 1976
L'heure des anges / Nightangel, 1986
Ex-enfant / Ex-Child, 1994
Une leçon de chasse / A Hunting Lesson, 2001
Imprints, 2004

Special Jury Award - *Espinho,* 1986
Silver Toucan - *FestRio,* 1986
Unicef Award - *WAC/USA,* 1997
Children's Jury Award - *Chicago,* 2002

NFB/JACQUES DROUIN

Considerado el maestro mundial de la animación en pantalla de alfileres, el canadiense Jacques Drouin se mantiene fiel a esta técnica desde que en 1967 conoció, maravillado, el aparato inventado por Alexander Alexeieff y Claire Parker. Quedó clara dicha admiración incluso en el primer título de sus experiencias en el National Film Board. En *Mindscape*, Drouin utiliza el efecto de grabado obtenido con un bosque de alfileres para expresar el mundo imaginario de un pintor. Su obra maestra sea tal vez *A Hunting Lesson*, en la que alcanza la sublime representación del paso del tiempo y de los paisajes africanos y canadienses. Drouin tiene una memorable colaboración con el checo Bretislav Pojar y sus muñecos en *Nightangel*. Su actuación en el National Film Board va más allá de sus películas personales, configurando una participación histórica en el currículo de la institución.

Considerato universalmente il maestro dell'animazione con la tecnica dello "schermo di spilli", il canadese Jacques Drouin si mantiene fedele a questo ritrovato sin dal 1967 quando scoprì, meravigliato, l'apparecchio inventato da Alexander Alexeieff e Claire Parker. Quest'ammirazione è evidente anche nel primo dei suoi lavori nel National Film Board, *Mindscape*, dove Drouin utilizza l'effetto di una registrazione ottenuta con un bosco di spilli, per esprimere il mondo immaginario di un pittore. Probabilmente la sua opera maestra è *A Hunting Lesson*, in cui rappresenta in modo sublime il trascorrere del tempo e i paesaggi africani e canadesi. In *Nightange*, Drouin mantiene una memorabile collaborazione con il cecoslovacco Bretislav Pojar e i suoi pupazzi. La sua attività nel National Film Board va oltre i suoi film personali, includendo anche una partecipazione storica nel curriculum di quest'istituzione.

Considerado o mestre mundial da animação em tela de alfinetes, o canadense Jacques Drouin mantém-se fiel a essa técnica desde 1967, quando, encantado, conheceu o aparelho inventado por Alexander Alexeieff e Claire Parker. Ele deixou clara essa admiração já no título de suas primeiras experiências no NFB. Em *Mindscape*, Drouin utiliza o efeito de gravura obtido com sua floresta de alfinetes para exprimir o mundo imaginário de um pintor. Sua obra-prima talvez seja *A Hunting Lesson*, onde ele atinge o sublime na representação da passagem do tempo e das paisagens africanas e canadenses. Drouin teve uma memorável colaboração com o tcheco Bretislav Pojar e seus bonecos em *Nightangel*. Sua atuação no NFB vai bem além dos seus filmes pessoais, configurando já uma participação histórica no portifólio da instituição.

Pg. 202 Ex-enfant / Ex-Child, 1994
Pinscreen
© National Film Board of Canada

Pg. 203 Une leçon de chasse / A Hunting Lesson, 2001
Pinscreen
© National Film Board of Canada

Why Me?, 1977
The Tender Tale of Cinderella Penguin, 1981
Three Men in a Kitchen , 1994
My Favourite Things That I Love, 1994
Dinner for Two, 1996
Bully Dance, 2000
Penguins Behind Bars, 2003

Emmy Award - 1984
Special Jury Award - *Ottawa*, 1994
Grand Prize of the Americas - *Montréal*, 1996
Unicef Prize - *Berlin*, 1997
Best Animated Film - *Chicago*, 1997
Best Children's Film - *Zagreb*, 1998
First Prize Adult Jury - *Chicago*, 2001
Montréal Grand Prize, 2002

NFB/JANET PERLMAN

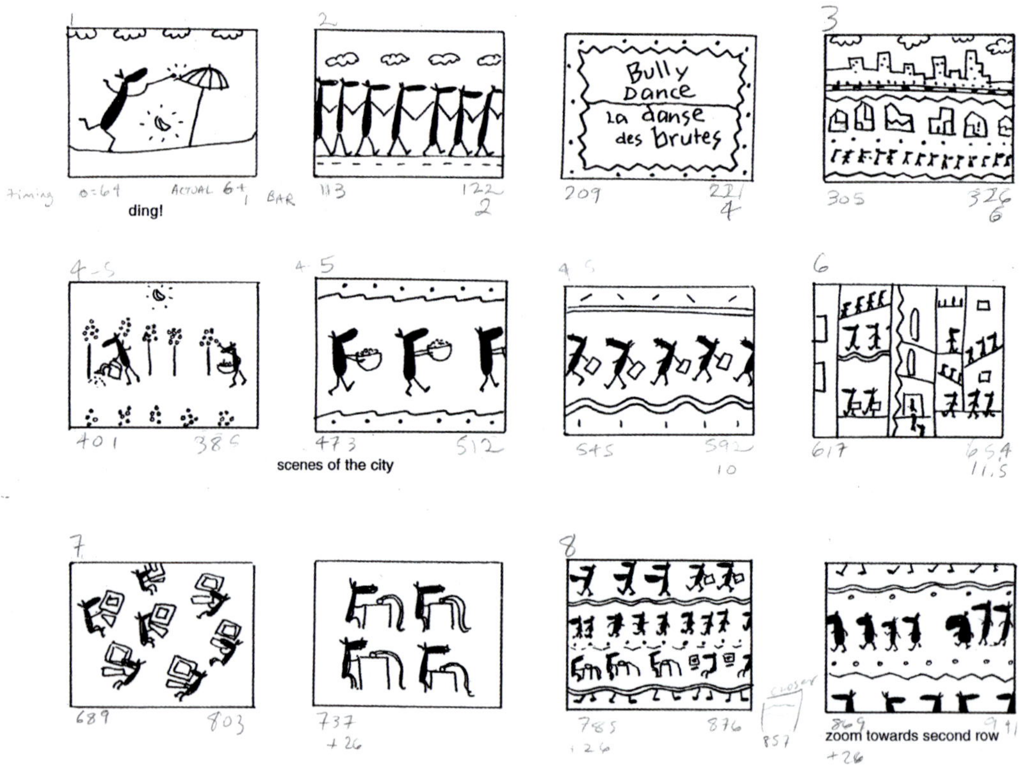

Desde que descubrió, en plena adolescencia, que no todo eran cuentos de hadas y animalitos que podían hablar, Janet Perlman se dedica a la animación. A los 18 años fue contratada por el National Film Board y no dudó en animar alegres elfos y pingüinos bailarines. No obstante, su obra también estaría marcada por temas bastante dramáticos, como la resolución de conflictos, el acoso o la proximidad de la muerte. Todo ello tratado, en la medida de lo posible, con mucho humor. Perlman realizó algunos episodios del programa Barrio Sésamo y fue la directora artística de la serie *ShowPeace* del National Film Board. Casi todas sus películas han sido animadas en 2D y utilizan la música como un factor primordial que muchas veces antecede y orienta la creación de las imágenes. Por otro lado, cabe resaltar que Perlman nunca ha abandonado los pingüinos –que incluso fueron nominados al Oscar en 1982–, que aparecen en cuatro libros escritos e ilustrados por ella misma y en un reciente especial de televisión.

Janet Perlman si dedica all'animazione sin dal momento in cui, adolescente, si rese conto che la vita non era una favola piena di fate ed animaletti capaci di parlare. A diciotto anni fu assunta dalla National Film Board e non esitò un attimo a dare vita ad allegri elfi e a pinguini ballerini. Tuttavia, la sua opera è sempre stata marcata anche da temi fortemente drammatici, come la risoluzione di conflitti, le molestie sessuali o la vicinanza della morte. Tutto ciò trattato, dove possibile, con molto umorismo. Perlman realizzò alcuni episodi del programma "The Muppet Show" e fu la direttrice artistica della serie *ShowPeace* del National Film Board. Quasi tutti i suoi film sono stati animati in 2D e utilizzano la musica come elemento prioritario, che molte volte anticipa e orienta la creazione delle immagini. D'altro canto, bisogna risaltare che Perlman non ha mai abbandonato i pinguini, che furono persino candidati all'Oscar nel 1982 e che appaiono in quattro libri scritti e illustrati da lei stessa e in un recente programma speciale per la televisione.

Desde que descobriu, ainda na adolescência, que nem tudo eram contos de fadas e bichinhos falantes, Janet Perlman disse sim à animação. Aos 18 anos, foi contratada pelo NFB e não hesitou em animar elfos felizes e pingüins dançantes. Mas sua obra também seria marcada por temas bem mais dramáticos, como resolução de conflitos, intimidação (*bullying*), a proximidade da morte etc. Tudo tratado, até onde possível, com muito humor. Janet realizou episódios do programa *Vila Sésamo* e foi diretora de criação da série *ShowPeace*, do NFB. Quase todos os seus filmes foram feitos em animação 2D e têm na música um fator primordial, que muitas vezes antecede e orienta a criação das imagens. Bem, os pingüins nunca foram desprezados. Eles aparecem em quatro livros escritos e ilustrados por Janet, além de um recente especial de TV. E foram até indicados para o Oscar, em 1982.

Pg. 204 Bully Dance (storyboard), 2000
© National Film Board of Canada

Pg. 205 Dinner for Two, 1996
Traditional animation

Films	Awards
Spinnolio, 1977	**Academy Award,** 1978
Special Delivery, 1978	**Genie Award,** 2002
Real Inside, 1984	
Of Dice and Men, 1988	
To Be, 1990	
The Lump, 1991	
Scant Sanity, 1996	
Frank the Wrabbit, 1998	
The Hungry Squid, 2002	
Home Security, 2004	

NFB/JOHN WELDON

Ha colaborado en cerca de 50 producciones del National Film Board de Canadá y ha dirigido más de 12 cortos premiados, donde trata un humor negro muy especial. *Special Delivery*, que ganó un Oscar y que fue realizado a cuatro manos junto con Eunice Macaulay, mostraba las desventuras de un pobre cartero. John Weldon intenta transmitir mensajes importantes con sus películas, sea desde el punto de vista filosófico, moral o personal y, en el fondo, no le importa si el público se divierte o no, como dicta la vieja tradición de la comedia bufa. El realizador ha creado una parodia inolvidable de Pinocho en *Spinnolio* y, en *Real Inside*, anticipó la mezcla de animación con acción real de *Roger Rabbit*. Sea cual sea la técnica utilizada –dibujo, muñecos, informática–, Weldon está interesado en hacer pensar mediante el humor o, más exactamente, hacer reír con el universo del pensamiento.

Ha collaborato a circa 50 produzioni del National Film Board del Canada e ha diretto oltre 12 cortometraggi pluripremiati, in cui il suo peculiare umorismo nero risalta in una maniera molto speciale. In *Special Delivery*, che ha vinto un Oscar e che fu realizzato a quattro mani con Eunice Macaulay, mostrava le disavventure di un povero postino. John Weldon cerca di trasmettere messaggi importanti attraverso i suoi film, sia da un punto di vista filosofico, morale o personale e, in fondo, non si preoccupa troppo del divertimento del pubblico, come detta l'antica tradizione della commedia buffa. Questo realizzatore ha creato, in *Spinnolio*, una indimenticabile parodia di Pinocchio e in *Real Inside* è stato uno dei primi a fondere l'animazione con l'azione reale, anticipando la tecnica utilizzata in *Roger Rabbit*. Indipendentemente dalla tecnica utilizzata, sia essa il disegno, i pupazzi, o l'animazione al computer, Weldon è interessato a far pensare mediante l'umorismo o, più esattamente, a far ridere pensando.

Colaborou em cerca de 50 produções do National Film Board do Canadá e dirigiu mais de 12 curtas premiados, onde veicula um humor negro todo especial. *Special Delivery*, realizado a quatro mãos com Eunice Macaulay, mostrava as desventuras de um pobre carteiro e ganhou um Oscar. John Weldon quer dizer coisas importantes com seus filmes, seja do ponto de vista filosófico, moral ou pessoal. Mas não se importa se o público apenas se divertir com eles, na velha tradição da comédia pastelão. Ele engendrou uma paródia inesquecível de Pinnochhio em *Spinnolio* e, em *Real Inside*, antecipou a mescla de animação e ação ao vivo de *Roger Rabbit*. Seja qual for a técnica utilizada – desenho, bonecos, computação –, Weldon está interessado em fazer pensar através do humor. Ou, melhor ainda, fazer rir com o universo dos pensamentos.

Pg. 206 Home Security, 2004
Sketches

Pg. 207 Scant Sanity, 1996
© National Film Board of Canada

Toccata, 1978
Old Orchard Beach, P.Q., 1981
Dolorosa, 1988
La basse cour / A Feather Tale, 1992
Une artiste / An Artist, 1994
Le chapeau / The Hat, 1999
Accordéon, 2004

Best Short - *Montréal,* 1992
Best Film 5-30 min - *Zagreb,* 1994
Best Canadian Short - *Toronto,* 2000
Fipresci Prize - *Annecy,* 1999
Special Jury Award - *Ottawa,* 1999
Special Jury Prize - *WAC/USA,* 1999
Jutra Award, 1999

NFB/MICHÈLE COURNOYER

La relación entre hombre y mujer no es un camino de rosas en la obra de la canadiense Michèle Cournoyer. Con pinceladas rápidas y duras de tinta negra sobre papel ha tratado temas difíciles como la supervivencia al incesto –en *Le chapeau*– y la victimización sexual femenina –en *La basse cour*–. Cournoyer trabaja sin guión gráfico, siguiendo el flujo salvaje de ideas que se materializan en metamorfosis atrevidas y metáforas contundentes. Antes de vincular su carrera al National Film Board, fue directora artística y guionista de varias películas de la Nouvelle Vague de Québec y ya seguía una carrera independiente con los cortos de animación. En la actualidad, gracias al uso de técnicas híbridas que van del diseño tradicional al diseño digital, es una de las practicantes de animación experimental más renombradas. En *Accordéon*, una mujer se abandona completamente a la lujuria de un ordenador. La película fue pintada sencillamente sobre papel.

La relazione tra uomo e donna non è una strada in discesa nell'opera della canadese Michèle Cournoyer. Con dure e rapide pennellate di pittura nera, ha trattato temi difficili come sopravvivere all'incesto, in *Le chapeau* e la vittimizzazione sessuale femminile, in *La basse cour*. Cournoyer lavora senza una sceneggiatura grafica, seguendo il flusso selvaggio delle idee che si materializzano in metamorfosi coraggiose e contundenti. Prima di vincolare la sua carriera al National Film Board, fu direttrice artistica e sceneggiatrice di vari film della Nouvelle Vague del Québec e consolidò la sua carriera indipendente nei cortometraggi d'animazione. Attualmente, grazie all'uso di tecniche ibride che vanno dal disegno tradizionale al disegno digitale, è una delle animatrici sperimentali più conosciute. In *Accordéon*, un film che fu semplicemente dipinto su carta, una donna si abbandona completamente alla lussuria di un computer.

A relação entre homem e mulher não é um mar de rosas na obra da canadense Michèle Cournoyer. Com pinceladas rápidas e duras de tinta preta sobre papel, ela tratou de temas difíceis como a sobrevivência ao incesto (*Le chapeau*) e a vitimização sexual feminina (*La basse cour*). Michèle trabalha sem storyboard, seguindo um fluxo selvagem de idéias que se materializam em metamorfoses ousadas e metáforas contundentes. Antes de filiar sua carreira ao NFB, ela foi diretora de arte e roteirista de vários filmes da Nouvelle Vague quebequense e lançou sua carreira independente nos curtas animados. É hoje uma das mais reconhecidas praticantes da animação experimental, mediante o uso de técnicas híbridas que vão do desenho à computação gráfica. Em *Accordéon*, uma mulher abandona-se completamente à luxúria de um computador. Mas o filme foi simplesmente pintado sobre papel.

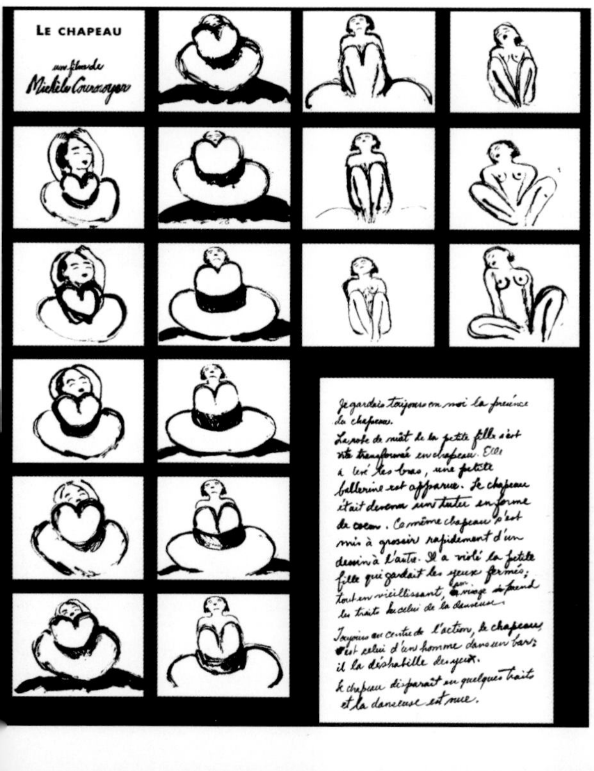

Pg. 208 Une artiste / An Artist, 1994
Mixed techniques

Pg. 209 Le chapeau / The Hat, 1999
Storyboard

The Lost Blue, 1972
Cat's Cradle, 1974
David, 1977
The Killing of an Egg, 1977
On Land, at Sea and in the Air, 1980
Oh What a Knight, 1982
Uncles and Aunts, 1989
The End of the World in Four Seasons, 1995
3 Misses, 1998
The Boy Who Saw the Iceberg, 2000

Silver Bear - *Berlin*, 1981
Annie Award, 1987
Montréal, 1995
Fipresci Prize - *Annecy*, 2001
Genie Prize, 2002
Zagreb, 2002

NFB/PAUL DRIESSEN

A partir de una línea recta, Paul Driessen puede construir toda una historia fantástica. Este gran maestro de los dibujos animados sabe unir la simplicidad y la originalidad en un estilo propio que, a pesar de ser fácilmente reconocible, no ha cesado de renovarse en los más de 30 años de carrera cinematográfica.

Nacido en Holanda, con estudios en Diseño Gráfico e Ilustración, Driessen empezó en la industria de la publicidad holandesa, aunque desarrolló su carrera como animador en Canadá. George Dunning le ofreció la oportunidad de oro de su vida cuando le propuso formar parte del equipo de *Yellow Submarine*, el famoso vehículo de los Beatles, para después presentarlo en el National Film Board de Canadá.

La obra de Paul Driessen abarca desde referencias a fábulas, cuentos de hadas y relatos bíblicos hasta historias que nacen de su exuberante imaginación. Múltiples líneas narrativas se intercalan y se funden en sus tramas, llenas de ironía y de un humor amargo, a veces incluso mórbido. Se trata de películas exigentes que requieren toda la atención del espectador, pero que recompensan el esfuerzo con muchas sorpresas inteligentes.

El hecho de trabajar en diversos países -así como de impartir clases de animación en Alemania- podría explicar el carácter no verbal de las películas de Driessen. Su gran poder de comunicación procede de la riqueza de su trazo fino y lleno de personalidad, de la velocidad con que realidad y fantasía se mezclan en los diferentes niveles de sus historias y en la relativa economía de los medios con los que trabaja. Su obra más reciente, *2D or Not 2D*, realizada para la Red, especula con la dimensión del espacio y del dibujo.

Paul Driessen può costruire una storia fantastica servendosi solamente di una matassa di filo. Si tratta di un gran maestro dei disegni animati che sa unire la semplicità e l'originalità ad uno stile personale che, nonostante sia facilmente riconoscibile, non ha smesso di rinnovarsi lungo 30 anni di carriera cinematografica.

Nato in Olanda, dove svolge studi di grafica e di illustrazione, Driessen comincia a lavorare nella pubblicità olandese, sebbene sviluppi la sua carriera come animatore in Canada. George Dunning gli offre l'opportunità d'oro della sua vita quando gli propone di formare parte del gruppo del *Yellow Submarine*, il sottomarino che cantavano i Beatles, per poi presentarlo alla National Film Board del Canada.

L'opera di Paul Driessen spazia dalle favole ai riferimenti storici, dai racconti alle narrazioni bibliche, passando per le storie che nascono dalla sua immaginazione esuberante. Negli intrecci che crea s'interpongono e si fondono aspetti molteplici della narrazione, piena di ironia e di un senso dell'umorismo un pò amaro, a volte persino morboso. Si tratta di film esigenti che richiedono tutta l'attenzione dello spettatore, ma che ne ricambiano lo sforzo con molte sorprese intelligenti.

Il carattere non verbale dei film di Driessen probabilmente trova spiegazione nel fatto che ha lavorato in molti paesi e che impartisce lezioni d'animazione in Germania. La sua grande capacità comunicativa deriva dalla ricchezza del tratto fine e pieno di personalità, dalla velocità con cui la realtà e la fantasia si mescolano nei livelli differenti delle storie e dalla relativa frugalità di mezzi in cui si muove. Nel suo lavoro più recente, *2D or Not 2D*, realizzato per la Rete, espone le sue riflessioni sullo spazio e sul disegno.

Dêem uma linha a Paul Driessen e ele pode construir uma história fantástica com ela. Este grande mestre do desenho animado sabe juntar simplicidade e originalidade num estilo todo próprio que, apesar de facilmente reconhecível, não pára de se renovar em mais de 30 anos de carreira no cinema.

Nascido na Holanda, formado em design gráfico e ilustração, Driessen começou na indústria de publicidade holandesa, mas desenvolveu sua carreira de animador no Canadá. George Dunning forneceu as oportunidades de ouro da sua vida quando convidou-o para a equipe de *Yellow Submarine*, um veículo dos Beatles, e o apresentou ao National Film Board do Canadá.

A obra de Paul Driessen abrange desde referências a fábulas, contos de fadas e histórias bíblicas até histórias saídas de sua exuberante imaginação. Múltiplas linhas narrativas se intercalam e se fundem nos seus *plots* cheios de ironia e humor amargo, às vezes até mórbido. São filmes exigentes, que requerem toda a atenção do espectador, mas recompensam o esforço com muitas surpresas inteligentes.

O fato de trabalhar em diversos países – e ainda lecionar animação na Alemanha – talvez explique o caráter não-verbal dos filmes de Driessen. Seu grande poder de comunicação advém da riqueza do traço esguio e cheio de personalidade, da velocidade com que realidade e fantasia se mesclam nos vários níveis de suas histórias e na relativa economia de meios em que ele opera. Seu mais recente trabalho, *2D or Not 2D*, feito para a web, especula com as dimensionalidades do espaço e do desenho.

Pg. 210
(left) 2D or Not 2D - Flower, 2002
Traditional animation

(right) 2D or Not 2D - Horns, 2002
Traditional animation

Oh Sure, 1972
Getting Started, 1979
Pigbird, 1981
The Big Snit, 1985
Heartland- IMAX, 1987
The Apprentice, 1991
La Salla, 1996
The Ark - TV pilot, 2002

Best Educational Film - *Zagreb,* 1981
Hiroshima Prize, 1985
Critics Prize - *Annecy,* 1985
Best Short - *Montréal,* 1985
Silver Plaque - *Chicago,* 1985
Silver Dolphin - *Espinho,* 1985
Génie Award, 1986
NFB Award, 1996

NFB/RICHARD CONDIE

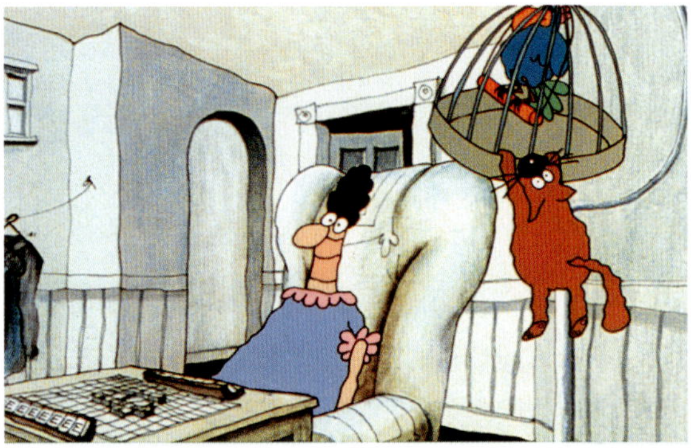

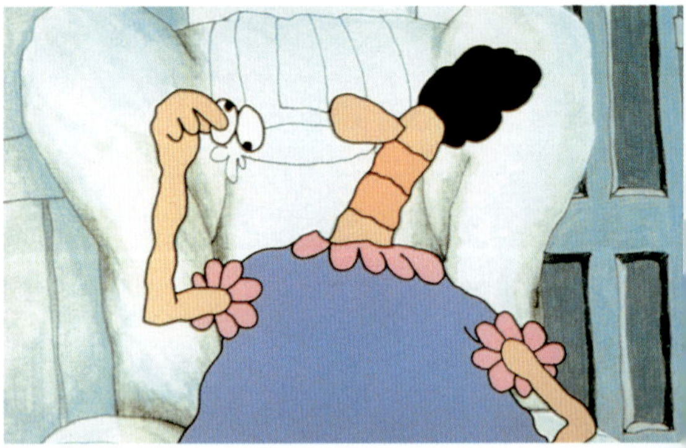

Después de trabajar durante algún tiempo como científico social, el canadiense Richard Condie aprovechó dos becas del gobierno para cambiar el rumbo de su vida y hacer lo que siempre había soñado: trabajar con música y artes visuales. Su tercera película, *Getting Started*, tuvo un gran éxito en Europa y confirmó que el destino de Condie era convertirse en un director de culto. El éxito fue aún mayor con *The Big Snit* –el contraste entre un gran conflicto mundial y una tensa partida de ajedrez– premiado en 14 festivales y nominado para el Oscar. Estas películas hacen un gran uso de la ironía con el objetivo de hacer una crítica social y revelan el fino sentido de la observación del director. Condie no esconde la influencia que ejercen sobre él los maestros del National Film Board y da fe de la larga colaboración con el músico Patrick Godfrey.

Dopo aver lavorato durante un certo tempo come nel campo del sociale, il canadese Richard Condie si servì di due borse di studio del governo per cambiare il corso della sua vita e dedicarsi a quello che aveva sempre sognato: lavorare con musica e arti visive. Il suo terzo film, *Getting Started*, ottenne un grande successo in Europa e confermò che il destino di Condie era diventare un regista di culto. Il successo ottenuto fu ancora più grande con *The Big Snit*, il contrasto tra un grande confitto mondiale e una partita a scacchi molto combattuta, premiato in 14 festival e candidato all'Oscar. Questi film utilizzano molto l'ironia con il fine di fare una critica sociale e rivelano il raffinato senso di osservazione del regista. Condie non nasconde l'influenza che esercitano su di lui i maestri del National Film Board ed è fedele alla lunga collaborazione con il musicista Patrick Godfrey.

Depois de trabalhar por algum tempo como cientista social, o canadense Richard Condie aproveitou duas bolsas de estudo governamentais para mudar sua vida na direção do que sempre sonhara: trabalhar com música e artes visuais. Seu terceiro filme, *Getting Started*, teve grande êxito na Europa e selou o destino de Condie de tornar-se um diretor cultuado. O sucesso foi ainda maior com *The Big Snit* – o contraste entre um grande conflito mundial e uma tensa partida de xadrez – premiado em 14 festivais e indicado para o Oscar. Esses filmes fazem largo uso da ironia com fins de crítica social e revelam o fino senso de observação do diretor. Condie não esconde a influência exercida sobre ele pelos mestres do National Film Board e dá crédito à parceria de longa data com o músico Patrick Godfrey.

Pg. 212
(left) L'Apprenti/The Aprentice, 1991
Traditional animation

(right) The big Snit, 1985
Traditional animation

Pg. 213 La Salla, 1996
Computer animation

Wendy Tilby:
Tables of Content, 1986
Strings, 1991

Amanda Forbis:
The Man and the Moon, 1988
Bach's Pig, 1988
To Be Continued... , 1988

Tilby & Forbis:
When the Day Breaks, 1999

Wendy Tilby:
Grand Prix Best Short - *Montréal*, 1986
Best in category - *Espinho*, 1987 *and Ottawa*, 1988
Press Prize - *Annecy*, 1991
Génie Award, 1992
Best in category - *Hiroshima*, 1992

Tilby & Forbis:
Golden Palm - *Cannes*, 1999
Génie Award, 1999
Golden Hugo - *Chicago*, 1999
Grand Prix - *Annecy*, 1999
Golden Dove - *Leipzig*, 1999
Grand Prix - *Hiroshima, Zagreb and WAC/USA*, 2000
Best Canadian Film - *Ottawa*, 2000

NFB/WENDY TILBY & AMANDA FORBIS

Estas dos animadoras canadienses seguían sus carreras por separado hasta que, en 1995, sus caminos se cruzaron en el National Film Board y se pusieron a dirigir juntas el premiadísimo *When the Day Breaks*. Ambas lo describen como "un trabajo de cuatro años de amor". A través de la historia de una cerdita que sufre grandes cambios al presenciar un accidente, la película analiza la forma en que se interrelacionan las vidas de las personas en el día a día de la gran ciudad. Tilby y Forbis promueven en sus películas y anuncios publicitarios una laboriosa combinación de técnicas comerciales y recursos digitales, con lo que logran resultados que pueden recordar a la litografía. Al mismo tiempo, intentan incorporar una dosis de espontaneidad al inevitable rigor de la planificación en animación. *Strings*, de Tilby, y *When the Day Breaks* han recibido varias nominaciones al Oscar. Para 2004, el dúo prepara en el National Film Board el corto *WildLife*.

Queste due animatrici canadesi portavano avanti le loro carriere separatamente fino a quando, nel 1995, le loro strade s'incrociarono nel National Film Board e diressero insieme il premiatissimo *When the Day Breaks*. Entrambe lo descrissero come "un lavoro di quattro anni d'amore". Attraverso la storia di una maialina che soffre grandi cambiamenti quando assiste a un incidente, il film esamina il modo in cui si intrecciano le vite delle persone nella quotidianità della grande città. Nei loro film e annunci pubblicitari, Tilby e Forbis promuovono una laboriosa combinazione di tecniche commerciali e risorse digitali, con le quali ottengono risultati che ricordano molto la litografia e contemporaneamente cercano di incorporare una dose di spontaneità all'inevitabile rigore della pianificazione nell'animazione. *Strings*, di Tilby e *When the Day Breaks* hanno ricevuto varie candidature all'Oscar. Per il 2004 il duo ha in preparazione nel National Film Board il cortometraggio *Wild Life*.

Essas duas animadoras canadenses seguiam suas carreiras individuais até se unirem, em 1995, no NFB, para dirigirem a quatro mãos o ultra-premiado *When the Day Breaks*. Elas o descrevem como "um trabalho de quatro anos de amor". Através da história de uma porca que sofre graves mudanças depois de testemunhar um acidente, o filme investiga a forma como as vidas das pessoas se interligam no cotidiano das grandes cidades. Tilby e Forbis promovem nos seus filmes e comerciais uma laboriosa combinação de técnicas tradicionais e recursos digitais, chegando a resultados que podem lembrar a litografia. Ao mesmo tempo, procuram incorporar uma dose de espontaneidade ao inevitável rigor de planejamento da animação. *Strings*, de Tilby, e *When the Day Breaks* receberam indicações para o Oscar. Em 2004, a dupla prepara no NFB o curta *Wild Life*.

Pg. 214 Strings, 1991
Storyboard

Pg. 215
(left) String, 1991
Paint on glass
© National Film Board of Canada

(right) Tables of Content, 1986
© National Film Board of Canada, Emily Carr College of Art and Design. All rights reserved.

NEXUS PRODUCTIONS LTD.

United Kingdom
Contact: Chris O'Reilly / Charlotte Bavasso
113-114 Shoreditch High Street,
London E1 6JN
Phone: + 44 20 7749 7500
Fax: + 44 20 7749 7501
E-mail: Info@nexusproductions.com

Natwest "Escape", 1999
Honda "OK Factory"/"Pecking Orders"/"Seats", 2002
Sexiest Man in Jamaica, 2002
"Miranda" main titles, 2002
"Catch Me If You Can" main titles, 2003
Aiwa "Slurp"/"Petrol Station", 2003
Robinsons "Barleydino", 2003
Monkey Dust - series, 2003
Ikara Colt "Wanna Be That Way", 2004

2D
3D
Puppets
Flash
Mixed/live action

NEXUS

www.nexusproductions.com

Con sede en Londres, aunque trabaja en frecuentes coproducciones con otros países, Nexus Productions es una empresa puntera que crea animación para la televisión, publicidad, videoclips y material animado para largometrajes. La productora dirigida por Chris O'Reilly y Charlotte Bavasso fue fundada en 1997 y ha sido bastante ecléctica a la hora de establecer sus relaciones con directores japoneses de anime –como Satoshi Tomioka–, maestros de los dibujos animados suecos –como Jonas Odell, entre otros– y franceses como –Florence Deygas y Olivier Kuntzel.

El primer gran encargo que recibió Nexus fue la animación para la gigantesca pantalla de televisión de la gira mundial *Pop Mart* del grupo U2. Desde entonces, la cartera de clientes de la empresa ha acumulado decenas de trabajos de lenguaje dinámico y contenido irreverente, e incluso erótico, con el que consigue alcanzar con precisión sus objetivos. La multiplicidad de técnicas y la incorporación de la lógica de la animación a la edición de la imagen real ha garantizado el rápido crecimiento de Nexus en el mercado de las grandes marcas y de los estudios cinematográficos y de grabación.

El público cinematográfico se ha deleitado con las formas estilizadas que evolucionaban sensualmente en los créditos de apertura de la comedia policial *Atrápame si puedes* de Steven Spielberg y del *thriller* psicológico *Miranda* de Marc Munden. En ambos casos, la animación no sólo presentaba información sobre las películas, sino que sintetizaba el argumento e insinuaba el ambiente, de manera que constituia un pequeño espectáculo en sí misma.

Por otro lado, la serie *Monkey Dust* de la BBC hace un inventario del espectro de la sociedad británica y representa la vertiente más contemporánea de la animación inglesa en televisión.

La Nexus Productions, con sede a Londra, sebbene lavori in frequenti co-produzioni con altri paesi, è un'impresa di spicco nel mondo dell'animazione che crea lavori per la televisione, la pubblicità, i videoclip e il materiale animato per i lungometraggi. Nexus fu fondata da Chris O'Reilly e Charlotte Bavasso nel 1997 e si è rivelata molto eclettica al momento di stabilire delle relazioni con i registi giapponesi di anime, quali Satoshi Tomioka e i maestri dei disegni animati, come lo svedese Jonas Odell e i francesi Florence Deygas e Olivier Kuntzel.

Il primo incarico che ricevette Nexus, fu l'animazione per lo schermo gigantesco della tournée mondiale *Pop Mart* del gruppo U2. Da allora, i clienti dell'impresa sono aumentati vertiginosamente e Nexus ha prodotto dozzine di lavori dal linguaggio dinamico e dal contenuto irriverente, talvolta persino erotico, nei quali gli obiettivi vengono raggiunti con estrema precisione. La rapida crescita di Nexus all'interno del mercato delle grandi firme e degli studi cinematografici e di registrazione, è dovuta alla molteplicità delle tecniche utilizzate e all'incorporazione della logica d'animazione all'edizione dell'immagine reale.

Il pubblico cinematografico si è intrattenuto con le forme stilizzate e sensuali dei titoli d'apertura della commedia poliziesca *Prova a prendermi* di Steven Spielberg e del giallo psicologico *Miranda* di Marc Munden. In entrambi i casi, l'animazione non solamente presentava delle informazioni sui film, ma ne sintetizzava l'argomento e ne anticipava l'ambientazione, diventando essa stessa uno spettacolo.

La serie *Monkey Dust* della BBC, invece, fa un inventario dello spettro della società britannica e rappresenta l'inclinazione più contemporanea dell'animazione inglese in televisione.

Baseada em Londres, mas trabalhando em freqüentes co-produções com outros países, a Nexus Productions é uma empresa de ponta na criação de animação para TV, anúncios comerciais, videoclipes e material animado para filmes de longa-metragem. A empresa dirigida por Chris O'Reilly e Charlotte Bavasso foi fundada em 1997 e tem sido eclética no estabelecimento de relações com diretores de anime japoneses (como Satoshi Tomioka), mestres do desenho animado sueco (Jonas Odell e outros) e francês (Florence Deygas, Olivier Kuntzel etc).

A primeira grande encomenda da Nexus foi uma animação para a gigantesca tela de TV da turnê mundial *Pop Mart*, da banda U2. Desde então, o portifólio da empresa vem acumulando dezenas de trabalhos de linguagem dinâmica, conteúdo irreverente ou mesmo erótico, que atingem com pontaria precisa os seus alvos. A multiplicidade de técnicas e a incorporação da lógica da animação à edição de imagens ao vivo têm garantido o rápido crescimento da Nexus no mercado das grandes marcas, gravadoras e estúdios cinematográficos.

O público dos cinemas se deliciou com as formas estilizadas que evoluíam sensualmente nos créditos de abertura da comédia policial *Catch Me If You Can*, de Steven Spielberg, e do *thriller* psicológico *Miranda*, de Marc Munden. Em ambos os casos, a animação não apenas fornecia informações sobre os filmes, mas sintetizava o argumento e insinuava a atmosfera, constituindo um pequeno espetáculo em si.

A série *Monkey Dust*, da BBC, faz um inventário das mazelas da sociedade britânica e representa a face mais contemporânea da animação inglesa na TV.

KING
SKA
BUSTER
PURE SOUL !

Pg. 217 Sexiest Man in Jamaica', 2002
Dir.: Smith & Foulkes (formerly Vehicle) @ Nexus Productions
3D animation
Record co: Faith and Hope
Artist: Mint Royale

Pg. 218 'Catch Me If You Can' (main titles), 2003
Dir.: Kuntzel+Deygas @ Nexus Productions
Traditional animation
Feature film directed by: Steven Spielberg, DreamWorks SKG

Pg. 219 Honda 'OK Factory', 2002
Dir.: Satoshi Tomioka @ Nexus Productions
3D animation
Agency: Wieden & Kennedy

OK

NUKUFILM OÜ

Estonia
Niine 11, Tallinn 10414
Phone: +372 6414 307
E-mail: nukufilm@nukufilm.ee

Little Peter's Dream, 1957
Little Motor Scooter, 1962
Nail, 1972
Songs to the Spring, 1975
Souvenir, 1977
Pigeon Aunt, 1983
Bride of the Star, 1984
Enchanted Island, 1985
Cabbagehead, 1993
Way to Nirvana, 2000

International Competition of Cinema Technology - *Salerno/Italy*, 1974
Special Prize of the Jury - *Tampere*, 1988/ 1994/ 2003
Grand Prix - *Espinho*, 1989
Best Children's Film - *Bombay*, 1992
Best Experimental Film - *Espinho*, 1993
Estonian Cultural Endowment, 1994
Best Design - *Annecy*, 1998
I Prize - *Ottawa*, 1998
Leipzig Sparkasse, 1998
I Prize - *Kecskemet/Hungary*, 1999
Bronze Price - *Seoul*, 1999
Best Animation Film and Best Director - *Riga*, 2000
Grand Prix - *Oberhausen*, 2001

Puppet animation
Scratch
Cut out
Pixilation
Stereoscopic (extridimensional) animation

NUKUFILM

www.nukufilm.ee

El pionero Elbert Tuganov dibujó y pintó durante once años títulos y secuencias de apertura para los estudios Tallinin de la ex república soviética de Estonia. Sin embargo, se puede considerar que la animación estonia sólo nació cuando Tuganov decidió crear Nukufilm en 1957. El nombre del estudio, que significa "película de muñecos", revela ya su vocación inicial, que hoy convive con una gran variedad de técnicas.

El azerbaijano Tuganov, creador de *Souvenir* y *The Dappled Colt*, las primeras películas estereoscópicas -o, como se decía antiguamente, en tercera dimensión- protagonizadas por muñecos, le propuso a Heino Pars en 1961 para que trabajara con él. La pareja inició una saga de supervivencia a través de la censura de la era soviética, de las transformaciones económicas que tuvieron lugar con la independencia y de los vientos más recientes de la globalización. Estonia, país con cerca de 1,5 millones de habitantes, es uno de los mayores productores de animación del mundo.

A la generación de Tuganov y Pars le sucedió un nuevo grupo de creadores igualmente capaces de diferenciarse en el panorama de la animación del norte de Europa. Rao Heidmets, Kalju Kivi, Riho Unt y Hardi Volmer sacaron adelante la particular identidad estonia, que se caracteriza por su lado satírico, la pluralidad de técnicas y una inteligente interacción entre la cultura local y el gusto internacional.

Después de 45 años de actividad prácticamente continua, Nukufilm debe su éxito no sólo al talento de sus animadores, sino también a la tradición de dar culto a un tótem llamado "Multipus-Animus" antes de iniciar la realización de cada película. La verdad es que la permanencia de este estudio es algo milagrosa.

Il pioniere Elbert Tuganov per 11 anni disegnò e dipinse i titoli delle sequenze d'apertura per gli studi Tallinin dell'Estonia, ex repubblica sovietica. Tuttavia è indubbio che l'animazione nacque in Estonia solo quando Tuganov decise di creare la Nukufilm nel 1957. Il nome stesso dello studio che significa "film di fantocci" ne rivela la vocazione iniziale, che oggi convive con altre numerose tecniche.

Tuganov, dell'Azerbaijan, creatore di *Souvenir* e *The Dappled Colt*, i primi film stereoscopici, (o come si chiamavano in passato, tridimensionali) in cui i protagonisti erano dei fantocci, propose a Heino Pars che lavorasse con lui. Questo connubio professionale iniziò una saga che è sopravvissuta alla censura dell'era sovietica, alle trasformazioni economiche che avvennero con l'indipendenza e ai più recenti venti della globalizzazione. Estonia, un paese di circa un milione e mezzo d'abitanti, è di fatto uno dei maggiori produttori d'animazione del mondo.

Un nuovo gruppo di creatori, capaci di differenziarsi nel panorama dell'animazione in Europa settentrionale, ha sostituito la generazione di Tuganov e Pars. Rao Heidmets, Kalju Kivi, Riho Unt e Hardi Volmer hanno portato avanti la peculiare identità estone, caratterizzata da una certa satira, dalla pluralità delle tecniche e dall'intelligente interazione tra la cultura locale e il gusto internazionale.

La Nukufilm, dopo 45 anni d'attività pressoché continua, deve il successo ottenuto non solo al talento dei suoi animatori, ma anche alla tradizione di venerare un totem chiamato "Multipus-Animus" prima d'iniziare la realizzazione di qualsiasi film. In verità, bisogna riconoscere che la resistenza di questo studio ha un che di miracoloso.

Por onze anos, o pioneiro Elbert Tuganov desenhou e pintou títulos e seqüências de abertura para os estúdios Tallinin, na república soviética da Estônia. Mas a animação estoniana só nasceria de fato quando Tuganov resolveu criar a Nukufilm, em 1957. O nome do estúdio (significando "filme de bonecos") já indica a sua vocação inicial, que hoje convive com uma grande variedade de técnicas.

O azerbaijano Tuganov, criador de *Souvenir* e *The Dappled Colt*, os primeiros filmes estereoscópicos (ou, como se dizia antigamente, em terceira dimensão) protagonizados por bonecos, convidou Heino Pars para trabalhar com ele em 1961. A dupla iniciou uma saga de sobrevivência através da censura da era soviética, das transformações econômicas advindas com a independência e dos ventos mais recentes da globalização. A Estônia, país de cerca de 1,5 milhão de habitantes, é um dos maiores produtores de animação do mundo.

À geração de Tuganov e Pars sucedeu-se na Nukufilm uma nova leva de criadores igualmente capazes de diferenciar-se no panorama da animação do Norte da Europa. Rao Heidmets, Kalju Kivi, Riho Unt e Hardi Volmer levaram adiante a identidade muito particular da produção estoniana, que se caracteriza pela veia satírica, a pluralidade de técnicas e uma inteligente interação entre a cultura local e o gosto internacional.

Em 45 anos de atividade praticamente contínua, a Nukufilm credita seu sucesso não apenas ao talento de seus animadores, mas também à tradição de cultuar um totem chamado "Multipus-Animus" antes de iniciar a realização de cada filme. A permanência desse estúdio tem mesmo algo de miraculoso.

SAKU
SAKU

FILMNUKU

Pg. 221
(top) Cabbagehead, 1993

(bottom) Miriam, 2003

Pg. 222 The Penguine Parade, 2002

Pg. 223
(top) Saamuel's Internet, 2000

(bottom) Springfly

OTTO GUERRA

Brazil
Otto Desenhos Animados Ltda.
Rua Domingos José de Almeida, 35 - 90430-180
Porto Alegre - RS
Phone: + 55 51 3028 7777
E-mail: otto@ottodesenhos.com.br

O Natal do Burrinho / Donkey's Christmas, 1984
Treiler – A Última Tentativa / Trailer – The Last Attempt, 1986
O Reino Azul / The Blue Kigdom, 1989
Novela / Soap Opera, 1992
Rocky e Hudson / Rocky and Hudson, 1994
O Arraial / Back Country, 1997
Cavaleiro Jorge / Knight Jorge, 2000
Wood & Stock, Sexo, Orégano e Rock / Wood & Stock, Sex, Oregano and Rock, 2002

Special Jury Award - *Gramado*, 1987
Best Gaúcho Short - *Gramado*, 1989
Second Prize Coral - *Havana*, 1993

Traditional animation
Computer graphics

OTTO GUERRA

www.ottodesenhos.com.br

Otto Guerra pertenece al animado y creativo grupo del cine gaucho, en el estado brasileño Río Grande do Sul. Con una carrera variada que abarca películas publicitarias, institucionales y ácidas comedias de autor, se ha convertido en el nombre de referencia de la animación *underground* brasileña y ha hecho escuela con su tortuoso camino.

Guerra hace justicia a su apellido.Montó su particular trinchera, la empresa Otto Desenhos Animados, en 1978, y desde entonces intenta abarcar la cultura de masas y los temas infantiles con sus maravillosas sátiras. Los intervalos para publicidad de las telenovelas, los tráilers de cine y los mitos del Oeste americano ya han estado en el punto de mira de su artillería. El largometraje *Rocky e Hudson*, una saga de dos vaqueros homosexuales, blandengues y esquizofrénicos, se ha convertido en una de las películas de culto de la animación brasileña.

Otto Guerra debe su introducción en el mundo delcine a un curso impartido por el argentino Félix Follonier. Hasta ese momento, tenía la costumbre infantil de dibujar tiras humorísticas, inspirado en las peripecias de Tintín, Blake & Mortimer, etc. Cuando por fin asumió la imagen en movimiento, empezó con anuncios y colaboraciones en éxitos del cine brasileño, como *Os Trapalhões* y *Turma da Mônica*. Posteriormente, pasó a participar en festivales con sus propias creaciones, llenas de un humor original y frecuentes innovaciones narrativas. En *O Reino Azul*, por ejemplo, un tirano ahuyenta el tedio pintando todo su reino de color azul.

La llegada del diseño gráfico por ordenador sacudió los métodos de trabajo de Guerra, que adoptó las nuevas tecnologías en sus producciones para Internet y para TV. Un buen guerrero nunca rechaza nuevas armas para su arsenal.

Otto Guerra appartiene al gruppo allegro e creativo del cinema gaucho, che si ubica nello stato brasiliano del Río Grande do Sul. È diventato il punto di riferimento dell'animazione *underground* in Brasile e la sua traiettoria intricata ha fatto scuola, il tutto grazie ad una produzione che abbraccia film pubblicitari, istituzionali e acri commedie d'autore.

Guerra fa giustizia al suo cognome. Fin dall'inizio costruì la sua trincea: la Otto Desenhos Animados nel 1978 e d'allora cerca di raggiungere la cultura di massa e le tematiche infantili con una satira meravigliosa. Gli intervalli pubblicitari delle telenovele, i trailer cinematografici ed i miti occidentali sono già entrati nel mirino dell'artiglieria di quest'artista. Il lungometraggio *Rocky e Hudson*, che narra la saga di due cowboy omosessuali, alquanto smidollati e schizofrenici, è diventato uno dei film culto dell'animazione brasiliana.

Otto Guerra fu iniziato al cinema dall'argentino Félix Follonier del quale frequentò i corsi. Fino a quel momento aveva l'abitudine un poco infantile di disegnare strisce di fumetti ispirandosi alle peripezie di Tintin, Blake & Mortimer, etc. Quando alla fine si avvicinó all'immagine in movimento, cominciò con spot pubblicitari e collaborazioni in opere di successo del cinema brasiliano quali, Os Trapalhões e Turma da Mônica. Solo in seguito partecipò a festival con creazioni sue,tutte ricche di umorismo originale e di innovazioni narrative. In *O Reino Azul*, ad esempio, un tiranno cerca di sfuggire alla noia dipingendo il suo regno d'azzurro.

L'arrivo della grafica al computer rivoluzionò completamente i metodi di lavoro di Guerra, che adottò le nuove tecnologie nelle sue produzioni per Internet e per la televisione. Un vero guerriero non rifiuta mai nuove armi per l'arsenale!

Otto Guerra pertence à animada e criativa turma do cinema gaúcho, no estado brasileiro do Rio Grande do Sul. Com uma carreira diversificada, que abrange filmes publicitários, institucionais e ácidas comédias autorais, ele se tornou o papa *underground* da animação brasileira, fazendo sucesso e escola com seu caminho torto.

Guerra, em português, é o nome para war/guerre/krieg. Otto armou sua trincheira, a empresa Otto Desenhos Animados, em 1978, e desde então vem alvejando a cultura de massa e os temas infantis com suas sátiras impagáveis. Os intervalos comerciais das novelas, os trailers de cinema e os mitos do *western* já estiveram na mira de sua artilharia. O longa-metragem *Rocky e Hudson*, saga de dois cowboys gays, piegas e esquizofrênicos, é hoje um *cult movie* da animação no Brasil.

Otto Guerra deve sua introdução no cinema a um curso ministrado pelo argentino Félix Follonier. Até então, cultivava o hábito infantil de desenhar histórias em quadrinhos, inspirado pelas peripécias de Tin Tin, Blake & Mortimer etc. Quando finalmente assumiu a imagem em movimento, começou pelos anúncios e as colaborações em sucessos do cinema infantil brasileiro, como Os Trapalhões e a Turma da Mônica. Mais tarde, passou a freqüentar festivais com suas próprias criações, cheias de um humor original e freqüentes inovações narrativas. Em *O Reino Azul*, por exemplo, um tirano espanta o tédio pintando o seu reino inteiramente de azul.

O advento da computação gráfica sacudiu os métodos de trabalho de Guerra, que adotou as novas tecnologias em suas produções para a internet e a televisão. Um bom guerreiro não recusa novas armas para o seu arsenal.

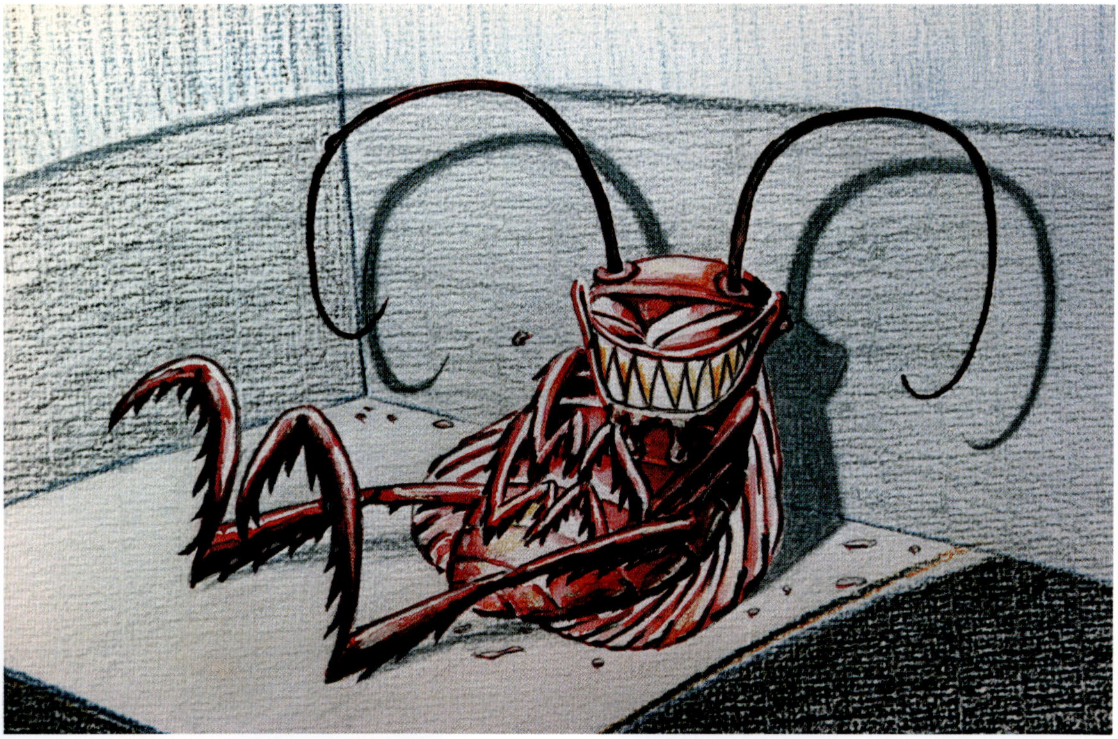

G

Pg. 225
(top) Barata

(bottom) Gastonzinho

Pg. 226–227 O Reino Azul / The Blue Kingdom, 1989
Traditional animation

PAVEL KOUTSKY

Czech Republic
Na Kampe 13, 11000 Prague 1
Phone: + 420 32 759 5240
E-mail: pkoutsky@tiscali.cz

Laterna Musica, 1985
Curriculum Vitae, 1986
Láska na první pohled / Love at First Sight, 1986
Od kroku k pokroku / Step by Step, 1987
Portrét / The Portrait, 1988
Duel, 1990
Long Live the Mouse, 1993
Media, 1999
Towards Fairy-Tales series, 2002
Four Loves, 2003

First Prize - *Chicago*, 1984
Golden Bear - *Berlin*, 1987
First Prize and Audience Prize - *Huesca*, 1987
First Prize and Critics Prize - *Espinho*, 1987
Best Animation - *Tampere*, 1987
Golden Dancer - *Huesca*, 1988
Silver Bear - *Berlin*, 1988/1993/2000
First Prize - *Espinho*, 1988
Jury's Prize - *Bombay*, 1992
Fipresci Prize - *Annecy*, 2000

Traditional animation
Stop-motion
"Total animation"

PAVEL KOUTSKY

El carácter crítico de la animación del este europeo queda perfectamente representado en la filmografía de Pavel Koutsky, autor de algunas obras primas de la reciente animación checa, como *Curriculum Vitae*, *Media* y *Long Live the Mouse*, todas premiadas en el Festival de Cine de Berlín. En esas películas, de gran vivacidad intelectual y con un humor ácido, el individuo aparece sometido a las fuerzas de un sistema manipulador y uniformizador, sean los medios de comunicación, la informática o el adoctrinamiento ideológico. Además, sus victorias son siempre provisionales, puras ilusiones.

Koutsky nació en Praga en 1957 y estudió en la Academia de Artes Aplicadas de la capital checa. Su primera experiencia con la animación la tuvo con 13 años de edad, y a los 16 empezó a ganar algunos premios. Cuando todavía era muy joven colaboró con grandes maestros como Jiri Trnka. Realizó su primera película profesional, *Laterna Musica*, en 1985, con la que presentó una de las constantes de su obra: la música como tema e inductor del ritmo de la animación.

Junto con Michaela Pavlátová, Koutsky encarna una opción técnica que ellos denominan "animación total" y que consiste en lanzar al espectador a un torbellino de acciones en las que la relación espacial es realmente arrebatadora. En algunos trabajos anima objetos reales como periódicos, cazuelas e incluso trozos de carne, siguiendo la tradición de la sátira checa.

Paralelamente a sus veneradas comedias filosóficas -unos 20 cortometrajes, cuyo guión, dibujo y animación realizó él mismo-, Pavel Koutsky ha dirigido algunos trabajos para televisión, anuncios y otros encargos comerciales.

Il carattere critico dell'animazione dell'est europeo viene perfettamente rappresentato dalla filmografia di Pavel Koutsky, autore di alcune fondamentali della recente animazione ceca, come *Curriculum Vitae*, *Media* e *Long Live the Mouse*, che sono state tutte premiate al Festival di Cinema di Berlino In quei film, vivaci dal punto di vista intellettivo e dall'umorismo acido, l'individuo sembra essere sottomesso alle forze di un sistema che manipola e uniforma tutto, sia che si tratti dei mezzi di comunicazione, dell'informatica o dell'indottrinamento ideologico. Inoltre, le sue vittorie sono sempre provvisorie, illusioni pure.

Koutsky nacque a Praga nel 1957 e studiò all'Accademia di Arti Applicative della capitale ceca. A 13 anni fece la sua prima esperienza con l'animazione e a 16 aveva già vinto alcuni premi. Quando ancora era molto giovane collaborò con grandi maestri come Jiri Trnka. Nel 1985 realizzò il primo film da professionista, *Laterna Musica*, che conteneva una delle costanti della sua opera: la musica come tematica e come induttrice del ritmo dell'animazione.

Con Michaela Pavlátová, Koutsky incarna una scelta tecnica che essi stessi hanno denominato "animazione totale" e che consiste nel lanciare lo spettatore in un vortice di azioni in cui la relazione spaziale è veramente travolgente. In alcuni lavori anima oggetti reali come giornali, casseruole e persino pezzi di carne, fedele alla tradizione della satira ceca.

Pavel Koutsky ha diretto anche alcuni lavori per la televisione, annunci e altri incarichi commerciali, ciò quasi contemporaneamente alle sue tanto venerate commedie filosofiche, una ventina circa di cortometraggi, sceneggiati, disegnati e animati da lui stesso.

O caráter questionador do cartum do Leste europeu é representado à perfeição pela filmografia de Pavel Koutsky. Ele é o autor de algumas obras-primas da recente animação tcheca, como *Curriculum Vitae*, *Media* e *Long Live the Mouse*, todos premiados no Festival de Berlim. Nesses pequenos filmes de grande vivacidade intelectual e humor ácido, o indivíduo aparece submetido às forças de um sistema manipulador e padronizador, seja ele a mídia, a informática ou a doutrinação ideológica. E suas vitórias são sempre provisórias, puras ilusões.

Koutsky nasceu em Praga, em 1957, e formou-se pela Academia de Artes Aplicadas da capital tcheca. Fez sua primeira experiência em animação aos 13 anos de idade e começou a ganhar prêmios aos 16. Ainda muito jovem, colaborou com grandes mestres como Jiri Trnka. Realizou seu primeiro filme profissional, *Laterna Musica*, em 1985. Este filme lançou uma das constantes em sua obra: a música como tema e indutor do ritmo da animação.

Junto com Michaela Pavlátová, Koutsky encarna uma opção técnica a que eles chamam "animação total". Isso consiste em jogar o espectador num torvelinho de ações e num envolvimento espacial realmente arrebatadores. Em alguns trabalhos, ele anima objetos reais como jornais, panelas e até pedaços de carne, na boa tradição da sátira tcheca.

Paralelamente a suas cultuadas comédias filosóficas – cerca de 20 curtas que ele mesmo roteirizou, desenhou e animou –, Pavel Koutsky tem dirigido materiais para televisão, anúncios e outras encomendas comerciais.

Pg. 229 Pygmalion, 2001
Stop Motion & Traditional animation

Pg. 230 Media, 1999
Traditional animation

Pg. 231 Kavárna/Cafe, 1997
Traditional animation

PHIL MULLOY United Kingdom Spectre Films 87 Kingsmead Road, Tulse Hill, SW2 3HZ London Phone: + 44 20 8674 5838 E-mail: philmulloy@hotmail.com	**Possession,** 1991 **Cowboys - series,** 1992 **The Sound of Music,** 1993 **The Ten Commandments - series,** 1993-1996 **The History of the World - series,** 1994 **The Wind of Changes,** 1996 **The Chain,** 1997 **The Sexlife of a Chai,** 1998 **Season's Greetings,** 1999 **Intolerance I, II and III,** 2000-2003 **Love is Strange,** 2002	**Kino Award** - *Melbourne*, 1991 **McLaren Award,** 1993 **Critics Award** - *Zagreb*, 1993/1998 **Design Award** - *Mediawave*, 1993 **Special Award** - *Hiroshima*, 1996 **Special Award** - *Stuttgart*, 1996 **Life Achievement** - *Grenada*, 1999 **Jury Prize** - *Annecy*, 2000 **Best Animation** - *Mediawave*, 2000 **Best Short** - *Imago*, 2000 **Grand Prix** - *Tampere*, 2001 **Jury Prize** - *Castelli Animati Rome*, 2001 **City of Espinho Award,** 2001	**Traditional animation**

PHIL MULLOY

www.philmulloy.com

"No permanecerás indiferente a las explosivas provocaciones de Phil Mulloy". Este bien podría ser uno de los mandamientos del buen aficionado al cine de animación. En la serie *The Ten Commandments*, Mulloy analiza la vida contemporánea a través de las tablas de un Dios concebido a imagen y semejanza del más vil de los hombres, mientras que en la serie *Cowboys*, el escenario del Oeste se presta a una devastadora visión de la cultura machista y de un sistema regido por la competición y la violencia.

El único límite para el sarcasmo y la acidez de la comedia negra de este gran animador británico es la increíble franqueza con que desnuda el comportamiento social sometido a los diferentes tipos de represión. El espectador se ríe mucho, aunque en el fondo se estremece. El planeta Zog, donde tienen lugar algunas de sus películas, es un parque de atracciones para la metáfora. Así, los "zogs" tienen el pene en la cabeza, detalle anatómico que ofrece un incómodo paralelismo con ciertos habitantes del planeta Tierra. La historia del mundo, según Mulloy, está marcada por los errores reincidentes y por una brutalidad irremediable.

En consonancia con esta temática profundamente crítica, la estética de Phil Mulloy es minimalista, cruda y conscientemente primitiva; a millones de años luz de los buenos sentimientos y de la limpieza de los dibujos animados convencionales. Este amante de lo grotesco ha llegado a la animación en su madurez, después de haber trabajado durante casi 20 años en documentales y programas de televisión. Mulloy se graduó en el Royal College of Arts en 1971, pero sólo se dedicó definitivamente al oficio de animador a partir de 1988. Instalado inicialmente en un establo rehabilitado en el País de Gales, el cineasta ha producido y distribuido toda su obra a través de la Spectre Films de Londres.

"Non rimanere indifferente di fronte alle provocazioni esplosive di Phil Mulloy", questo potrebbe essere senza dubbio uno dei comandamenti del buon amante del cinema d'animazione. Nella serie televisiva *The Ten Commandments*, Mulloy analizza la vita contemporanea per mezzo delle tavole di un Dio concepito ad immagine e somiglianza del più vile degli uomini, mentre nella serie *Cowboys*, situata sulle scene del lontano West, offre una devastante visione della cultura maschilista e di un sistema retto dalla concorrenza e la violenza.

L'unico limite posto al sarcasmo e al caustico umorismo nero di questo grande animatore britannico, è l'incredibile frequenza con cui mette a nudo le debolezze del comportamento sociale sottomesso a differenti tipi di repressione. Lo spettatore ride con piacere ma ciò che sta vedendo lo emoziona profondamente. Il pianeta Zog, palcoscenico di alcuni dei film di Phil Mulloy, è un parco giochi della metafora. In questo modo i "zogs" hanno il pene sulla testa, un dettaglio anatomico che offre un parallelismo un po' scomodo con alcuni abitanti della Terra. La storia del mondo, secondo Mulloy, è segnata da errori reiterati e da una brutalità senza rimedio.

L'estetica di Phil Mulloy, in accordo con i suoi temi profondamente critici, è minimalista, crudele e primitiva e, consapevolmente, ad una distanza di milioni d'anni luce dai buoni sentimenti e dalla nitidezza dei disegni animati convenzionali. Quest'amante del grottesco è giunto all'animazione già maturo, dopo quasi 20 anni di lavoro in documentari e programmi televisivi. Mulloy si laureò al Royal College of Arts nel 1971, ma si dedicò all'animazione solamente a partire dal 1988. Dopo essersi trasferito inizialmente in una stalla restaurata in Galles, ha prodotto e distribuito tutta la sua opera attraverso la Spectre Films di Londra.

"Não ficarás indiferente aos petardos de Phil Mulloy". Este bem poderia ser um dos mandamentos do apreciador de animação. Na série *The Ten Commandments*, Mulloy analisa a vida contemporânea pelas tábuas de um Deus concebido à semelhança do mais vil dos homens. Já na série *Cowboys*, o cenário do *western* se presta a uma devastadora visão da cultura falocêntrica e de um sistema regido pela competição e pela violência.

O único limite para o sarcasmo e a acidez das comédias negras desse grande animador britânico é a incrível franqueza com que elas desnudam o comportamento social submetido aos vários tipos de repressão. Rimos muito, mas a verdade arrepia nossas espinhas. O planeta Zog, em que se passam alguns de seus filmes, é um parque de diversões para suas metáforas. Os zogs têm o pênis na cabeça, detalhe anatômico que fornece incômodos paralelos com certos habitantes do planeta Terra. A história do mundo, segundo Mulloy, é marcada por erros reincidentes e brutalidade irremediável.

Em consonância com essa temática profundamente crítica, a estética de Phil Mulloy é minimalista, crua e assumidamente primitiva – a milhares de anos-luz dos bons sentimentos e da limpeza do desenho animado convencional. Esse cultor do grotesco chegou maduro à animação, depois de trabalhar por quase 20 anos com documentários e programas de TV. Ele se graduou pelo Royal College of Arts em 1971, mas só em 1988 abraçaria definitivamente o ofício de animador. Instalado inicialmente num estábulo adaptado, no País de Gales, Mulloy teria toda a sua obra produzida e distribuída pela Spectre Films, de Londres.

HAVE
A
NICE
DAY

Pg. 233 Intolerance III – The Final Solution, 2003
Traditional animation

Pg. 234 The Chain - The Horrors of War

Pg. 235 (left to right - top to bottom)

The Wind of Changes - Alex in America, 1996

Gangsters - Yin Chen's sketch

Sketch for Jake's Progress - The birth

The Ten Commandments - Number one - Thou shalt not adore False Gods, 1995

MTV shorts - Laughing Moon, 1994

The Sound of Music - After the food runs out, 1993

The Sound of Music - The Chefs butcher the school children, 1993

Cowboys - Sketch for Murder

NIKE

ABC

"PILOT" MOSCOW
ANIMATION STUDIO

Russia
"Pilot" Moscow Animation Studio
Contact: Natalia Khenkina
Khohlovsky per., 16/1
Moscow 109028
Phone: + 7 09 5925 1679
E-mail: festival@pilot-film.com
office@pilot-film.com

The Cow, 1989
The Lift, 1989
Aviators, 1990
Andrei Svislotski, 1991
The Hunter, 1991
Pacifier, 1993
Gagarin, 1994
Pilot Brothers series, 1995-1998
Gone With the Wind, 1998
Bookashkis, 2002

Grand Prix and Best Debut Film Hiroshima and Ottawa 1990,
Fipresci Prize Oberhausen 1991,
First Prize in category WAC/USA 1991,
Best in category Ottawa 1994,
Golden Palm Cannes 1995,
Best Debut Film and Audience Prize Annecy 1995,
Prize of the Jury Hirsohima 1996,
3 Nika Awards,
Melhor Curta Metragem - Juri Popular Anima Mundi 2003
Melhor Filme - Juri Profissional Anima Mundi 2003.

Traditional animation
Computer graphics
Mixed media
Animation combined with live action

PILOT MOSCOW

www.pilot-film.com

Pilot Moscow Animation ha tenido un papel histórico: fue el primer estudio de animación privado de Rusia. Desde que Alexander Tatarsky e Igor Kovalyov lo fundaron en 1988, Pilot se ha involucrado en innumerables iniciativas de modernización de la cultura de masas rusa, ya sea en el desarrollo de nuevos medios de comunicación o en la creación de nuevas técnicas de animación. Libre del control estatal, aunque no exento de dificultades financieras, ha colaborado con diversos países para poder llevar adelante sus programas experimentales.

Con una sólida cartera de clientes en el ramo de la publicidad, Pilot aplica sus beneficios comerciales a la financiación de los proyectos artísticos de sus directores. El resultado son algunos de los clásicos de la animación de las dos últimas décadas, galardonados con más de 100 premios internacionales y firmados por gente como Kovalyov, Alexander Petrov, Aleksei Kharitidi (autor de *Gagarin*, vencedor de la Palma de Oro de Cannes y nominado para el Oscar), Konstantin Bronzit y Mikhail Aldashin, entre otros.

A finales de los años noventa, las turbinas creativas de Pilot pasaron a enfatizar la producción para los medios de comunicación alternativos, animación para Internet y juegos para ordenador. Por otro lado, el estudio mantiene su diálogo con el público a través de populares series de televisión que combinan la animación digital con la acción real. Pilot posee además su propia escuela de animación, la School of New Screen Technologies, donde ya ha formado a toda una generación de directores admirados internacionalmente.

Pilot Moscow Animation ha rivestito un ruolo storico nel panorama dell'animazione russa essendo stato il primo studio d'animazione privato del paese. Sin dal momento in cui Alexander Tatarsky e Igor Kovalyov lo fondarono nel 1988, lo studio si è visto impegnato in innumerevoli iniziative di modernizzazione della cultura di massa russa, sia per ciò che concerne lo sviluppo di nuovi mezzi di comunicazione, sia nella creazione di nuove tecniche d'animazione. Pilot Moscow Animation, libero dal controllo statale, anche se non completamente esente da restrizioni finanziarie, ha collaborato con diversi paesi per poter portare avanti i suoi programmi sperimentali.

Con un solido portfolio clienti nel campo della pubblicità, Pilot destina i suoi benefici commerciali al finanziamento dei progetti artistici dei suoi registi. Il risultato sono alcuni dei classici dell'animazione degli ultimi due decenni, premiati con oltre 100 riconoscimenti internazionali e firmati da nomi come Kovalyov, Alexander Petrov, Aleksei Kharitidi (autore di *Gagarin*, vincitore della Palma d'Oro a Cannes e candidato all'Oscar), Konstantin Bronzit e Mikhail Aldashin, tra i tanti altri.

Alla fine degli Anni Novanta, le menti creative di Pilot si sono dedicate a migliorare la produzione per i mezzi di comunicazione alternativi, l'animazione per Internet e i giochi per computer. Contemporaneamente, lo studio mantiene il dialogo con il pubblico per mezzo di serie televisive conosciute che uniscono l'animazione digitale con l'azione reale. Pilot, oltre alla scuola d'animazione propria, possiede la School of New Screen Technologies, in cui ha formato tutta una generazione di registi ammirati in tutto il mondo.

O Pilot Moscow Animation Studio teve um papel histórico: foi o primeiro estúdio de animação privado da Rússia. Desde sua fundação por Alexander Tatarsky e Igor Kovalyov, em 1988, o Pilot tem se envolvido em inúmeras iniciativas de modernização da cultura de massa russa, seja no desenvolvimento de novas mídias, seja na criação de novas técnicas de animação. Livre do controle estatal, embora não isento de dificuldades financeiras, tem estabelecido parcerias com diversos países para avançar em seus programas experimentais.

Com um forte cadastro de clientes na publicidade, o Pilot aplica as receitas comerciais no financiamento dos projetos artísticos de seus diretores. O resultado são alguns clássicos da animação das duas últimas décadas, detentores de mais de 100 prêmios internacionais e assinados por gente como Kovalyov, Alexander Petrov, Aleksei Kharitidi (autor de *Gagarin*, vencedor da Palma de Ouro de Cannes e indicado ao Oscar), Konstantin Bronzit, Mikhail Aldashin etc.

Em fins dos anos 1990, as turbinas criativas do Pilot passaram a enfatizar a produção para mídias alternativas, websites, animação para a internet e jogos de computador. Mas o estúdio continua a dialogar com o público através de populares séries de TV que combinam animação computadorizada com ação ao vivo. O Pilot possui sua própria escola de animação, a School of New Screen Technologies, onde já formou toda uma geração de diretores admirados mundialmente.

МОСТОРГ

Pg. 237 Sosedi / The Neighbours, 2001
Traditional animation

Pg. 238 Krasnie Vorota Rasemon / The Red Gates of Rashomon, 2002

Pg. 239 Artist at work in the studio

PIOTR DUMALA

Poland
Phone: + 48 22 651 5642
E-mail: pjdumala@yahoo.com

Lykantropia / Lycantrophy, 1981
Czarny Kapturek / Little Black Riding Hood, 1982
Latajace Wlosy / Flying Hair, 1984
Lagodna / Gentle Spirit, 1985
Nerwowe Zycie Kosmosu / Nervous Life of Cosmos, 1986
Sciany / Walls, 1987
Wolnosc Nogi / Freedom of the Leg, 1988
Franz Kafka, 1991
Zbrodnia i Kara / Crime and Punishment, 2000

Golden Ducat - *Mannheim*, 1985
Grand Prize - *Zagreb*, 1992
Grand Prize - *Espinho*, 1992
Best Animated Cartoon - *Ottawa*, 1992
Grand Prize - *Krakow*, 1998
Jury Special Prize - *Annecy*, 1998
Most Innovative Design - *Ottawa*, 2000

Scratching and painting on plaster plates

PIOTR DUMALA

Piotr Dumala estudiaba escultura en la Academia de Bellas Artes de Varsovia cuando descubrió el cine de animación. Trabajando con pesadas placas de yeso creyó que podría pintarlas y arañarlas con herramientas puntiagudas hasta obtener secuencias de imágenes con las que contar una historia. Así nació un genio de esta técnica y un universo onírico, taciturno, que le distinguiría en el panorama internacional.

La admiración por escritores como Kafka y Dostoievski, así como por la pintura clásica holandesa, harían el resto. Las películas de Dumala son crueles cuentos que usan como tema las zonas oscuras de la naturaleza humana. *Lycantrophy*, por ejemplo, desdobla una terrible sucesión de acontecimientos en los que el hombre aparece claramente como lobo del hombre, y *Walls* sintetiza el miedo y el fatalismo de la vida bajo un régimen totalitario.

El cuerpo humano suele resultar fragmentado y lacerado sin piedad, con el objetivo de "hacer visible lo que es físicamente imposible", como dice él mismo. El ambiente nocturno o poco iluminado de sus historias destila un expresionismo muy peculiar. Eso se manifiesta especialmente en las dos películas basadas en Dostoievski, *Gentle Spirit* y *Crime and Punishment*, ésta última considerada por el director como "la película de su vida" y cuya preparación le llevó tres años.

Piotr Dumala es un artista polivalente que ha dibujado cómics, ha publicado un libro de cuentos, escribe guiones para largometrajes, trabaja como periodista, pinta, crea ilustraciones y pósters y da clases de animación en Polonia, Suecia y Estados Unidos, además de dirigir anuncios publicitarios y tráilers de televisión. Dumala ha sido también galardonado por cuatro ilustraciones realizadas para la MTV.

Piotr Dumala studiava scultura all'Accademia di Belle Arti di Varsavia, quando scoprì il cinema d'animazione. Lavorando con delle pesantissime placche di gesso, si convinse di poterle dipingere e graffiare con degli strumenti appuntiti fino ad ottenere sequenze d'immagini con cui raccontare una storia. Nacque così un genio di questa tecnica, creatore di un universo onirico e taciturno, che lo avrebbe contraddistinto nel panorama internazionale.

L'ammirazione per scrittori come Kafka e Dostoievski, come pure la pittura classica olandese, avrebbero fatto il resto. I film di Dumala sono racconti crudeli che utilizzano, come temi le zone oscure della natura umana. *Lycantrophy*, ad esempio, si sviluppa in una terribile serie d'eventi in cui l'uomo rivela chiaramente la sua vera natura di lupo e *Walls* sintetizza la paura e il fatalismo della vita trascorsa sotto un regime dittatoriale.

Il corpo umano è solito apparire frammentato e lacerato senza pietà, con l'obiettivo di "rendere visibile quello che è fisicamente impossibile", come lo stesso Dumala afferma. L'ambiente notturno o poco illuminato delle sue storie estrae un espressionismo molto particolare che si manifesta specialmente nei due film basati sulle opere di Dostoievski, *Gentle Spirit* e *Crime and Punishment*, quest'ultimo considerato dallo stesso regista, "il film della sua vita", a cui lavorò tre anni.

Piotr Dumala è un artista polivalente che ha disegnato fumetti, ha pubblicato narrativa, scrive sceneggiature per lungometraggi, lavora come giornalista, dipinge e crea illustrazioni e poster. Inoltre, impartisce corsi d'animazione in Polonia, Svezia e Stati Uniti, oltre a dirigere annunci pubblicitari e trailer televisivi. Dumala è stato anche premiato per quattro illustrazioni realizzate per la MTV.

Piotr Dumala estudava escultura na Academia de Belas Artes de Varsóvia quando descobriu o cinema de animação. Trabalhando com pesadas placas de gesso, ele compreendeu que podia pintá-las e arranhá-las com ferramentas pontiagudas para obter seqüências de imagens com as quais contar uma história. Assim nasceu um gênio dessa técnica e um universo onírico, soturno, que o distinguiria no cinema mundial.

A admiração por escritores como Kafka e Dostoievski, assim como pela pintura clássica holandesa, faria o resto. Os filmes de Dumala tematizam as áreas sombrias da natureza humana em pequenos contos cruéis. *Lycantrophy*, por exemplo, desdobra uma terrível sucessão de acontecimentos em que o homem aparece claramente como lobo do homem. *Walls* sintetiza o medo e o fatalismo da vida sob regime totalitário.

O corpo humano costuma ser fragmentado e dilacerado sem piedade, numa perspectiva de "tornar visível o que é fisicamente impossível", como ele mesmo diz. O ambiente noturno ou pouco iluminado de suas histórias destila um expressionismo muito peculiar. Isso se manifesta especialmente nos dois filmes baseados em Dostoievski, *Gentle Spirit* e *Crime and Punishment*, este considerado pelo diretor como "o filme de sua vida" e cuja preparação lhe consumiu três anos.

Piotr Dumala é um artista polivalente que já desenhou quadrinhos, publicou um livro de contos, escreve roteiros para longas-metragens, faz jornalismo e pintura, cria ilustrações e posters, dá aulas de animação na Polônia, Suécia e EUA. Dumala também dirige comerciais, trailers de TV e assinou quatro premiadas vinhetas para a MTV.

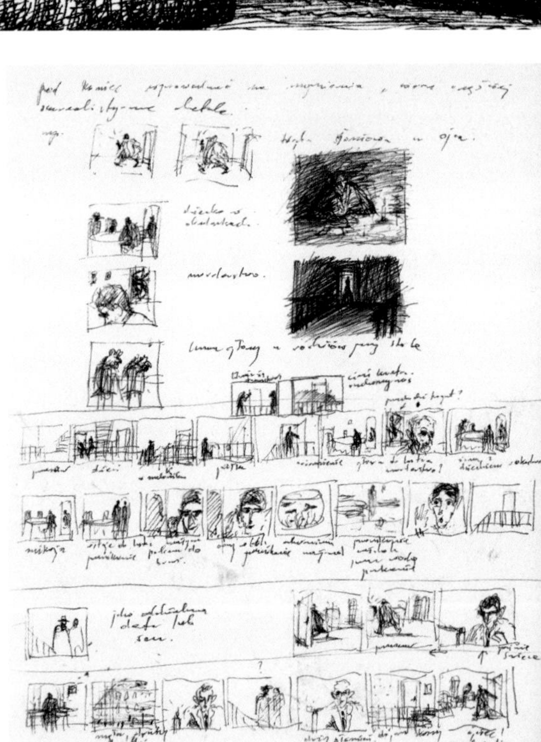

Pg. 241 Zbrodnia i Kara / Crime and Punishment, 2000
Scratching and painting on plaster plates

Pg. 242–243 Child, 2002
Pencil on paper

(right) Storyboard

PIXAR ANIMATION STUDIOS

Luxo Jr., 1986
Red's Dream, 1987
Tin Toy, (1988),
Knick Knack, 1989
Toy Story, 1995
Geri's Game, 1997
A Bug's Life, 1998
Toy Story 2, 1999
For the Birds, 2000
Monsters, Inc., 2001
Mike's New Car, 2002
Finding Nemo, 2003
The Incredibles, 2004
Boundin', 2004

Gold Gate Award San Francisco 1987,
Academy Award Best Short Animated Film 1988/1997/2001,
Academy Award Scientific and Engineering 1991/1992/1994/1995/1997,
Gold Medal Clio Awards 1993/1994,
Academy Award for Special Achievement (1995),
Academy Award for Technical Achievement 1996/1998,
Annie Awards 1996/1998/2000/2003,
Public Prize Annecy 1998,
Grammy 1999,
Academy Award of Merit 2000,
Golden Globe Best Picture 2000,
Academy Award Best Original Song 2001,
Children's Award BAFTA 2002,
Vanguard Award Producer's Guild of America 2002
Academy Award Best Animated Film 2003 (Finding Nemo)

3D Computer animation

PIXAR

www.pixar.com

Para el equipo de Pixar, la tecnología es un arte con letras mayúsculas. Los trabajos en ese estudio de Emerville, California, aceleran el proceso de aceptación de los dibujos animados en ordenador 3D por parte del público no especializado, con lo que ayuda a cambiar la imagen de la animación mundial.

El logotipo de la empresa, presente en la apertura de todas sus películas, evoca el primer éxito de John Lasseter, vicepresidente ejecutivo de creación. Las divertidas y sensibles lámparas de *Luxo Jr.* hicieron posible asociar la computación gráfica a ciertos valores emocionales que, en los años ochenta, todavía parecían ser un privilegio de la animación tradicional. Desde entonces, juguetes celosos, bicicletas soñadoras, insectos deslavazados, monstruitos en pánico, pájaros vengativos y peces traviesos han saltado de los chips de Lasseter y compañía.

Lasseter, un ex animador de Disney y de Lucasfilm, estuvo en el centro de toda esta historia desde que Steve Jobs, de Apple, creara Pixar en 1984. Cada producción del estudio ha sido un desafío a los límites de la animación tridimensional respecto al análisis de texturas y la construcción de personalidades palpables a partir de bits y pixels. Pixar ha desarrollado sistemas de *software* exclusivos -como Marionette, Ringmaster y RenderMan- que le permiten resultados punta ahorrando tiempo.

A través de un acuerdo firmado con Disney en 1991, John Lasseter dirigió su primer largometraje animado totalmente digital, el revolucionario *Toy Story*. Otros largometrajes de gran repercusión le siguieron, además de cuatro Oscar, con lo que Pixar se ha ido convirtiendo en una marca cada vez más popular y reconocida.

Per il gruppo che lavora alla Pixar la tecnologia è un'arte con la "a" maiuscola. I lavori che vengono realizzati nello studio di Emerville, in California, Stati Uniti, hanno accelerato l'accettazione del cambio dell'immagine dell'animazione a livello mondiale da parte di un pubblico non specializzato.

Il logotipo della società, che appare all'apertura di tutti i suoi film, evoca il primo esito di John Lasseter, vice presidente esecutivo alla creazione. Le lampade divertenti e sensibili di *Luxo Jr.* hanno reso possibile associare l'elaborazione grafica a certi valori emozionali che, durante gli Anni Ottanta, sembravano essere ancora un privilegio dell'animazione tradizionale. Da allora, nascono dalla creatività dei chip informatici di Lasseter e compagnia, giocattoli gelosi, biciclette sognatrici, insetti scompensati, mostriciattoli in preda al panico, uccelli vendicativi e pesci birichini.

Lasseter, un ex animatore della Disney e della Lucasfilm, fu il fulcro di tutta la storia quando Steve Jobs, di Apple Macintosh, creò la Pixar Studio nel 1984. Ogni produzione dello studio è stata motivo di sfida ai limiti dell'animazione tridimensionale, rispetto all'analisi della struttura e alla costruzione di personalità palpabili partendo da bit e pixel. Pixar ha sviluppato sistemi di software esclusivi come Marionette, Ringmaster e RenderMan, che consentono risultati ottimali risparmiando tempo.

John Lasseter, grazie ad un accordo firmato con la Disney nel 1991 diresse il primo lungometraggio animato completamente digitale, il rivoluzionario *Toy Story*. Altri lungometraggi di gran ripercussione imitarono quest'esempio, che hanno concesso a Pixar il riconoscimento delle sue capacità con quattro Oscar, e l'hanno resa una delle marche più famosa del settore.

Para a equipe da Pixar, a tecnologia é uma Arte com A maiúsculo. Os trabalhos desse estúdio de Emeryville, Califórnia, EUA, aceleraram a aceitação do desenho animado em computador 3D pelas platéias não especializadas, assim ajudando a mudar a face da animação mundial.

A logomarca da empresa, presente na abertura de todos os seus filmes, evoca o primeiro sucesso de John Lasseter, vice-presidente executivo de criação. As divertidas e sensíveis luminárias de *Luxo Jr.* jogaram luz sobre a possibilidade de associar a computação gráfica a valores emocionais que, nos anos 1980, ainda pareciam ser um privilégio da animação tradicional. Desde então, brinquedos ciumentos, bicicletas sonhadoras, insetos desajustados, monstrinhos em pânico, pássaros vingativos e peixes travessos têm saltado dos HDs de Lasseter e companhia.

Lasseter, um ex-animador da Disney e da Lucasfilm, esteve no centro de toda essa história desde a criação da Pixar, em 1984, por Steve Jobs, da Apple. Cada produção do estúdio tem sido um desafio aos limites da animação 3D, no sentido de apurar texturas e construir personalidades palpáveis a partir de bits e pixels. A Pixar desenvolveu sistemas de software exclusivos – como Marionette, Ringmaster e RenderMan – que lhe permitem resultados de ponta com grande economia de tempo.

Através de um acordo firmado com a Disney em 1991, John Lasseter dirigiu o primeiro longa-metragem inteiramente em animação computadorizada, o revolucionário *Toy Story*. Outros longas de enorme repercussão se seguiram, tornando a Pixar uma marca cada vez mais popular.

Pg. 245 Luxo Jr.

Pg. 246
Mike's New Car

Pg. 247
For The Birds

PRIIT PÄRN

Estonia
Eesti Joonisfilm
Roo 9, Tallinn 10611
Phone: + 372 513 2569
Fax: + 372 677 4122
E-mail: priit.parn@neti.ee

Kas Maakera on Ümmargune? / Is the Earth Round?, 1977
Ja Teeb Trikke / And Plays Tricks, 1978
Harjutusi Iseseisvaks Eluks / Some Exercises in Preparation of an Independent Life, 1980
Kolmnurk / The Triangle, 1982
Aeg Maha / Time Out, 1984
Eine Murul / Breakfast on the Grass, 1987
Hotel E, 1992
1895, 1995
Porgandite öö / Night of the Carrots, 1998
Karl ja Marilyn / Karl and Marilyn, 2003

First Prize - *Espinho*, 1985/1988
Grand Prix - *Tampere*, 1988
First Prize in category and Critic's Prize - *Zagreb*, 1988
Bronze Lion - *Cannes*, 1988
Nika Prize/USSR, 1989
Prize of Land - *Baden-Württemberg Stuttgart*, 1992
Best Film - *Oslo*, 1996
Grand Prix - *Zagreb*, 1996
Best Design - *Ottawa*, 1996
Grand Prix - *Ottawa*, 1998
Silver Dove - *Leipzig*, 1999
First Prize - *WAC/USA*, 2000
ASIFA Life Achievement Award, 2002

Traditional animation

PRIIT PÄRN

www.joonisfilm.ee

Si un investigador del próximo milenio dispusiera únicamente de dos películas de Priit Pärn tendría material suficiente para recomponer las grandes cuestiones sociopolíticas de nuestro tiempo. Los cortometrajes –que no son tan cortos, dado que algunos llegan a casi media hora– de este valiente estonio nacido en 1946 son duros comentarios sobre la vida durante el régimen comunista, las supuestas diferencias entre Oriente y Occidente durante el período de la guerra fría y el fetiche de la digitalización y la era de la Red.

Ese investigador del futuro tendría que desvelar unos cuantos estereotipos, de los que Priit Pärn extrae su absurdo humor. Por otro lado, también tendría que entender toda la lógica del realizador y no ser esclavo del gusto común. El trazo de Pärn tiene algo de primitivo, los colores que usa son disonantes y, decididamente, su dibujo no puede calificarse de "bonito". Asimismo, la incomodidad que siente el espectador ante sus películas es fruto de su eficacia. Se trata de fábulas modernas para un público interesado en imaginar el mundo más allá de lo superficial.

Pärn ejerció de biólogo e hizo de doble antes de rendirse ante la animación a mediados de los setenta. *The Triangle y Breakfast on the Grass* marcaron época en la animación estonia al combinar historias de personas corrientes con una explícita crítica política. Su influencia en la animación mundial está ampliamente reconocida, también por su actuación como profesor en diversos países. Por otra parte, sus más de 30 exposiciones individuales a lo largo de los últimos doce años le han otorgado el título de renombrado caricaturista e ilustrador. Desde 1994, Priit Pärn da forma a sus trabajos en el Eesti Joonisfilm Studio de Tallinn, capital de la Estonia independiente.

Se uno storico del prossimo millennio disponesse unicamente di due film di Priit Pärn, avrebbe materiale sufficiente per ricomporre le grandi questioni socio-politiche del nostro tempo. I cortometraggi di questo estone, nato nel '46, (cortometraggi che non sono poi così corti, considerando che alcuni durano anche mezz'ora) sono commenti acri sulla vita durante il regime comunista, le presunte differenze tra Oriente e Occidente durante il periodo della "guerra fredda" e il feticcio della "digitalizzazione" nell'era di Internet.

Questo ricercatore del futuro dovrebbe essere in grado di scoprire alcuni degli stereotipi, da cui Priit Pärn trae spunto per il suo assurdo umorismo, ma dovrebbe anche capire la logica del realizzatore e non essere troppo schiavo del gusto comune. Il tratto di Pärn ha, infatti, un che di primitivo, i colori usati non sono armonici tra loro ed il disegno non può essere definito con l'aggettivo "bello". Lo spettatore si sente scomodo davanti ai suoi film ma, d'altronde, questa può essere considerata la prova della loro efficacia. Si tratta di favole moderne per un pubblico interessato ad immaginare il mondo al di là della superficialità.

Pärn ha svolto l'attività di biologo ed ha fatto anche da comparsa, prima di arrendersi davanti all'animazione a metà degli Anni Settanta. I suoi lavori *The Triangle y Breakfast on the Grass* segnarono un'epoca nell'animazione in Estonia, per la loro combinazione di storie di persone comuni con un'esplicita critica politica. L' influenza di Pärn nell'animazione mondiale è ampiamente riconosciuta, anche grazie al fatto di essere professore della materia in diversi paesi. Le 30 esposizioni individuali durante gli ultimi dodici anni, d'altra parte, hanno fatto di lui un caricaturista e un illustratore rinomato. Dal 1994, Priit Pärn da vita ai suoi lavori nello Eesti Joonisfilm Studio, nella capitale dell'Estonia indipendente Tallinn.

Se um pesquisador do próximo milênio dispuser apenas dos filmes de Priit Pärn, já terá material suficiente para recompor as grandes questões sócio-políticas do nosso tempo. Os curtas (não tão curtos assim, pois alguns duram cerca de meia hora) desse bravo estoniano nascido em 1946 são comentários agudos sobre a vida no regime comunista, as supostas diferenças entre Ocidente e Oriente durante o período da guerra fria, o fetiche da inclusão digital na era da internet etc.

Nosso pesquisador do futuro precisará desvendar um bocado de estereótipos – Priit Pärn tira deles muito do seu humor absurdo. Precisará compreender a lógica toda particular do realizador e não ser escravo do gosto médio. O traço de Pärn tem algo de primitivo, suas cores são dissonantes e o desenho não suporta, definitivamente, um adjetivo como "bonito". Mas o desconforto diante de seus filmes é também a razão de sua eficácia. Eles são fábulas modernas para espectadores interessados em pensar o mundo além de sua superfície.

Pärn foi biólogo e dublê antes de render-se ao desenho animado, em meados da década de 1970. *The Triangle e Breakfast on the Grass* marcaram época na animação estoniana ao combinar histórias de gente comum e crítica política explícita. Sua influência na animação mundial é amplamente reconhecida, inclusive por sua atuação como professor em diversos países. Ele é também um renomado caricaturista e ilustrador com mais de 30 exposições individuais nos últimos doze anos. Desde 1994, Priit Pärn vem sediando seus trabalhos no Eesti Joonisfilm Studio, de Tallinn, capital da Estônia independente.

Pg. 249–253 Karl ja Marilyn / Karl and Marilyn, 2003
Traditional animation

RAOUL SERVAIS

Belgium
Fondation Raoul Servais
Contact: Monsieur Jacques DuBrulle
c/o Festival International
du Film de Flandre
Kortrijksesteenweg 1104
Sint-Denijs-Westrem 9051
Phone: 32 9 221 89 46
Fax: + 32 9 221 90 74

Chromophobia, 1965
Goldframe, 1967
Sirene, 1968
To Speak or Not to Speak, 1970
Operation X-70, 1971
Pegasus, 1973
Harpya, 1979
Taxandria, 1994
Nachtvinders / Nocturnal Butterflies, 1998
Atraksion, 2001

Primo Premio - *Venice Biennale*, 1966
Golden Palm - *Cannes*, 1969
Special Prize of the Jury - *Cannes*, 1972 *and Zagreb*, 1972
Méliès d'Argent - *Fantasporto*, 1996
Grand Prix and Critics Award - *Annecy*, 1998
International Fantasy Film Award - *Fantasporto*, 2003

Traditional animation
Live action
"Servaisgraphy"

RAOUL SERVAIS

Creador de un estilo y de técnicas extremamente personales, Raoul Servais está considerado como una leyenda viva del cine de arte. Antes de iniciarse en la animación, trabajó con René Magritte en el panel *Domaine enchanté* y pintó murales para la Feria Mundial de Bruselas en 1958. Las referencias al expresionismo y a la pintura flamenca son constantes de sus películas.

Los cortos de Servais y su largometraje *Taxandria* ponen en acción a una serie de prototipos mitológicos y políticos, con arreglos gráficamente osados y conceptualmente incitantes. Su temática incluye cuestiones éticas y morales así como fábulas políticas donde el poder y la libertad individual colisionan. Dichas luchas suceden en un mundo totalmente artificial, regido por una lógica que sólo le pertenece al lenguaje de la animación.

A partir de *Harpya*, Servais presenta una técnica innovadora: filma a actores reales y objetos contra un fondo cubierto de terciopelo negro y proyecta el resultado a color en el multiplán. Más tarde, crea la "Servaisgrafía", proceso mediante el cual se filma a los personajes y se imprimen los fotogramas en hojas de acetato, que a su vez se colorean por detrás y se vuelven a filmar de espaldas a los escenarios adecuados.

Las películas de Raoul Servais sorprenden por su técnica radical y por la densidad de su contenido. Los festivales de Cannes, Venecia y Annecy ya le han colocado en el panteón de los grandes artistas de su época, mientras que el MOMA de Nueva York, el Museo de Arte Contemporáneo de Chicago y el Centro Georges Pompidou de París han realizado algunas retrospectivas de su obra. Servais fundó una escuela de animación en Ghent, Bélgica, y fue el presidente de la Asociación Internacional de la Película de Animación de 1985 a 1994.

Raoul Servais è considerato una leggenda vivente del cinema artistico, essendo anche creatore di uno stile e di tecniche estremamente personali. Prima di diventare animatore, lavorò al pannello *Domaine Enchanté* con René Magritte e dipinse murales per la Fiera Mondiale di Bruxelles nel 1958. I riferimenti all'espressionismo e alla pittura fiamminga sono costanti nei suoi film.

I cortometraggi di Servais e il lungometraggio *Taxandria* mobilitano una serie di prototipi mitologici e politici, in una sorta di arrangiamenti azzardati e concettualmente provocanti. Il tema comprende questioni etiche e morali come pure favole politiche in cui il potere e la libertà individuale si scontrano. Tali lotte avvengono in un mondo totalmente artificiale, retto da una logica che appartiene solamente al linguaggio dell'animazione.

Con *Harpya* Servais presenta una tecnica innovatrice: riprende attori reali e oggetti su un fondo coperto di velluto nero e proietta il risultato a colori su un piano multiplo. In seguito crea la "Servaisgrafia", un processo mediante il quale i personaggi sono ripresi e si stampano i fotogrammi su fogli d'acetato, che a loro volta si colorano sul retro e si proiettano una seconda volta sugli sfondi adatti.

I film di Raoul Servais sorprendono grazie alla tecnica radicale e alla profondità del contenuto. I festival di Cannes, Venezia e Annecy gli hanno concesso un posto d'onore nel firmamento dei grandi artisti della sua epoca e musei come il MoMA di New York, il Museo di Arte Contemporanea di Chicago e il Centro Georges Pompidou di Parigi hanno ralizzato diverse retrospettive della sua opera. Servais ha fondato una scuola di animazione a Ghent, in Belgio, ed è stato presidente dell'Associazione Internazionale del Film di Animazione dal 1985 al 1994.

Criador de um estilo e algumas técnicas extremamente pessoais, Raoul Servais é considerado uma lenda vida do cinema de arte. Antes de iniciar-se na animação, ele trabalhou com René Magritte no painel *Domaine enchanté* e pintou murais para a Feira Mundial de Bruxelas, em 1958. As referências ao expressionismo e à pintura flamenga freqüentam os seus filmes.

Os curtas de Servais e o seu longa *Taxandria* mobilizam uma série de arquétipos mitológicos e políticos, em arranjos graficamente ousados e conceitualmente instigantes. Sua temática inclui questões éticas e morais, assim como fábulas políticas em que o poder e a liberdade individual entram em choque. Essas lutas se passam num mundo inteiramente artificial, regido por uma lógica que só pertence à linguagem da animação.

A partir de *Harpya*, Servais apresenta uma técnica inovadora, filmando atores reais e objetos contra um fundo revestido de veludo negro e projetando o resultado em cores no multiplano. Mais tarde, criaria a "Servaisgrafia", processo no qual as personagens são filmadas e os fotogramas são impressos em folhas de acetato, que por sua vez são coloridas no verso e refilmadas contra os cenários adequados.

Os filmes de Raoul Servais surpreendem pela radicalidade da técnica e a densidade do conteúdo. Os festivais de Cannes, Veneza e Annecy já o colocaram no panteão dos grandes artistas de seu tempo. O MOMA de Nova Iorque, O Museu de Arte Contemporânea de Chicago e o Centro Georges Pompidou, de Paris, fizeram retrospectivas de sua obra. Servais fundou uma escola de animação em Ghent, Bélgica, e foi presidente (1985-1994) da Associação Internacional do Filme de Animação.

Pg. 255
(top) Operation X-70, 1971
Traditional animation

(bottom) Goldframe, 1969
"Servaisgraphy"

Pg. 256–257 Pegasus, 1973

RHYTHM & HUES STUDIO USA	**Terminator 2**, 1991 **Flight of the Intruder**, 1991 **Alien 3**, 1993 **Batman Forever**, 1995 **Babe**, 1995 **Titianic**, 1997 **Face/Off**, 1997 **X-Men**, 2000 **Hollow Man**, 2000 **Fantasia 2000**, 2000 **The Lord of the Rings**, 2001 **Harry Potter and the Sorcerer's Stone**, 2001 **The Sum of All Fears**, 2002 **Solaris**, 2002 **Around the World in 80 Days**, 2004	**Clio Award Best Computer Animation**, 1992 **First Prize** - *AICP/MoMA*, 1992 **Best Visual Effects** - *Academy of Television Arts & Sciences*, 1993 **Annie Award**, 1993 **Entrepreneur of the Year**, 1993 **Special Jury Prize** - *Hiroshima*, 1994 **Academy Award for Scientific & Technical Achievement**, 1994/1998 **Oscar Best Visual Effects**, 1995 **Best of Show** - *Imagina*, 1995 **Silver Clio Animation**, 1999 **Best Supporting Visual Effects in a Motion Picture** - *Visual Effects Society*, 2003	**CGI** **Blending CGI with live action**

RHYTHM & HUES

www.rhythm.com

¿Qué tienen en común los increíbles efectos visuales de *Cara a cara*, las locuras de *X-Men*, la magia de *El señor de los anillos* y las travesuras del ratoncito de *Stuart Little*? Todas estas maravillas tecnológicas al servicio del cine gozan de la participación del estudio Rhythm & Hues de Los Ángeles, cuya división cinematográfica ha tomado parte en la producción de más de 75 películas taquilleras y ha conseguido el Oscar a los mejores efectos especiales con *Babe, el cerdito valiente*.

La perfección con que los animales de *Babe* pronunciaban su texto hizo que la técnica de R&H se utilizara en otros anuncios y películas protagonizados por animales parlantes. No obstante, los ordenadores de la empresa son todavía más versátiles y crean personajes, vehículos y escenarios digitales, así como los efectos visuales capaces de atender a la imaginación más delirante, para después integrarlos con maestría a las escenas de acción real.

Rhythm & Hues fue fundada en 1987 con un único ordenador en la sala de su productor, John Hughes. La empresa creció rápidamente en el sector de la publicidad y de los logos animados. En 1999, adquirió la productora de efectos especiales VIFX, formando así el mayor estudio de animación y efectos visuales privado de Los Ángeles. En 2002, la revista *Wired* lo consideró como uno de los cinco mejores del ramo.

La amplia cartera de clientes de R&H en la industria de la publicidad incluye a Coca-Cola -con la famosa campaña de los osos polares-, GEICO (Gecko), Intel, Ford Motor y Procter & Gamble, entre muchos otros. La empresa cuenta también con una unidad de parques temáticos que ha producido diversas películas de conducción simulada y programas en formato IMAX.

Che cosa hanno in comune gli incredibili effetti visivi di *Face/off, due facce di un assassino*, le pazzie di *X-Men*, la magia de *Il Signore degli anelli* e le birichinate del topolino *Stuart Little*? Tutte queste meraviglie tecnologiche al servizio del cinema godono della partecipazione di Rhythm & Hues di Los Angeles, la cui divisione cinematografica ha partecipato a più di 75 film che hanno riscosso grande successo al botteghino e ha ottenuto il premio Oscar ai migliori effetti speciali per *Babe maialino coraggioso*.

La perfezione con cui gli animali di *Babe* si esprimevano ha fatto si che la tecnica utilizzata da R&H si utilizzasse in altri annunci pubblicitari e film i cui protagonisti erano animali parlanti. Inoltre, i computer dell'impresa sono ancora più versatili e creano personaggi, veicoli e sfondi digitali, così come effetti visivi capaci di dare spazio all'immaginazione più delirante, per poi essere integrati con grande maestria nelle scene d'azione reali.

Rhythm & Hues fu fondata nel 1987 con un solo computer nella sala del suo produttore, John Hughes. L'impresa crebbe rapidamente nel settore della pubblicità e dei loghi animati. Nel 1999 acquisì la casa di produzione di effetti speciali VIFX, diventando così il più grande studio privato di animazione ed effetti speciali di Los Angeles. Nel 2002 la rivista *Wired* lo qualificò come uno dei cinque migliori del settore.

Il portafoglio clienti di R&H nell'industria della pubblicità include Coca-Cola, per la conosciuta campagna degli orsi polari, GEICO (Gecko), Intel, Ford Motor e Procter & Gamble, tra molti altri. L'impresa possiede inoltre un'unità di parchi tematici che ha prodotto diversi film di guida simulata e programmi in formato IMAX.

O que existe em comum entre os incríveis efeitos visuais do *thriller Face/Off*, as loucuras de *X-Men*, a magia de *The Lord of the Rings* e as travessuras do ratinho Stuart Little? Todas essas maravilhas tecnológicas a serviço do cinema têm a participação do estúdio Rhythm & Hues, de Los Angeles. Sua divisão de cinema já se envolveu na produção de mais de 75 filmes campeões de bilheteria e arrebatou o Oscar de efeitos visuais com *Babe, O Porquinho Atrapalhado*.

A perfeição com que os animais de *Babe* pronunciavam seu texto levou a técnica da R&H a vários outros filmes e comerciais estrelando bichos falantes. Mas os computadores da empresa são muito mais versáteis do que isso: criam personagens, veículos e cenários de computação gráfica, assim como efeitos visuais capazes de atender à imaginação mais delirante. E os integram com maestria à ação filmada ao vivo.

A Rhythm & Hues foi fundada em 1987, com um único computador na sala do produtor John Hughes. Cresceu rapidamente no setor de comerciais e logos animados. Em 1999, adquiriu a produtora de efeitos especiais VIFX, formando assim o maior estúdio de animação e efeitos visuais privado de Los Angeles. Em 2002, foi incluído pela revista Wired entre os cinco maiores do ramo.

A vasta carteira de clientes da R&H na indústria da publicidade inclui Coca-Cola (a popular campanha dos ursos polares), GEICO (Gecko), Intel, Ford Motor e Procter & Gamble, entre muitos outros.

A empresa conta, ainda, com uma unidade de parques temáticos, que produziu diversos filmes de simulação para *motion rides* e programas para o IMAX.

Pg. 259 Cats & Dogs, 2001
Computer animation

Pg. 260 NascarThunder
(commercial), 2003
CGI
Client: Electronic Arts

Pg. 261 Race for Atlantis
(Theme Park), 2003
CGI
Client: Ceasars Palace
Las Vegas, Nevada

Pg. 262–263 Cat in the Hat, 2004
CGI with live action

INTERNATIONAL ROCKETSHIP LIMITED USA/Canada Marv Newland 204-2630 York Ave. Vancouver, BC V6K 1E5 Phone: + 1 604 738 1778 Fax: + 1 604 738 0009	**Bambi Meets Godzilla**, 1969 **Sing Beast Sing**, 1980 **Anijam**, 1984 **Hooray for Sandbox Land**, 1985 **Black Hula**, 1988 **Pink Konkommer / Pink Cucumber**, 1991 **Gary Larson's Tales From the Far Side I**, 1994 and II, 1996 **FUV**, 1999	**Silver Hugo** - *Chicago*, 1980 **Jury Prize** - *Annecy*, 1980 **Grand Prix** - *Annecy*, 1995	**Traditional 2D animation** **Marionettes**

ROCKETSHIP

Los espíritus más delicados pueden llegar a escandalizarse con las películas de Marv Newland; no obstante, aquellos que aprecian el humor extravagante y demoledor encuentran en ellas un verdadero espectáculo. Con su primer trabajo, a los 21 años de edad, este animador californiano presentó como tarjeta de visita: *Bambi Meets Godzilla*, corto con el que mostraba una visión sintética, corrosiva y muy divertida de la ley de la selva. Toda su filmografía independiente se iba a nutrir a partir de entonces de historias lúbricas, violentas y desconcertantes, así como de un control peculiar y lleno de intriga de los tiempos narrativos.

La misma inclinación preside las creaciones de otros directores, producidas por Marv Newland en su empresa International Rocketship Limited, fundada en 1975, dos años después de instalarse definitivamente en Vancouver, Canadá. A pesar de su pomposo nombre, Rocketship es una fuente de ideas irreverentes y un baluarte de resistencia a los dibujos animados tradicionales basados en las historietas. Con estas credenciales, la productora ha conquistado clientes como Nintendo, Microsoft, Shell Canada, MTV, NBC, Nickelodeon, Cartoon Network y el National Film Board de Canadá.

Como productor, Newland ha promovido proyectos colectivos de gran éxito como *Anijam*, una "*jam session*" para la que reunió a 22 animadores, o *Pink Konkommer*, una banda sonora erótica ilustrada para la que dio cita a nueve talentos internacionales. Como director, sus adaptaciones de la obra del dibujante humorístico Gary Larson le supusieron un Gran Premio en el Festival de Annecy. Más recientemente, Newland ha realizado algunos episodios de la serie de marionetas *P.J.s* de los estudios de Will Vinton y ha dado clases en la Vancouver Film School.

I più sensibili potrebbero scandalizzarsi con i film di Marv Newland, ma coloro che apprezzano l'umorismo più stravagante e corrosivo godono di un vero e proprio spettacolo. A 21 anni, con il primo lavoro, quest'animatore californiano presenta il suo biglietto da visita: *Bambi Meets Godzilla*, un cortometraggio che mostra una visione sintetica, deteriorata e molto divertente della legge della giungla. Tutta la sua filmografia indipendente si sarebbe nutrita da allora di storie lascive, violente e sconcertanti, così come di un controllo peculiare e intrigante dei tempi narrativi.

La stessa inclinazione è presente nelle creazioni d'altri registi, prodotti da Marv Newland con la sua International Rocketship Limited, da lui fondata nel 1975, due anni dopo essersi trasferito a Vancouver, in Canada. Malgrado il nome altisonante, la Rocketship è una sorgente d'idee irriverenti e un baluardo della resistenza ai disegni animati tradizionali su cui si basano i fumetti. Con queste credenziali, la casa produttrice ha ottenuto clienti quali Nintendo, Microsoft, Shell Canada, MTV, NBC, Nickelodeon, Cartoon Network e la National Film Board del Canada.

Newland in qualità di produttore ha promosso progetti collettivi di gran successo come *Anijam*, una "*jam session*" che vide riuniti 22 animatori, oppure *Pink Konkommer*, una colonna sonora erotica illustrata che volle riuniti nove talenti internazionali. In qualità di regista, le opere del disegnatore umorista Gary Larson da lui adattate gli sono valse il Gran Premio nel Festival di Annecy. Piu di recente, Newland ha realizzato alcuni episodi della serie di marionette *P.J.s* degli studi di Will Vinton e ha impartito lezioni presso la Vancouver Film School.

Os espíritos mais delicados podem se chocar com os filmes de Marv Newland. Mas os apreciadores de um humor extravagante e demolidor encontram neles um verdadeiro parque de diversões. Já no seu primeiro trabalho, aos 21 anos de idade, esse animador nascido na Califórnia, EUA, apresentou seu cartão de visita: *Bambi Meets Godzilla* era uma visão sintética, corrosiva e muito engraçada da lei da selva. Toda a sua filmografia independente iria se nutrir de histórias lúbricas, violentas, desconcertantes. E um *timing* narrativo intrigante e peculiar.

O mesmo espírito preside as criações de outros diretores, produzidas por Marv Newland em sua empresa International Rocketship Limited, que ele fundou em 1975, dois anos depois de se instalar definitivamente em Vancouver, Canadá. Apesar do nome pomposo, a Rocketship é um celeiro de idéias irreverentes e um bastião de resistência do desenho animado tradicional baseado no cartum. Com essas credenciais, a produtora conquistou clientes de peso como Nintendo, Microsoft, Shell Canada, MTV, NBC, Nickelodeon, Cartoon Network e o National Film Board do Canadá.

Como produtor, Newland encampou projetos coletivos vitoriosos, como a reunião de 22 animadores na "jam-session" *Anijam* e de nove talentos internacionais para ilustrar uma trilha sonora erótica em *Pink Konkommer*. Como diretor, suas adaptações da obra do cartunista Gary Larson lhe valeram um Grande Prêmio no Festival de Annecy. Mais recentemente, Newland realizou episódios da série de marionetes *P.J.s*, dos estúdios de Will Vinton, e deu aulas na Vancouver Film School.

Pg. 265 Beijing Flipbook, 2003
Dir.: Marv Newland
Ink on paper

Pg. 266 International Rocketship
Logo illustration

Pg. 267
(top) AniJam, 1984
Dir.: Marv Newland
Traditional animation

(bottom) Cartoon Network
Dir.: Marv Newland, Russ Crispin
& Dieter Mueler
Traditional animation

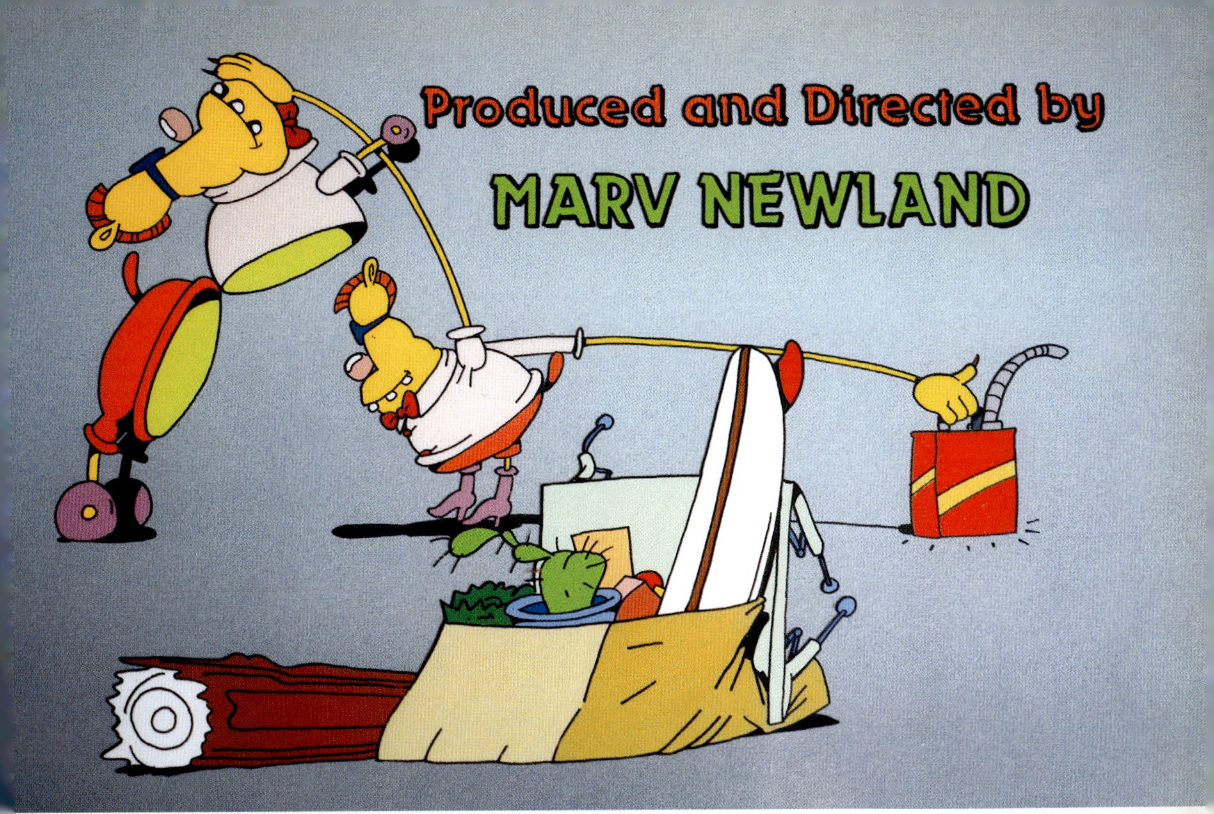
Produced and Directed by
MARV NEWLAND

EXIT

RUTH LINGFORD / SHERBET

United Kingdom
Contact: Jane Colling,
Sherbet/Ruth Lingford
112-114 Great Portland
Street, London W1N 5PE
Phone: +44 (0)20 7636 6435
Fax : +44 (0)20 7436 3221
E-mail: jane@sherbet.co.uk /
abi.lingford@btinternet.com

Whole Lotta Love, 1989
Sea in the Blood, 1990
Baggage, 1992
Crumble, 1992
What She Wants, 1994
Death and the Mother, 1997
Pleasures of War, 1998
An Eye For an Eye, 2001
The Old Fools, 2002

Best Graphics - *Annecy*, 1997
Best Film 6-13 min - *Espinho*, 1997
Special Prize of the Jury - *Cartoon d'Or*, 1997
Best Film over 10 min - *BAA*, 1998
Public Prize - *Stuttgart*, 1998
Best Animation L'Alternativa - *Barcelona*, 1999
Critics Award - *Brisbane*, 2000
Best Animation - *Taichung/Taiwan*, 2000
McLaren Award - *Edinburgh*, 2002

2D and 3D computer animation
Digital drawing combined with archival footage

RUTH LINGFORD

www.sherbet.co.uk

Érase una vez una pintora que deseaba grabar las diferentes capas depositadas en sus cuadros durante el proceso de creación. Cierto día, Ruth Lingford cogió una vieja cámara Super 8 y acabó haciendo sus primeros pinitos en el cine de animación. Enseguida descubrió que el acto repetitivo de animar le colocaba en una especie de trance y le permitía acceder al subconsciente.

Esta ex terapeuta ocupacional de ancianos con problemas psiquiátricos ya tenía más de 30 años cuando consiguió el diploma de animadora en el Royal College of Art de Londres, donde más tarde se convertiría en una profesora de renombre. Desde el inicio de su nueva carrera, a finales de los años ochenta, Lingford se especializó en la animación digital 2D, aunque frecuentemente combinada con material de archivo. En *Pleasures of War* usó algunas escenas de películas de archivo del Museo Imperial de la Guerra y en *The Old Fools* reelaboró algunas imágenes de su padre, que era cineasta.

Lingford no se conforma con pasar una buena parte de su vida ante el ordenador sólo para contar chistes. Sus películas son conscientemente sombrías y tratan temas difíciles como la muerte, la sexualidad, la violencia, el capitalismo o la infertilidad. El infierno psicológico por el que pasa la mujer moderna es uno de los escenarios recurrentes. Los densos contenidos de su filmografía los encuentra en las obras de Sara Maitland, Hans Christian Andersen, Philip Larkin o, incluso en la Biblia.

Los encargos del canal británico Channel Four han representado un estímulo importante para el trabajo de Lingford. Sin embargo, entre sus preocupaciones actuales se encuentra el programa de investigación Animation Elsewhere, que intenta buscar nuevos espacios para la exhibición de las películas de animación.

C'era una volta una pittrice che voleva registrare i differenti strati depositati nei suoi quadri durante il processo di creazione. Un giorno, Ruth Lingford prese una vecchia videocamera in Super 8 e fece i suoi primi tentativi nel cinema d'animazione. Scoprì subito che l'atto ripetitivo di animare la mandava in una specie di trance e le permetteva di entrare in contatto con il suo inconscio.

Quest'ex assistente geriatrica con problemi psichiatrici, ottenne il diploma in animazione quando aveva già compiuto i 30 anni al Royal College of Art di Londra, università dove più tardi divenne una riconosciuta insegnante. Sin dagli inizi della sua nuova carriera, alla fine degli Anni Ottanta, Lingford si specializzò in animazione digitale 2D, sebbene fosse spesso in combinazione con materiale d'archivio. In *Pleasures of War* utilizzò scene di film d'archivio del Museo Imperiale della Guerra e in *The Old Fools* rielaborò alcune immagini di suo padre, anch'egli cineasta.

Lingford non si accontenta di trascorrere buona parte della sua vita davanti al computer solo per raccontare delle burle o delle cose comiche. I suoi film infatti sono oscuri, ma con cognizione di causa e parlano di temi difficili come la morte, la sessualità, la violenza, il capitalismo o l'infertilità. L'inferno psicologico per cui passa una donna moderna è uno scenario ricorrente. È non strano che, per gli intensi contenuti della sua filmografia, prenda spunto dalle opere di Sara Maitland, Hans Christian Andersen, Philip Larkin o persino dalla Bibbia. Gli incarichi affidatigli dal canale britannico Channel Four hanno costituito uno stimolo importante per il lavoro di Ruth Lingford. Tuttavia tra le sue preoccupazioni attuali, c'è posto anche per il programma di ricerca Animation Elsewhere, che mira a cercare nuovi spazi per potere esibire film d'animazione.

Era uma vez uma pintora que desejava gravar as várias camadas depositadas em seus quadros durante o processo de criação. Um belo dia, Ruth Lingford tomou uma velha câmera Super 8 e acabou dando seus primeiros passos no cinema de animação. Descobriu que o ato repetitivo de animar a colocava numa espécie de transe, em vias de acessar materiais do subconsciente.

Essa ex-terapeuta ocupacional de pacientes psiquiátricos idosos já tinha mais de 30 anos quando tirou seu diploma de animadora no Royal College of Art, em Londres, ali mesmo onde se tornaria professora renomada. Desde o início de sua nova carreira, em fins dos anos 1980, Ruth especializou-se em animação computadorizada 2D, ainda que freqüentemente combinada com material de arquivo. Em *Pleasures of War* ela usou cenas de arquivo do Imperial War Museum. Em *The Old Fools*, retrabalhou imagens do seu pai cineasta.

Ruth não se contenta em passar boa parte de sua vida diante do computador apenas para contar piadas. Seus filmes são assumidamente sombrios e lidam com temas difíceis como morte, sexualidade, violência, capitalismo, infertilidade etc. O inferno psicológico da mulher moderna é um de seus cenários recorrentes. Ela procura conteúdos densos em obras de Sara Maitland, Hans Christian Andersen, Philip Larkin ou mesmo na Bíblia Sagrada.

As encomendas do Channel Four representaram um estímulo importante para o trabalho de Ruth Lingford. Mas entre suas preocupações atuais está a busca de novos espaços para a exibição de filmes animados, através do programa de pesquisa Animation Elsewhere.

Pg. 269 The Old Fools, 2002
2D computer animation

Pg. 270 Death and the Mother, 1997
2D computer animation

Pg. 271 Stills - Whole Lotta Love, 1989
2D computer animation

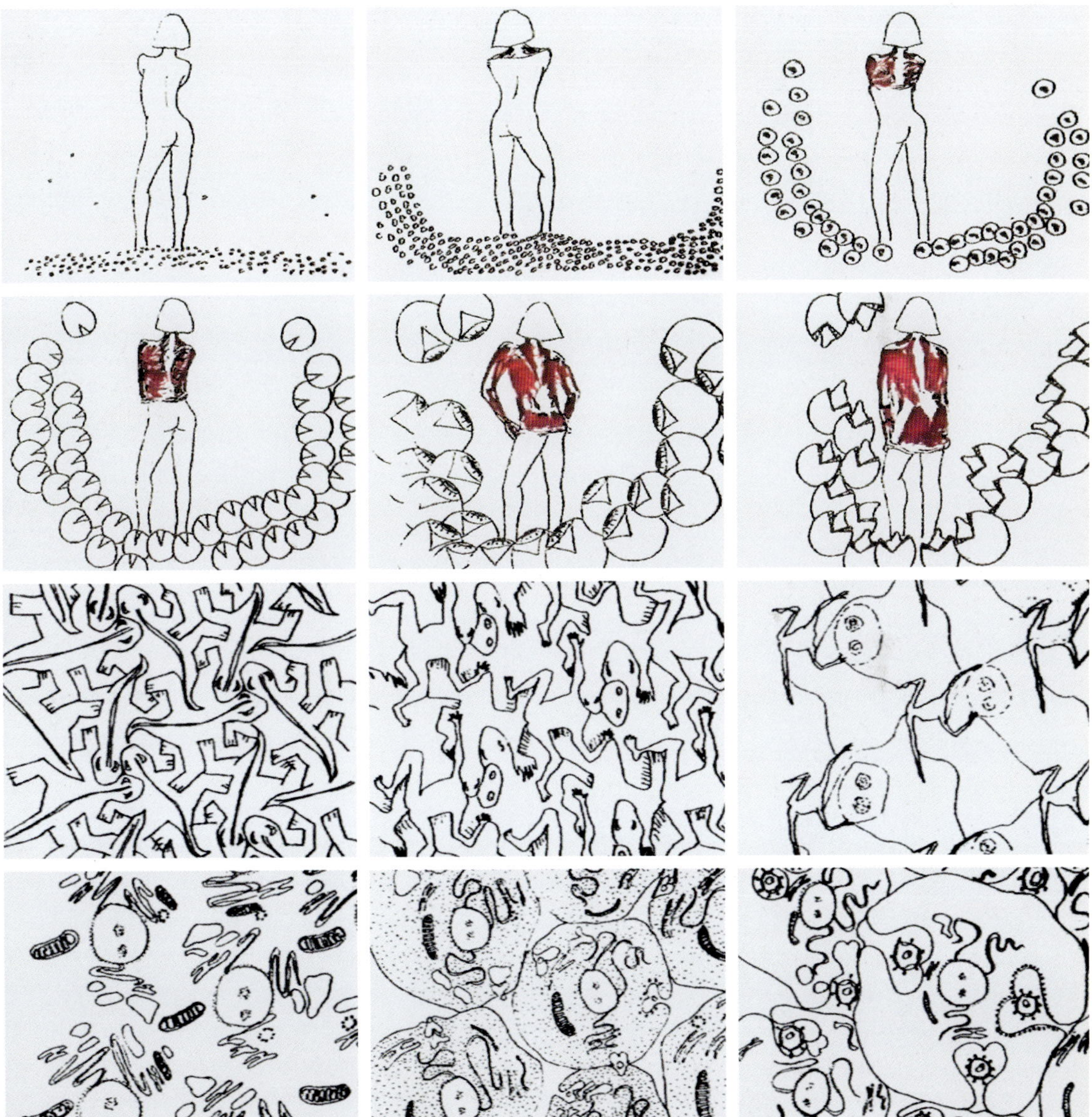

SARAH WATT

Australia
Sarah Watt Productions
PO Box 6173,
West Footscray, Vic. 3012
Email: sarahwatt@bigpond.com

The Candle, 1993
Small Treasures, 1995
Local Dive, 1999
Way of the Birds, 1999
Living With Happiness, 2001

Best Short - *Venice*, 1995
Australian Film Award, 1995
Special International Jury Prize - *Hiroshima*, 1996

Traditional and photographic animation

SARAH WATT

La animación es indisociable del resto de la vida de Sarah Watt. Los dolores y los placeres de su embarazo le sirvieron de inspiración para *Small Treasures*, cortometraje que ganó un importante premio en el Festival de Venecia y que llevó su nombre a la escena internacional. La chica poco popular que intenta escaparse de las aflicciones de una piscina pública en *Local Dive*, así como la mujer que lucha contra un mundo de paranoias en *Living With Happiness*, evoca ansias intrínsecas al alma femenina.

Así mismo, las técnicas de animación de Watt reflejan su trabajo en paralelo con la pintura y fotografía. Las películas de esta notable animadora están marcadas por observaciones llenas de sensibilidad, un movimiento fluido y un estilo visual que recuerda las narrativas del sueño y de la memoria.

Nacida en Nueva Zelanda, estudió un *master* en el prestigioso Swinburne Institute of Technology de Melbourne, Australia. Sarah Watt ya ha recibido diversos premios por los guiones que ha elaborado para otros directores y ha realizado algunos episodios de series para TV, así como algunas obras publicitarias muy elogiadas, además de dar con regularidad conferencias sobre temas de animación. Ha actuado en varias películas y teleseries australianas como animadora contratada y dibujante de producción, y ha dirigido teatro e incluso ha protagonizado algunos espectáculos en directo.

Para su primer largometraje, Watt creó una historia de cuatro personas trastornadas por las inesperadas noticias que reciben durante un fin de semana agitado y pensó colocar la acción en directo con secuencias animadas.

Sarah Watt continúa en busca de la felicidad en la animación.

L'animazione non è un aspetto separabile dal resto della vita di Sarah Watt. I dolori e i piaceri della sua gravidanza le servirono come fonte d'ispirazione per *Small Treasures*, un cortometraggio che vinse un premio importante nel Festival di Venezia e che collocò il suo nome su un piano internazionale. I personaggi femminili, come la ragazza poco famosa che riesce a scappare dalle afflizioni di una piscina pubblica in *Local Dive*, o la donna che lotta contro un mondo di paranoie in *Living With Happiness*, evocano desideri comuni all'animo femminile.

Le tecniche di animazione della Watt, allo stesso modo, riflettono il lavoro parallelo fatto con la pittura e la fotografia. I film di questa notevole animatrice sono segnati dalla sensibilità, dal movimento fluido e da uno stile visuale che ricorda la narrativa della dimensione onirica e della memoria.

Sarah Watt è nata in Nuova Zelanda e ha ottenuto un master al prestigioso Swinburne Institute of Technology de Melbourne, in Australia. È stata premiata con vari riconoscimenti per le sceneggiature che ha scritto per altri registi e ha realizzato degli episodi per alcune serie televisive. Ha realizzato anche alcune opere pubblicitarie molto elogiate, oltre a dare regolarmente conferenze su temi relativi all'animazione. Ha lavorato in diverse serie televisive e film australiani in qualità d'animatrice e disegnatrice di pubblicità, ed ha diretto opere teatrali, interpretando addirittura alcuni spettacoli in diretta.

Watt ha creato per il suo primo lungometraggio una storia di quattro persone, scombussolate dall'arrivo di notizie inattese in un fine settimana movimentato e ha concepito un'azione in diretta con sequenze animate.

Sarah Watt è ancora alla ricerca della felicità attraverso l'animazione.

A animação é indissociável do resto da vida de Sarah Watt. As dores e delícias de sua gravidez inspiraram *Small Treasures*, curta que ganhou importante prêmio no festival de Veneza e chamou atenção para o seu nome na cena internacional. A garota impopular que tenta escapar às agruras de uma piscina pública em *Local Dive*, assim como a mulher em luta contra um mundo de paranóia vista em *Living With Happiness*, evoca anseios comuns à alma feminina.

Da mesma forma, as técnicas de animação de Sarah refletem seu trabalho paralelo com a pintura e a fotografia. Os filmes dessa notável animadora australiana são marcados por observações cheias de sensibilidade, um movimento fluido e um estilo visual que lembra as narrativas do sonho e da memória.

Nascida na Nova Zelândia e formada com grau de mestrado no prestigioso Swinburne Institute of Technology, em Melbourne, Austrália, Sarah Watt já recebeu diversos prêmios também pelos seus roteiros para outros diretores. Ela realizou episódios de séries de TV e algumas elogiadas peças publicitárias, além de ser uma freqüente conferencista em assuntos de animação. Como animadora contratada e desenhista de produção, atuou em vários filmes e telesséries australianas. Dirigiu teatro e protagonizou performances ao vivo.

Para seu primeiro longa-metragem, Sarah criou uma história de quatro pessoas às voltas com notícias inesperadas durante um fim de semana agitado e planejou pontuar a ação ao vivo com seqüências animadas.

Sarah Watt continua em busca da felicidade na animação.

Pg. 273 Local Dive, 1999
Traditional animation

Pg. 274–275 Catch of the Day, 1990
Traditional animation

3.99 kg
SMITHS FISH
22.99 Kilo
5.00 kg

Pg. 276–277 Small Treasures, 1995
Traditional animation

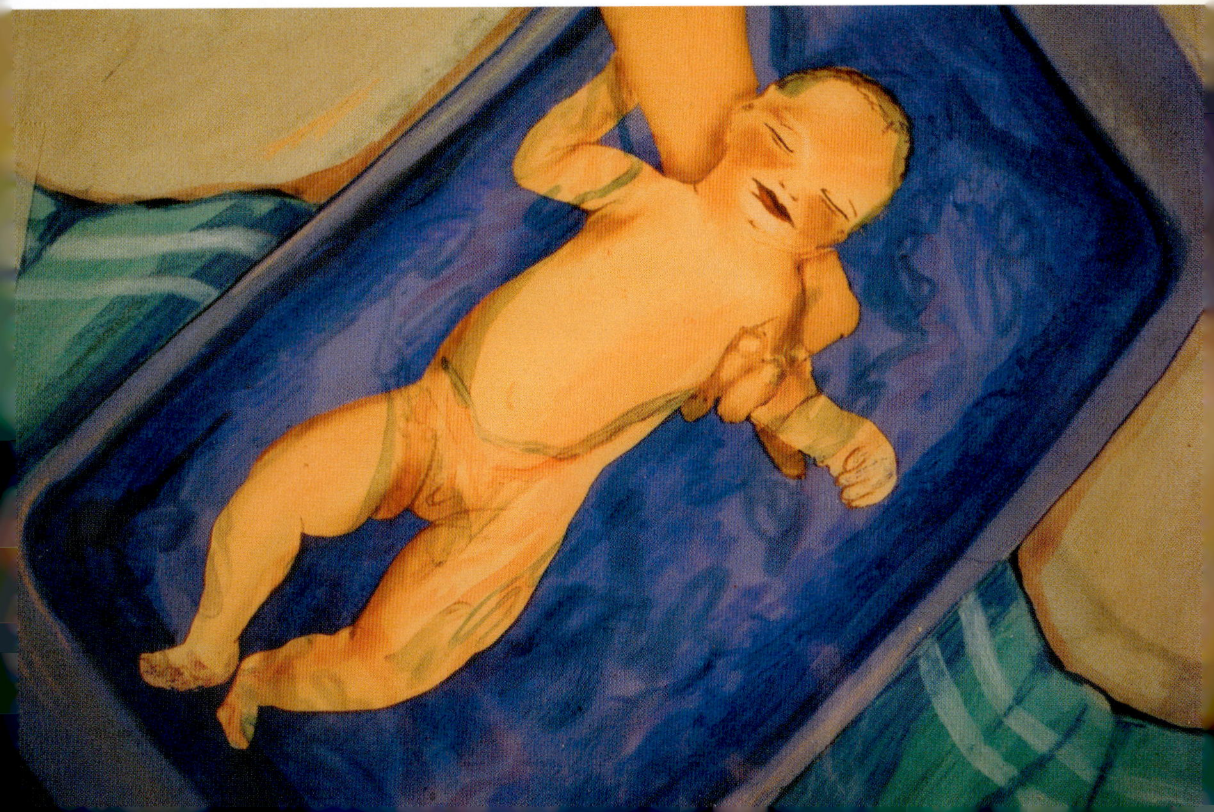

SPARX* France Contact: Guillaume Hellouin 91, Rue Lauriston, 75116 Paris E-mail: contact@sparx.com Phone: + 33 1 44 34 01 34 Fax: + 33 1 44 34 01 00	**Pierre et le loup / Peter and the Wolf**, 1995 **Bob & Scott**, 1996 **Rolie Polie Olie**, 1998 **Meldu**, 2000 **Les filles, l'âne et les bœufs / Red-Light Christmas**, 2002 **Basile, la Taupe**, 2002 **Zoé Kézako**, 2003 **Robota - teaser**, 2003	**7 d'Or Best Animation** - *Paris*, 1996 **First Prize Imagina** - *Monaco*, 1996 **Emmy Award : « Best Design »**, 1999 **and « Outstanding Special Class Animated Program»**, 2000 **Silver Plaque for Special Achievement** - *Chicago*, 1999 **Prize for Advertizing or Promotional Film** - *Annecy*, 2003 **Two Annie Awards**, 2003	**3D CGI**

SPARX*

www.sparx.com

"Si lo puedes dibujar, nosotros podemos darle vida", este es el eslogan de Sparx*, una de las mayores empresas de animación y efectos especiales de Europa. La calidad de sus trabajos confirma esta frase. Su mayor empeño consiste en trasladar el talento de la animación tradicional al lenguaje digital, ofreciendo a los autores los medios necesarios para concretar en la pantalla las ideas más desafiantes.

Sparx* fue fundada en 1995 por Jean-Christophe Bernard y Guillaume Hellouin, dos entusiastas del diseño gráfico digital. Incluso en su primer año de existencia, el estudio disfrutó de un gran éxito y obtuvo algunos galardones con el especial de TV *Pierre et le loup*. Poco después, llegarían otros reconocimientos para series distribuidas en varios países, cortometrajes artísticos y anuncios. La productora Sparkling* se creó con el objetivo de llevar adelante los proyectos del estudio.

La disposición para abrir nuevos frentes de experimentación llevó a Sparx*/Sparkling* al mercado de los efectos digitales para largometrajes distribuidos en cine. Este fue el caso de éxitos internacionales como *Mi vida en rosa* de Alain Berliner y *Thomas est amoureux* de Pierre-Paul Renders. En 2003, el Festival de Annecy galardonó el tráiler del largometraje *Robota*, un primor de animación 3D futurista dirigido por Doug Chiang.

En este estudio parisino, la investigación tecnológica convive con el espíritu de reverencia a la animación tradicional, algo que se refleja en un trabajo como el corto *Les filles, l'âne et les boeufs*, en el que se mezclan diferentes técnicas de diseño gráfico por ordenador para llegar a un bellísimo efecto de acuarela. Por otro lado, la colorida serie *Zoé Kézako* se creó totalmente en 3D, aunque por el efecto final se podría jurar que hemos vuelto a los comienzos en 2D.

"Se puoi disegnarlo, noi possiamo dargli vita", questo è lo slogan della Sparx*, una delle maggiori imprese d'animazione ed effetti visivi in Europa. La qualità dei lavori è la conferma di quest'affermazione. Il loro maggiore impegno consiste nel trasferire il talento dell'animazione tradizionale al linguaggio digitale, offrendo agli autori i mezzi necessari per realizzare sul grande schermo le idee più impegnative.

La Sparx* fu fondata nel 1995 da Jean-Christophe Bernard e Guillaume Hellouin, due fan accaniti del disegno grafico digitale. Nel suo primo anno di presenza nel mercato, lo studio riscosse un gran succeso e ottenne alcuni premi con lo speciale per la televisione *Peter and the Wolf*. Poco tempo dopo, gli furono riconosciuti altri premi per serie televisive distribuite in altri paesi, cortometraggi artistici e annunci pubblicitari. La casa di produzione Sparkling* venne creata con lo scopo di portare avanti i progetti dello studio.

La predisposizione della Sparx*/Sparkling* a sperimentare nuovi fronti, la portò ad entrare nel mercato degli effetti digitali per quanto riguarda i lungometraggi distribuiti nel cinema. I successi internazionali *La mia vita in rosa* di Alain Berliner e *Thomas est amoureux* di Pierre-Paul Renders, ne sono un buon esempio. Nel 2003, il Festival de Annecy premiò il loro trailer del lungometraggio *Robota*, una primizia dell'animazione tridimensionale futurista, diretto da Doug Chiang.

In questo studio parigino, la ricerca tecnologica convive con il rispetto per l'animazione tradizionale, un connubio riscontrabile in un lavoro come il lungometraggio *Les filles, l'âne et les boeufs*, in cui si mescolano diverse tecniche di disegno grafico per computer ottenendo un effetto di dipinto ad acquarello. D'altra parte, la serie televisiva piena di colore, *Zoé Kézako*, si creò in 3D anche se, a giudicare dall'effetto finale ottenuto, potremmo dire senza difficoltà di essere ai primordi dell'epoca 2D.

"Se você pode desenhar, nós podemos fazer viver" ("If you can draw it, we can make it live") – este é o slogan da Sparx*, uma das maiores empresas de animação e efeitos visuais digitais da Europa. A qualidade dos seus trabalhos confirma a frase. Todo o empenho da equipe se dedica a transpor o talento da animação tradicional para a linguagem da computação, fornecendo aos autores os meios para concretizar na tela as idéias mais desafiadoras.

A Sparx* foi fundada em 1995 por Jean-Christophe Bernard e Guillaume Hellouin, dois entusiastas da computação gráfica. Já no seu primeiro ano de existência, o estúdio fez sucesso e ganhou prêmios com o especial de TV *Pierre et le loup*. Outros êxitos se seguiram, com séries distribuídas em vários países, curtas artísticos e anúncios comerciais. A produtora Sparkling* foi criada para tocar os projetos do estúdio.

A disposição para abrir novas frentes de experimentação levou a Sparx*/Sparkling* ao mercado de efeitos digitais para longas-metragens distribuídos em cinema. Foi o caso dos sucessos internacionais *Minha Vida em Cor de Rosa*, de Alain Berliner, e *Thomas est amoureux*, de Pierre-Paul Renders. Em 2003, o Festival de Annecy laureou o *teaser* do longa-metragem *Robota*, um primor de animação 3D futurista, dirigido por Doug Chiang.

Nesse estúdio parisiense, a pesquisa tecnológica convive com o espírito de reverência à animação tradicional. Isso se reflete num trabalho como o curta *Les filles l'âne et les boeufs*, em que se mesclam diferentes técnicas de computação para chegar a um belíssimo efeito de aquarela. Já a série pseudo-naïf *Zoé Kézako* foi totalmente fabricada em 3D, mas você pode jurar que voltou a seus bons tempos de infância 2D.

HOTEL

- Version 4 - Decor Plan 7
2.35

- Maquette Couleur 3 - Plan 7

Pg. 279 Les filles, l'âne et les bœufs / Red-Light Christmas, 2002
3D CGI

Pg. 280 Mon Idole, 2003
Visual developments

Pg. 281 Mon Idole, 2003

Character development

Animation and digital visual effects : Sparx*

START DESENHOS ANIMADOS LTDA

Brazil
Contact: Walbercy Ribas
Rua França Pinto, 964
Vila Mariana São Paulo,
SP 04016-004
Phone: + 55 11 5572 8644
Fax: + 55 11 5572 7041
E-mail: start@start-desenhos-animados.com.br / walbercy@terra.com.br

O rinoceronte / Rhino, 1980
O vidro / Glass, 1986
The Other Wiseman, 1989
Safe Motherhood, 1991
Child's Play, 1992
The Teen Years, 1994
The Ride, 1995
Condor Crux, 1998
O grilo feliz / The Happy Cricket, 2001

Special Prize Animation - *Venice,* 1972
Grand Prix ACC - *Tokyo,* 1975/1976/1978/1979
Golden Medal - *New York Film Festival,* 1976/1977/1978/1979
Grand Prix - *Clio,* 1977/1978
Grand Prix - *Wisconsin,* 2002
Life Achievement - *Award Anima Mundi/Rio de Janeiro,* 2002
Special Award - *Brazilian Academy of Cinema,* 2002

Traditional animation
3D computer graphics

START DESENHOS ANIMADOS

www.start-desenhos-animados.com.br

Los telespectadores brasileños disfrutan desde hace tiempo de los personajes y las estupendas ideas de Walbercy Ribas Camargo, un veterano de la publicidad animada. Algunas de sus creaciones, como la cucaracha para la campaña del insecticida Rodox o los gatos de las pilas Eveready, forman parte de la memoria colectiva del país. Asimismo, los anuncios psicodélicos que creó para Sharp son otro icono de la animación brasileña.

Walbercy Ribas es un autodidacta que inició su carrera en 1959 y que produjo su primera película, en blanco y negro, a los 17 años de edad. Intuyendo el crecimiento del mercado publicitario, fundó en 1966 la empresa Start Desenhos Animados Ltda., donde crea y produce sus películas hasta el día de hoy. Ribas ha dirigido más de 2.000 anuncios animados y varias películas educativas para Brasil y el extranjero. Ha trabajado en los EE.UU., Inglaterra, México, Portugal y para Unicef Caribbean, y a pesar de ello nunca ha abandonado sus raíces brasileñas.

Start creció y maduró bajo el liderazgo de su persistente y creativo fundador. Pasó sin traumas a la era de la animación digital, por la que se mueve sin perder los vínculos con la herencia de los clásicos, y ha abierto camino a una nueva generación de profesionales que ya ha empezado a ser galardonada por el corto en 3D *A última gota* (2003).

Pese al reconocimiento expresado en una larga lista de premios nacionales e internacionales, además de otros tantos por el conjunto de su obra, Ribas consideró el lanzamiento del largometraje *O grilo feliz*, en 2001, la gran obra de su carrera. Elaborada a lo largo de casi 15 años de manera independiente e intermitente, esta fábula cautivadora exalta valores como la libertad, la amistad, la solidaridad y el respeto por el medioambiente.

Gli spettatori brasiliani godono da tempo dei personaggi straordinari e delle magnifiche idee di Walbercy Ribas Camargo, un veterano nel campo della pubblicità animata. Alcuni personaggi da lui creati come lo scarafaggio della campagna d'insetticidi della Rodox, o i gatti della campagna delle pile Eveready, fanno già parte della memoria collettiva del paese. Senza contare poi gli annunci psichedelici creati per la marca Sharp, che rappresentano un'altra icona dell'animazione brasiliana.

Walbercy Ribas è un autodidatta. Iniziò la sua carriera nel 1959, producendo il suo primo film in bianco e nero, a soli 17 anni. Avendo intuito la rapida crescita del mercato della pubblicità, fondò nel 1966 l'impresa Start Desenhos Animados Ltda che ancora oggi è la sede della creazione e della produzione dei suoi film. Ribas ha diretto più di 2.000 annunci pubblicitari animati e vari film del genere educativo, tanto per il Brasile che per altri paesi. Ha lavorato negli Stati Uniti, in Inghilterra, Messico e Portogallo, oltre che per l'Unicef Caribbean, ma non ha mai abbandonato le sue radici brasiliane.

La Start crebbe e maturò guidata dal suo fondatore, grazie alla sua creatività e perseveranza e entrò senza traumi nell'era dell'animazione digitale, ambito in cui si muove senza dimenticare i vincoli dell'eredità dei classici. In questo modo ha aperto il cammino ad una nuova generazione di professionisti, che ha visto riconosciuto il suo talento con premi al cortometraggio in 3D *A última gota* (2003).

Nonostante i numerosi riconoscimenti nazionali ed internazionali ricevuti per la sua opera, Ribas considera il lancio del lungometraggio *O grilo feliz*, nel 2001, l'opera più grande della sua carriera. Elaborata durante quasi 15 anni, in maniera indipendente, ma anche non continuativamente, questa favola affascinante esalta valori come la libertà, l'amicizia, la solidarietà e il rispetto per l'ambiente.

Os telespectadores brasileiros desfrutam de uma longa convivência com os personagens e as idéias encantadoras de Walbercy Ribas Camargo, um veterano mago da publicidade animada. Algumas de suas criações, como a baratinha da campanha do inseticida Rodox ou os gatos das pilhas Eveready, fazem parte da memória coletiva do país. Os comerciais psicodélicos da Sharp foram um dos mais importantes na história de Walbercy e mais significativos para a animação nacional.

Walbercy Ribas é um autodidata que iniciou sua carreira em 1959 e produziu seu primeiro filme de animação, em preto e branco, aos 17 anos de idade. Antevendo o crescimento do mercado publicitário, fundou em 1966 a Start Desenhos Animados Ltda, onde cria e produz seus filmes até hoje. Ele dirigiu mais de 2.000 comerciais animados e vários filmes educacionais para o Brasil e o exterior. Trabalhou nos EUA, Inglaterra, México, Portugal e para a Unicef Caribbean. Mas nunca abandonou suas raízes brasileiras.

A Start cresceu e amadureceu sob a liderança do seu persistente e criativo fundador. Passou sem traumas à era da animação em computadores, onde se movimenta sem perder os vínculos com a herança dos clássicos. Uma nova geração de profissionais já começa a ser premiada pelo curta em 3D *A última gota / The Last Drop* (2003).

Apesar do reconhecimento expresso em uma grande lista de prêmios nacionais e internacionais, além de outros pelo conjunto da obra, Ribas considerou o lançamento do longa-metragem *O grilo feliz*, em 2001, como a grande realização de sua carreira. Feita durante cerca de 15 anos, de maneira independente e intermitente, essa fábula cativante exalta valores como liberdade, amizade, solidariedade e respeito pelo meio-ambiente.

O Grilo Feliz

Pg. 282–283 O Grilo Feliz, 2001
Traditional animation

Pg. 284 O Grilo Feliz, 2001
Poster

Pg. 285 Sharp (commercials)
Traditional animation

STUDIO AKA

United Kingdom
Contact: Sue Goffe/Head of production
30 Berwick Street, Soho
London, W1F 8RH
Phone: + 44 20 7434 3581
Fax: + 44 20 7437 2309

Ah Pook Is Here, 1994
The Knights Tale, 1999
Annie and Boo, 2003
Birdfeed, 2003
Where Do I Begin, 2000
Pica Towers Trilogy, 2003
Jojo in the Stars, 2003

Best Film Category B - Espinho, 1994
First Prize Hamburg Film Festival, 1995
First Prize Dresden Film Festival, 1995
Jury Prize Montreal Short film Festival, 1995
Best film: cutting edge British animation Awards, 1996
Best Short Film, BAFTA 1999
Oscar Nomination 2000
Best Short Animation, BAFTA 2004
Special Jury Recognition - Aspen 2004

Traditional animation
3D computer graphics
Interactive projects

STUDIO AKA

www.studioaka.co.uk

Una buena razón para ver la televisión en el Reino Unido son los anuncios creados por Studio AKA. Entre los clientes habituales de sus visualmente sofisticados y creativos publirreportajes se encuentran empresas como Volvo, BBC, Vodafone, Compaq, Orange, Ballantines, Time y Oilatum.

Llevan 18 años en el mercado y, en lo que a la animación comercial se refiere, tienen pocos rivales en el país. Equipada con el mejor *software* y *hardware* disponible, la empresa de Pam Dennis, Sue Goffe y Philip Hunt se enorgullece de su eclecticismo y de su capacidad de reinventarse constantemente para poder ajustarse a las necesidades y los desafíos del mercado.

Además de rellenar los intermedios de la TV con ideas brillantes y personajes que dejan huella, Studio AKA, radicado en Londres, desarrolla proyectos interactivos y en línea para la FIFA, para empresas varias y para uso propio. Se puede acceder a buena parte de dichos trabajos a través del sitio web del estudio.

Los cortos de autor de Studio AKA ostentan la misma variedad de técnicas y explotan referencias al contexto de la publicidad. Sin embargo, últimamente, se le ha dado más importancia al universo grisáceo y atemorizador, aunque también seductor, de la trilogía *Pica Towers*, creada por el director Marc Craste.

En la actualidad, el estudio londinense lo componen los directores de animación Marc Craste, Mic Graves, Philip Hunt, Grant Orchard, Steve Small y Studio Soi de Alemania, sin contar con una serie de talentos emergentes que prometen ampliar aún más las fronteras de la animación comercial.

Una buona ragione per guardare la televisione nel Regno Unito è la qualità degli spot televisivi creati dallo studio AKA. I clienti abituali di questo conosciuto studio sono Volvo, BBC, Vodafone, Compaq, Orange, Ballantines, Time e Oilatum.

Con 18 anni trascorsi a lavorare in questo settore, AKA non ha praticamente rivali nel paese. L'impresa di Pam Dennis, Sue Goffe e Philip Hunt, dotata del miglior software e hardware disponibile nel mercato, fa un punto d'orgoglio della sua eclletticità e della sua capacità di reinventarsi continuamente per fare fronte alle necessità del mercato e alle sfide che questo propone.

Oltre a riempire gli intermezzi della televisione con idee brillanti e personaggi che lasciano tracce indelebili, lo studio AKA, ubicato a Londra, sviluppa progetti interattivi per la FIFA, per varie imprese e per uso personale. La maggior parte di questi lavori sono accessibili su Internet attraverso il sito web dello studio.

I cortometraggi d'autore dello Studio AKA ostentano la stessa varietà di tecniche e sfruttano i riferimenti al contesto pubblicitario anche se, negli ultimi anni, si è data più importanza all'universo grigio e un po' spaventoso, sebbene anche seduttore, della trilogia *Pica Towers*, creata dal regista Marc Craste.

Attualmente, lo studio londinese è composto da Marc Craste, Mic Graves, Philip Hunt, Grant Orchard, Steve Small e lo Studio Soi in Germania, senza contare i talenti emergenti che promettono un ulteriore ampliamento delle frontiere dell'animazione commerciale.

Uma das boas razões de se ver televisão no Reino Unido é esperar pelos anúncios criados pelo Studio AKA. Entre os clientes regulares dos seus filmetes criativos e visualmente sofisticados estão Volvo, BBC, Vodafone, Compaq, Orange, Ballantines, Time e Oilatum.

Eles estão há 18 anos na estrada e, em matéria de animação comercial, têm poucos rivais no seu país. Equipada com os melhores softwares e hardwares disponíveis, a empresa de Pam Dennis, Sue Goffe e Philip Hunt orgulha-se de seu ecletismo e da capacidade de constantemente reinventar-se para se ajustar às necessidades e desafios do mercado.

Além de preencher os intervalos da TV com idéias brilhantes e personagens marcantes, o Studio AKA, estabelecido em Londres, desenvolve projetos interativos e *on line* para a FIFA, empresas diversas e para uso próprio. Boa parte desses trabalhos pode ser acessada no website do estúdio.

Os curtas autorais do Studio AKA ostentam a mesma variedade de técnicas e exploram referências ao contexto da publicidade. Ultimamente, contudo, o destaque tem ido para o universo cinzento e assustador – embora também sedutor – da Trilogia *Pica Towers*, criada pelo diretor Marc Craste.

O estúdio londrino representa atualmente os diretores de animação Marc Craste, Mic Graves, Philip Hunt, Grant Orchard, Steve Small e o Studio Soi alemão. Sem contar uma série de talentos emergentes que prometem alargar ainda mais as fronteiras da animação comercial.

Pg. 286 Compaq Bird TV
Traditional animation
Dir.: Grant Orchard, Dominic Griffiths & Mario Cavalli
Client: Compaq
Agency: BMP DDB

Pg. 287 Ballentines Band
3D computer animation
Dir.: Marc Craste
Client: Ballentines Whisky
Agency: 141 International

Pg. 288 Jojo in the Stars, 2003
3D computer animation

Pg. 289 Jojo in the Stars, 2003
Poster

STUDIOAKA
PRESENTS
A FILM BY MARC CRASTE
JOJO in the STARS
STUDIOAKA PRESENTS A FILM BY MARC CRASTE JO JO IN THE STARS MUSIC BY DIE KNODEL DUMB TYPE SAMUEL BARBER SOUND DESIGNER HILARY WYATT
FEATURING THE VOICE OF OLIVER MICELI AS MDME PICA CG ARTISTS FABRICE ALTMAN DUNCAN BURCH JAMES GAILLARD
DOMINIC GRIFFITHS TALIA HILL BORIS KOSSMEHL FABIENNE RIVORY JAMES ROGERS ANDY STAVELEY BRAM TTWHEAM
EDITED BY WILLIAM EAGAR PRODUCTION ASSISTANTS LINDSEY FRAINE REN PESCI TRACEY ASHFORD EXECUTIVE PRODUCERS PAM DENNIS SUE GOFFE PHILIP HUNT
DOLBY DIGITAL IN SELECTED THEATRES
PRODUCED BY SUE GOFFE WRITTEN DESIGNED AND DIRECTED BY MARC CRASTE
© MMIII STUDIOaka ALL RIGHTS RESERVED

STUDIO GHIBLI

Japan
E-mail: post@ghibli.co.jp
1-4-25, Kajino-cho, Koganei-shi,
184-0002
Phone: + 81 4225 02511

Nausicaä of the Valley of the Wind, 1984
Laputa Castle in the Sky, 1986
My Neighbor Totoro, 1988
Grave of the Fireflies, 1988
Kiki's Delivery Service, 1989
Only Yesterday, 1991
Porco Rosso, 1992
Pom Poko, 1994
Whisper of the Heart, 1995
Princess Mononoke, 1997
My Neighbors the Yamadas, 1999
Spirited Away, 2001
The Cat Returns, 2002
the GHIBLIES episode 2, 2002
Howl's Moving Castle, scheduled for 2004

Best Long Feature Chicago 1994 (Grave of the Fireflies),
Best Long Feature Annecy 1993 (Porco Rosso),
Best Long Feature Annecy 1995 (Pom Poko),
Best Picture Japanese Academy 1998 (Princess Mononoke)
Best Picture Japanese Academy 2002 (Spirited Away),
Golden Bear Berlin 2002 (Spirited Away),
Outstanding Achievement in an Animated Theatrical Feature Annie Awards 2003 (Spirited Away),
Best Animated Feature US Academy Awards 2003 (Spirited Away)

Traditional hand-drawn animation with partially use of computer graphics

STUDIO GHIBLI

www.ntv.co.jp/ghibli/ (in Japanese)

El Studio Ghibli tiene una sólida filosofía de trabajo. Produce muy poco para la televisión, el principal mercado de los estudios de animación japoneses, y aún así se mantiene lucrativo gracias al creciente éxito de sus largometrajes para la gran pantalla. Si bien su aspiración es llegar básicamente al público japonés, cada vez tiene mayor repercusión en el resto del mundo. Asimismo, el Oscar y el Oso de oro del Festival de Berlín por *El viaje de Chihiro* han consagrado definitivamente el nombre de Hayao Miyazaki, la locomotora de creación de Ghibli, junto con Isao Takahata.

En los años setenta, Miyazaki y Takahata ya habían trabajado juntos en series de televisión como la famosa *Heidi*. Posteriormente, en 1983, mientras Miyazaki dibujaba el manga *Nausicaä* recibió la propuesta del magnate editorial Tokuma Shoten para adaptarlo al cine. El éxito de *Nausicaä of the Valley of the Winds* dio como resultado la creación del estudio para producir *Laputa: Castle in the Sky*. Y así continuó la historia: prácticamente un largometraje al año, en su mayoría dirigidos por Miyazaki o Takahata, con los que Ghibli ha sabido conquistar los corazones y las mentes de todas las edades en Japón.

A partir de *Pom Poko*, el estudio ha introducido de forma gradual las técnicas digitales y con *My Neighbors the Yamadas* (1999) ha alcanzado la imagen totalmente digitalizada. No obstante, en algunos de sus grandes éxitos internacionales, como en *La princesa Mononoke* y en *El viaje de Chihiro*, el ordenador sólo interviene ligeramente en la pintura digital y en algunos fondos. Las películas de Ghibli consiguen conservar de esta manera el sabor del dibujo hecho a mano, como así lo dicta la filosofía del estudio: hacer una animación de alta calidad que repercuta en la mente humana e ilustre las alegrías y tristezas de la vida tal y como es.

Lo studio Ghibli ha adottato una solida filosofia di lavoro. Produce poco per la televisione, il mercato principale degli studi d'animazione giapponese, ma anche così riesce a mantenersi economicamente solido grazie al sempre maggiore successo dei suoi lungometraggi per il grande schermo. Sebbene l'aspirazione maggiore dello studio sia quella di raggiungere il pubblico giapponese, giorno dopo giorno sta costruendosi un'ottima reputazione anche nel resto del mondo. L'Oscar e l'Orso d'oro di Berlino per *La città incantata* hanno definitivamente consacrato i nomi di Hayao Miyazaki e di Isao Takahata, i due creativi di Ghibli.

Negli Anni Settanta, Miyazaki e Takahata avevano già lavorato insieme in serie televisive come la famosissima *Heidi*. In seguito, nel 1983, mentre Miyazaki disegnava il manga *Nausicaä* ricevette la proposta, da parte del magnate della casa editrice Tokuma Shoten, di adattarlo al cinema. Il successo di *Nausicaä of the Valley of the Winds* portò come risultato la creazione dello studio per poter realizzare la produzione *Laputa: Castle in the Sky*. E così continuò la storia: una produzione di un lungometraggio all'anno, per la maggior parte diretti da Miyazaki o Takahata, tutte opere con cui Ghibli ha saputo conquistare i cuori e le menti di tutte le generazioni in Giappone.

Da *PorcoRosso*, lo studio ha introdotto di forma graduale le tecniche digitali e in *My Neighbors the Yamadas* (1999) ha raggiunto un'immagine completamente digitale. È necessario sottolineare che in alcune opere internazionali quali *La principessa Mononoke* e *La città incantata*, il computer interviene solo leggermente nella pittura digitale e in alcuni sfondi. I film di Ghibli, in questo modo, riescono a conservare il sapore del disegno fatto a mano, così come detta la filosofia dello studio: fare un'animazione di alta qualità che abbia ripercussioni sulla mente umana e illustri la felicità e la tristezza della vita, esattamente com'è.

O Studio Ghibli tem uma sólida filosofia de trabalho. Pouco produz para a TV, mercado principal dos estúdios de animação japoneses, e ainda assim mantém-se lucrativo com o sucesso crescente de seus longas-metragens para o cinema. Almeja basicamente o público japonês, mas tem tido repercussão cada vez maior no resto do mundo. O Oscar e o prêmio máximo do Festival de Berlim dados a *Spirited Away* consagraram definitivamente o nome de Hayao Miyazaki, a locomotiva de criação do Ghibli, juntamente com Isao Takahata.

Já nos anos 1970, Miyazaki e Takahata trabalhavam juntos em séries de TV como a famosa *Heidi*. Miyazaki desenhava desde 1982 o manga *Nausicaä*, quando o magnata editorial Tokuma Shoten decidiu adaptá-lo para o cinema, em 1983. O êxito de *Nausicaä of the Valley of the Winds* levou à criação do estúdio para produzir *Laputa: Castle in the Sky*. E assim continuou a história. Concluindo praticamente um longa por ano, em sua maioria dirigidos por Miyazaki ou Takahata, o Ghibli conquistou corações e mentes de todas as idades no Japão.

O estúdio adotou gradualmente as técnicas digitais a partir de *Pom Poko*, chegando a experimentar 100% de CGI em *My Neighbors the Yamadas* (1999). Mas em grandes sucessos internacionais recentes, como *Princess Mononoke* e *Spirited Away*, os computadores apenas interferem suavemente em pintura digital e alguns cenários de fundo. Os filmes do Ghibli conservam, assim, o sabor do desenho à mão. Está escrito na filosofia do estúdio: fazer uma animação de alta qualidade que repercuta na mente humana e ilustre as alegrias e tristezas da vida como ela é.

Pg 290 Left Nausicaä of the Valley of the Wind (Kaze no tani no naushika) © 1984 Nibariki - Tokuma Shoten - Hakuhodo

Pg 290 Right Laputa Castle in the Sky (Tenku no shiro Rapyuta) © 1986 Nibariki - Tokuma Shoten

スタジオジブリ作品
STUDIO GHIBLI
耳をすませば
宮崎 駿プロデュース・脚本・絵コンテ●近藤喜文監督作品
好きなひとが、できました。
〈声の出演〉本名陽子◆高橋一生
立花 隆◆室井 滋◆露口 茂◆小林桂樹
原作／柊 あおい（集英社刊）
主題歌／カントリー・ロード
音楽／野見祐二●「バロンのくれた物語」美術／井上直久
徳間書店・日本テレビ放送網・博報堂・スタジオジブリ提携作品
特別協賛／JA共済●配給／東宝
DOLBY STEREO DIGITAL

スタジオジブリ作品
STUDIO GHIBLI
生きろ。
松田洋治
石田ゆり子
田中裕子
小林　薫
西村雅彦
上條恒彦
美輪明宏
森　光子
森繁久彌
宮崎 駿 監督作品
もののけ姫
製作総指揮/徳間康快●原作・脚本/宮崎 駿●音楽/久石 譲(徳間ジャパンコミュニケーションズ)●挿入歌「もののけ姫」唄:米良美一
徳間書店・日本テレビ放送網・電通・スタジオジブリ提携作品●特別協賛/日本生命●配給/東宝
©1997 二馬力・TNDG

スタジオジブリ作品
STUDIO GHIBLI
トンネルのむこうは、不思議の町でした。
柊 瑠美
入野自由
夏木マリ
内藤剛志
沢口靖子
菅原文太
宮崎 駿 監督作品
千と千尋の神隠し
製作総指揮 徳間康快●原作/脚本 宮崎 駿●音楽 久石 譲●作画監督 安藤雅司●美術監督 武重洋二●プロデューサー 鈴木敏夫 ●制作 スタジオジブリ
徳間書店・スタジオジブリ・日本テレビ・電通・ディズニー・東北新社・三菱商事 提携作品 特別協賛 ネスレ ジャパン グループ 配給 東宝
©2001 二馬力・TGNDDTM

My Neighbors the Yamadas
(Ho-hokekyo tonari no Yamada kun)

The Cat Returns
(Neko no ongaeshi)

Pg. 292 Whisper of the Heart (Mimi wo sumaseba)

Pg. 293 Princess Mononoke (Mononoke hime)

Pg. 294 Spirited Away (Sen to Chihiro no kamikakushi)

TANDEM FILMS

United Kingdom
Contact: Lynn Hollowell
26, Cross Street, Islington,
London N1 2BG
Phone: + 44 20 7688 1717
Fax: + 44 20 7688 1718
lynn@tandemfilms.co

Alarm Call, 1980
Family Tree, 1988
Manipulation, 1991
Rabbit Rabbit, 1996
Flatworld, 1997
Rockin' & Rollin', 2001
How to Cope With Death, 2002
Colour Keys
Empathy
Little Things, 2004

First Prize - *Los Angeles*, 1991
Marie Kuttna Award - *BFI*, 1991
Oscar Best Animated Short, 1992
Cartoon d'Or, 1992
First Prize Children's Category - *Berlin*, 1992
Audience Prize - *Leipzig*, 1997
Special International Jury Prize - *Seoul*, 1997
Best Animation for TV - *WAC Pasadena/USA*, 1998
Audience Award - *BAA London*, 1998
Jury and Audience Prizes - *Zagreb*, 1998
Best Debut Film - *New York EXPO*, 2001
Grand Prix - *Riga*, 2003
Jean-Luc Xiberras Award - *Annecy*, 2003

Traditional animation
Stop-motion
CGI

TANDEM FILMS

www.tandemfilms.com

Daniel Greaves y Nigel Pay, dos de los animadores con mayor experiencia de Gran Bretaña, fundaron los estudios Tandem Films en Londres en 1986. Talentos como Adam Larkun, Richard Jack, David Daniels y el argentino Ignacio Ferrera llegaron rápidamente a su estudio. De esta forma, se creó un equipo que merece gran respeto y que no se cansa de arrebatar premios en los festivales más importantes, así como de conquistar grandes clientes como la BBC, British Airways, Expedia y mayonesa Hellmann's.

Para las creaciones de Tandem no existen fronteras técnicas. *Manipulation*, de Daniel Greaves, realizado en *stop motion*, galardonado con el Oscar al mejor cortometraje de animación, entre otros premios de primer orden, se ha convertido en un clásico de la animación metalingüística. Por otro lado, el especial de TV *Flatworld*, también dirigido por Greaves, ha merecido 30 premios internacionales, 17 de ellos comomejor película. *Flatworld* utiliza una técnica extremamente sofisticada, que incluye dibujos montados en tarjetas, recortados, filmados cuadro por cuadro contra fondos tridimensionales y combinados con efectos especiales digitales de última generación. El resultado es una aventura cautivadora a través de un mundo de formas planas.

Rockin' & Rollin' es un *thriller* psicológico protagonizado por unas bolas de billar, mientras que *Rabbit Rabbit* es un ejercicio gráfico de multiplicación y *Little Things* pone en movimiento personajes indescriptibles en situaciones cotidianas elevadas a un planosurrealista. En cada uno de estos imaginativos cortos, Greaves y sus compañeros de Tandem Films parecen ampliar ligeramente el horizonte del lenguaje de la animación.

Daniel Greaves e Nigel Pay, due animatori veterani della Gran Bretagna fondarono gli studi della Tandem Films nel 1986 a Londra. A loro si unirono poi animatori di talento come Adam Larkun, Richard Jack, David Daniels e l'argentino Ignacio Ferrera. Prese così forma un team di gran prestigio che non smette di raccogliere premi nei festival più importanti e di acquisire grandi clienti quali la BBC, British Airways, Expedia e la maionese Hellmann's.

Tandem non conosce frontiere tecniche. Il lavoro di Daniel Graves, *Manipulation*, realizzato in *stop motion*, fu premiato con l'Oscar al miglior cortometraggio di animazione (fra i numerosi riconoscimenti ricevuti) e resta un classico dell'animazione metalinguistica. D'altra parte lo speciale per la televisione *Flatworld*, che fu diretto anch'esso da Greaves, ha meritevolmente raccolto 30 premi internazionali, 17 dei quali come miglior film. In *Flatworld* si utilizza una técnica sofisticatissima che include disegni montati su schede, ritagliati, ripresi quadro per quadro su fondi tridimensionali e combinati con effetti speciali digitali di ultima generazione. Il risultato è un'avventura accattivante attraverso un mondo di forme piane.

Rockin' & Rollin' è un thriller psicologico le cui protagoniste sono delle palle di biliardo, mentre *Rabbit Rabbit* si cimenta nell'esercizio della moltiplicazione grafica e *Little Things* mette in movimento personaggi indescrivibili proiettati in situazioni quotidiane ma in un piano surrealista. Graves e i suoi compagni di Tandem Films, con ognuno di questi fantasiosi cortometraggi, sembrano sapere ampliare l'orizzonte del linguaggio dell'animazione.

Daniel Greaves e Nigel Pay, dois dos mais experientes animadores da cena britânica, fundaram a Tandem Films em 1986, em Londres. O estúdio logo atraiu os talentos de Adam Larkun, Richard Jack, David Daniels e do argentino Ignacio Ferrera. Um time de respeito, que não se cansa de arrebatar prêmios nos mais importantes festivais e conquistar grandes clientes como BBC, British Airways, Expedia e Maionese Hellmann's.

Não existem fronteiras técnicas para as criações da Tandem. *Manipulation*, de Daniel Greaves, feito em *stop-motion*, tornou-se um clássico da animação metalingüística e ganhou o Oscar de curta de animação, entre diversos prêmios de primeira grandeza. Já o especial de TV *Flatworld*, também dirigido por Greaves, mereceu 30 prêmios internacionais, sendo 17 de melhor filme. *Flatworld* utiliza uma técnica extremamente sofisticada, que envolveu desenhos montados em cartões, recortados, filmados quadro a quadro contra fundos tridimensionais e combinados com efeitos especiais computadorizados de última geração. O resultado é uma aventura eletrizante através do mundo das formas chapadas (flat).

Rockin' & Rollin' é um thriller psicológico vivido por bolas de bilhar. *Rabbit Rabbit*, um exercício gráfico de multiplicação. *Little Things* mobiliza personagens indefiníveis em situações cotidianas elevadas a uma potência surreal. Em cada um desses imaginativos curtas, Greaves e seus companheiros da Tandem Films parecem alargar um pouco mais o horizonte da linguagem da animação.

Pg. 297 Flatworld, 1997
Stop-motion
Dir.: Daniel Greaves
© Tandem Films Entertainment / BBC / Videal / S4C / Eva Entertainment

Pg. 298 How to Cope With Death, 2002
2D traditional animation
with digital composing
Dir.: Ignacio Ferreras
© Tandem Films Entertainment

Pg. 299 Manipulation, 1991
Traditional animation with live action
Dir.: Daniel Greaves

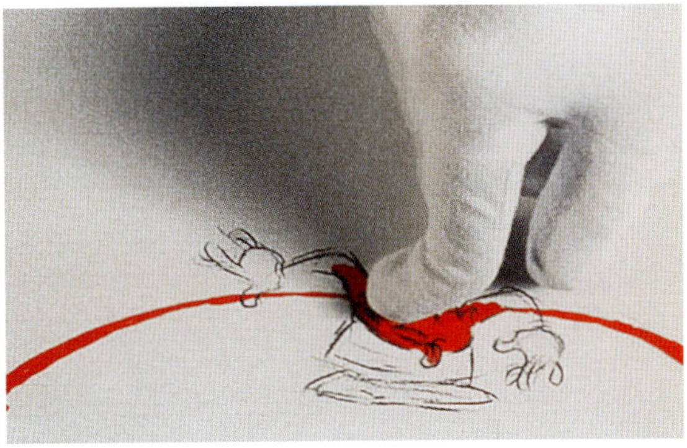

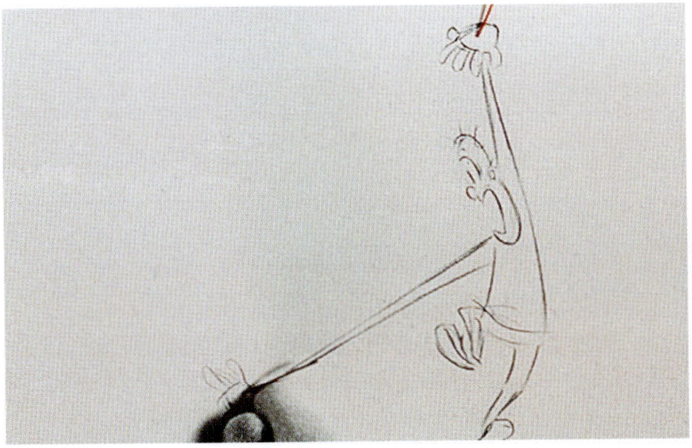

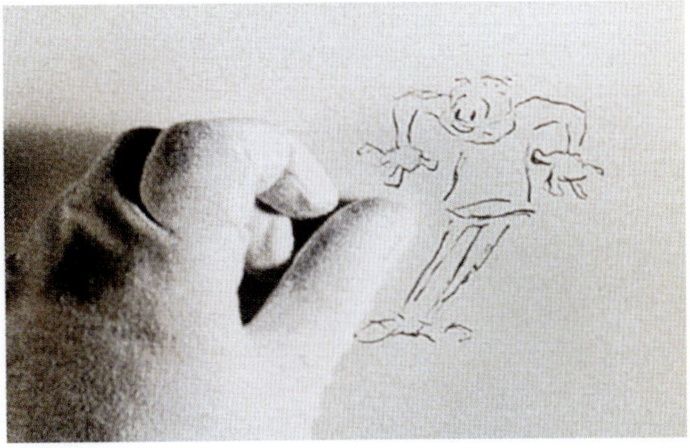

TEZUKA PRODUCTIONS CO., LTD

Japan
Contact: Yoshimi Suzuki
4-32-11 Takadanobaba
Shinjuku-ku, Tokyo 169-857
Phone: + 81 3 3371 6411
Fax: + 81 3 3371 6431
E-mail: yoshimi@tezuka.co.jp

Hsi Yu Chi / The Journey to the West, *1960*
Astro Boy, *series, 1963*
Jungle Emperor Leo, *1965/1966/1997*
Cigarettes and Ashes, *1965*
One Million-Year Trip: Bander Book, *1978*
Jumping, *1984*
Broken Down Film, *1985*
The Legend of the Forest, *1987*
The Film Is Alive *1990*
Black Jack: The Movie, *1993*

The 1st Ofuji Nobuo Award *Mainichi 1963,*
Special Award *Asian Film Festival 1967,*
Grand Prize and Unesco Award *Zagreb 1984,*
Grand Prix *Hiroshima 1985,*
CIFEJ Youth Award *Zagreb 1988*

Traditional animation
Computer graphics
Flash

TEZUKA PRODUCTIONS

www.tezuka.co.jp

Del manga al anime, Osamu Tezuka (1928-1989) prácticamente redefinió la cultura popular japonesa después de la II Guerra Mundial. Este cineasta diversificó el estilo del cómic convirtiéndolo en una forma de arte y en un producto de preferencia nacional. Asimismo, creó muchos de los modelos repetidos hasta hoy en el manga, como los ojos grandes de los personajes. También fue el primer japonés que, con la serie pionera *Astro Boy*, descubrió el potencial que representaba la televisión para la proyección de los dibujos animados.

A lo largo de cuatro décadas, Tezuka Productions ha dado vida a más de 1.000 personajes usando desde las técnicas más rudimentarias a la animación digital. Black Jack, el leoncito Leo, el niño Bander y tantos otros justicieros y villanos han conquistado la simpatía del público y han conseguido romper los tabúes que impedían la llegada de la animación a la pequeña pantalla.

Las películas de Osamu Tezuka, fallecido a los 61 años de edad, motivaron una crítica intelectual no demasiado común en el anime actual. Sus seguidores han heredado el gusto por la investigación formal y el espíritu de defensa de la ecología, la paz y los valores fundamentales de la humanidad, y en especial de los niños.

Paralelamente a la producción de largometrajes, series y especiales para la televisión, Tezuka Productions creó animaciones experimentales que marcaron una época. El I Festival Internacional de Animación de Hiroshima destinó su gran premio a *Broken Down Film*, una película del Oeste a la antigua usanza, en la que el héroe tiene que luchar no sólo contra los bandidos, sino también contra el deterioro de la película. En *Jumping*, otra obra maestra del metalenguaje, una cámara subjetiva se mueve en el tiempo y en el espacio.

El estudio Tezuka Productions es aún muy activo y sigue realizando producciones basadas en las creaciones de su fundador, como *Black Jack*, título lanzado en 1993. Actualmente preparan una nueva versión de la obra más célebre de Tezuka: *Fénix* (*Hinotori* en japonés), cuya finalización está prevista hacia el año 2006.

Dal manga all'animazione, Osamu Tezuka (1928-1989) ridefinì la cultura popolare giapponese dopo la IIª Guerra Mondiale. Questo cineasta diversificò lo stile del fumetto trasformandolo in una forma d'arte e in un prodotto di popolarità nazionale. Allo stesso modo creò numerosi modelli ripetuti fino ad oggi nel genere manga, come ad esempio gli occhi grandi dei personaggi. Fu anche il primo giapponese che, con la serie pioniera *Astro Boy*, scoprì il potenziale che rappresentava la televisione per la proiezione dei cartoni animati.

Durante 40 anni, Tezuka Productions ha dato vita a oltre 1.000 personaggi, usando dalle tecniche più rudimentali fino ad arrivare all'animazione digitale. Black Jack, il leoncino Leo, il piccolo Bander e tanti altri giustizieri e criminali, hanno conquistato la simpatia del pubblico e sono riusciti a rompere i tabù che impedivano l'affermarsi dell'animazione sul piccolo schermo.

I film di Osamu Tezuka, morto all'età di 61 anni, stimolarono una critica intellettuale non troppo comune nel campo dell'animazione attuale. I suoi successori hanno ereditato il gusto per la ricerca formale e lo spirito di difesa dell'ecologia, la pace e i valori fondamentali dell'umanità e specialmente quelli dei bambini.

Contemporaneamente alla produzione di lungometraggi, serie e speciali per la televisione, Tezuka Productions creò animazioni sperimentali che segnarono un'epoca. Il I° Festival Internazionale di Animazione di Hiroshima designò il suo gran premio a *Broken Down Film*, un film western di stampo classico in cui l'eroe deve combattere non solo contro i banditi, ma anche contro il deterioramento della pellicola cinematografica. In *Jumping*, un altro capolavoro del metalinguaggio, una telecamera soggettiva si muove nel tempo e nello spazio.

Lo studio Tezuka Production continua nella sua fremente attività e produce materiale che si basa sulle creazioni di Tezuka ed è uscito sul mercato con titoli come Black Jack nel 1993. Inoltre, è in preparazione una nuova versione del film più grande nella storia di Tezuka, Phoenix (in giapponese Hinotori) che si prevede che uscirà sul mercato nel 2006.

Do manga ao anime, Osamu Tezuka (1928-1989) praticamente redefiniu a cultura popular japonesa após a 2ª Guerra Mundial. Ele diversificou o estilo dos quadrinhos, convertendo-os numa forma de arte e numa coqueluche nacional. Criou muitos dos padrões repetidos até hoje no manga, como aqueles olhos grandes das personagens. Foi também o primeiro no Japão a descobrir o potencial da televisão para os desenhos animados com a pioneira série *Astro Boy*.

Ao longo de quatro décadas, a Tezuka Productions deu vida a mais de 1000 personagens, das técnicas mais rudimentares à animação em computador. Black Jack, o leãozinho Leo, o menino Bander e outros tantos justiceiros e vilões conquistaram a simpatia do público, quebrando vários tabus contra a aceitação do filme animado na TV.

Os filmes de Osamu Tezuka, falecido aos 61 anos de idade, veiculavam uma crítica intelectual não muito comum no anime de hoje. Seus seguidores herdaram o gosto pela pesquisa formal e o espírito de defesa da ecologia, da paz e de valores fundamentais da Humanidade, em especial das crianças.

Paralelamente à produção de longas-metragens, séries e especiais de TV, a Tezuka Productions criou animações experimentais que marcaram época. O primeiro Festival Internacional de Animação de Hiroshima destinou seu grande prêmio a *Broken Down Film*, um "velho" filme de faroeste em que o herói tem de lutar contra os bandidos e também contra a própria deterioração da película. Em *Jumping*, outra obra-prima de metalinguagem, uma câmera subjetiva salta no tempo e no espaço.

O estúdio Tezuka Productions continua em plena atividade e segue realizando criações baseadas nas estórias originais de Osamu Tezuka, como o filme *Black Jack*, lançado em 1993. O estúdio prepara atualmente uma nova versão de uma obra prima de Tezuka: *Félix* (*Hinotori* no título original) cujo lançamento está previsto para 2006.

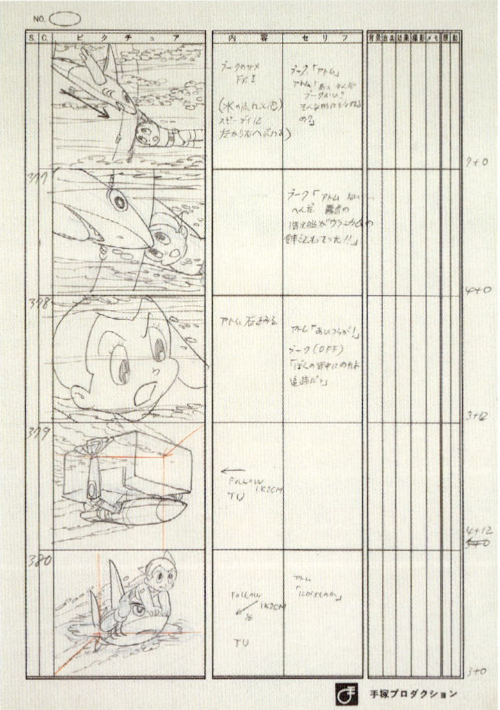

Pag. 300 Original Osamu Tezuka's preserved working room.

Pag. 302–303 Images from Atom Boy also known as Astro Boy.

Pag. 304–305 Images from Black Jack. © TEZUKA PRODUCTIONS/ Black Jack Committee all rights reserved.

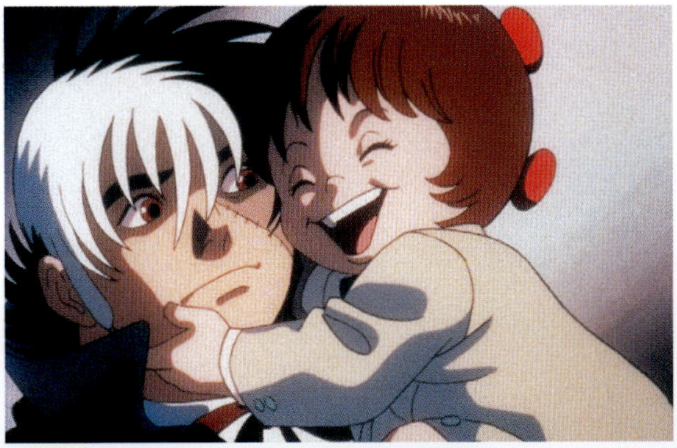

Pag. 306–307 Images from Jungle Emperor Leo ("Kinba the White Lion")

THE CHARACTER SHOP

United Kingdom
Contact: Paul Howell or Mark Vale
c/o Room PSB 201, BBC
Broadcasting Centre, Pebble Mill
Road, Birmingham B5 7QQ
Phone: + 44 121 432 8326/8702
Fax: + 44 121 432 8130
E-mail: info@thecharactershop.com

Night Flight, 2002
British Animation Awards opening film, 2002/2004
What Would Jesus Do?, 2002
Slaughter House, 2004

Bronze Award - *BDA/USA*, 2002
Best Animated Sequence - *Annecy*, 2002
Prize for applied animation - *Holland*, 2002

3D animation
GCI special effects

THE CHARACTER SHOP

www.thecharactershop.com

Una de las empresas del Reino Unido más jóvenes del sector, The Character Shop, nació como productora independiente en septiembre de 2002. Hasta entonces, formaba parte de la BBC MediaArc, la unidad de diseño comercial de la BBC. Sus directores Paul Howell y Mark Vale dieron pruebas de creatividad y pericia en trabajos como los efectos especiales para el teledrama *Night Flight*, donde recrearon un escuadrón de antiguos bombarderos Lancaster a partir de una sola aeronave real.

No obstante, el gran impulso no lo proporcionaron las máquinas, sino las divertidas ovejas de la película de apertura para la ceremonia de los British Animation Awards de 2002, en la que un rebaño tenía que atravesar campos, intemperies y peligros naturales hasta llegar a una sala de cine. El corto fue galardonado en los festivales de Annecy y de Holanda, cosa que tuvo una gran repercusión para The Character Shop.

A partir de ese momento, llegaron encargos de coloridísimos anuncios para Nestlé, así como los trabajos de animación y efectos especiales para una nueva serie de la BBC – *Friends & Heroes*– basada en personajes bíblicos. Los trabajos de Howell y Vale se caracterizan por presentar personajes de dibujo simple pero con una apariencia original, creados directamente en el ordenador. El estudio se dedica también a crear efectos especiales digitales, a hacer modelado 3D y a elaborar conceptos de estilo para anuncios publicitarios, televisión y cine.

Una delle imprese del Regno Unito più giovani del settore, The Character Shop, nacque come un'impresa di produzione indipendente nel settembre del 2002. Fino ad allora era parte della MediaArc, l'unità di disegno commerciale della BBC. I suoi registi Paul Howell e Mark Vale, diedero prova della loro creatività e perizia negli effetti speciali per il dramma televisivo *Night Flight*, in cui ricrearono una flotta di antichi aerei bombardieri Lancaster partendo da un solo aereo reale.

Il grande impulso, però, non lo fornirono le macchine, ma le divertenti pecore del film di apertura per la cerimonia dei British Animation Awards nel 2002, in cui un gregge doveva attraversare campi, intemperie e pericoli naturali fino a giungere ad una sala cinematografica. Il cortometraggio fu premiato nei festival di Annecy e d'Olanda, il che ebbe una ripercussione positiva per The Character Shop.

A partire da quel momento, arrivarono gli incarichi per il coloratissimo annuncio della campagna di Nestlé, come pure i lavori d'animazione ed effetti speciali per la nuova serie della BBC, *Friends & Heroes*, basata su personaggi biblici. I lavori di Howell e Vale si caratterizzano per la rappresentazione di personaggi dal disegno semplice, dotati però di un'estetica originale e creati direttamente con il computer. Lo studio si dedica anche a creare effetti digitali, alle creazioni di forme in 3D e ad elaborare concetti di stile per annunci pubblicitari, televisione e cinema.

Uma das mais jovens empresas do setor, a The Character Shop nasceu como produtora independente em setembro de 2002. Até então, constituía uma parte da BBC MediaArc, a agência de design comercial da BBC. Seus diretores Paul Howell e Mark Vale deram provas de criatividade e perícia técnica em trabalhos como os efeitos especiais para o teledrama *Night Flight*, em que recriaram todo um esquadrão de antigos bombardeiros Lancaster a partir de uma única aeronave real.

Mas o grande impulso seria dado não por máquinas, mas por simpáticas ovelhas. No filme de abertura para a cerimônia dos British Animation Awards de 2002, o rebanho atravessava intempéries e perigos naturais para chegar a uma sala de cinema. O filmete ganharia prêmios em Annecy e na Holanda, atraindo grande repercussão para The Character Shop.

Vieram, então, encomendas de coloridíssimos anúncios para a Nestlé e de serviços de animação e efeitos para uma nova série da BBC, *Friends & Heroes*, baseada em personagens bíblicos. Os trabalhos de Howell e Vale caracterizam-se por apresentar personagens de desenho simples mas aparência original, criados diretamente no computador. O estúdio também cria efeitos especiais digitais, fornece modelagem 3D e elabora conceitos de estilo para comerciais, televisão e cinema.

Pg. 308-309 Space Man, 2003
Dir.: Bob Cosford, the CharacterShop
3D animation

Pg. 310–311 Slaughter House, 2004
Dir.: Bob Cosford, the CharacterShop
3D animation

TRATTORIA

Brazil
Contact: Guto Carvalho
Rua Votupoca, 236
São Paulo, SP 05055-000
Phone: + 55 11 3874 0000
E-mail: guto@trattoria.com

Tortuguitas - Stupid, 1996
Kaiser, Mário de Blond, 1998
Kama Stra, 1999/2000
Airon Bungy, 2001
Itaú - Sightseeing, 2002
M&M`s Photos, 2003
Marida Monte music video, 2003
Luftal - Birthday, 2004

Best Animated Ad - *Hiroshima,* 1996 *and Espinho,* 1999
Bronze Lion - *Cannes,* 2000

Traditional animation
Stop motion
Pixilation
Cut out
Computer animation

TRATTORIA DI FRAME

www.trattoria.com

Fundada en 1991 por jóvenes profesionales del área de los efectos especiales, Trattoria es una de las productoras brasileñas de películas publicitarias más activas. Curiosamente, los directores artísticos Guto Carvalho y Guilherme Ramalho, a los que recientemente se unió Fábio Mendonça, tomaron el camino contrario al de la mayoría de animadores. De una producción básicamente electrónica al principio pasaron a una multiplicidad de técnicas que incluyen los tradicionales dibujos animados y trabajos en *stop motion.*

El gusto por la experimentación y el espíritu de creación en grupo ha llevado a toda una nueva generación de realizadores hasta Trattoria. Fábio Yamaji, Fábio Mendonça, Laurent Cardon, Fernando Coster, Guilherme Alvernaz, César Cabral, Léo Cadaval y Ageo Simões son algunos de los talentosos animadores brasileños que colaboran, o que han colaborado, con este estudio de San Pablo. Mediante un prudente reclutamiento tanto de tecnologías como de profesionales extranjeros, Trattoria se ha sabido establecer como una productora diversificada y permanentemente actualizada, y se ha convertido en una de las preferidas de los anunciantes y de las agencias de publicidad de Brasil.

El estudio ya ha producido más de 1.000 anuncios publicitarios, videoclips, CD-ROM, DVD y series animadas que han conquistado diversos premios en importantes festivales nacionales e internacionales. En Brasil, ha tenido un papel destacado en la instauración de la animación como lenguaje publicitario, y ha logrado combatir el estereotipo que condicionaba a esta clase de cine al entretenimiento infantil. Paralelamente, la empresa mantiene una extensa producción de filmaciones de imagen real.

Fondata nel 1991 da giovani professionisti del settore degli effetti speciali, Trattoria è una delle case di produzione brasiliane di film pubblicitari più attive. I suoi direttori artistici Guto Carvalho e Guilherme Ramalho, a cui si è unito di recente Fábio Mendonça, intrapresero curiosamente un cammino in direzione opposta a quella della maggioranza degli animatori. Dalla produzione quasi esclusivamente elettronica degli inizi, passarono ad una varietà di tecniche che includono anche i tradizionali disegni animati e i lavori in *stop motion.*

Il gusto per la sperimentazione e lo spirito di creazione di gruppo, hanno portato tutta una nuova generazione di realizzatori a confluire in Trattoria. Fábio Yamaji, Fábio Mendonça, Laurent Cardon, Fernando Coster, Guilherme Alvernaz, César Cabral, LéoCadaval e Ageo Simões sono alcuni degli ingegnosi animatori brasiliani che collaborano, o che hanno collaborato, con lo studio di San Paulo. Trattoria ha saputo affermarsi come una casa di produzione diversificata e sempre aggiornata, grazie ad un inserimento prudente tanto delle tecnologie, quanto dei professionisti stranieri e per questo è presto divenuta una delle preferite dagli inserzionisti e dalle agenzie di pubblicità del Brasile.

Lo studio ha prodotto oltre 1.000 annunci pubblicitari, videoclip, CD-ROM, DVD e serie animate che hanno conquistato diversi premi importanti in festival nazionali e internazionali. In Brasile, Trattoria ha rivestito un ruolo rilevante nel riconoscimento dato all'animazione come linguaggio pubblicitario, oltre ad avere contribuito all'abbattimento degli stereotipi chela volevano solo come espressione del cinema per l'intrattenimento infantile. L'impresa, contemporaneamente, mantiene una estesa produzione di filmati d'immagini reali.

Fundada em 1991 por jovens profissionais da área de efeitos especiais, a Trattoria é uma das mais ativas produtoras brasileiras de filmes publicitários. Curiosamente, os diretores artísticos Guto Carvalho e Guilherme Ramalho, aos quais se juntou mais recentemente Fábio Mendonça, trilharam caminho inverso ao da maioria dos animadores. De uma produção basicamente eletrônica no início, eles se abriram para uma multiplicidade de técnicas que incluem os tradicionais desenhos animados e trabalhos em *stop motion.*

O gosto pela experimentação e o espírito de criação em grupo têm atraído para a Trattoria toda uma nova geração de realizadores. Fábio Yamaji, Fábio Mendonça, Laurent Cardon, Fernando Coster, Guilherme Alvernaz, César Cabral, Léo Cadaval e Ageo Simões são alguns dos talentosos animadores brasileiros que estão ou estiveram ligados a esse estúdio de São Paulo. Mediante uma criteriosa arregimentação de tecnologia e profissionais estrangeiros, a Trattoria soube se posicionar como uma produtora diversificada e permanentemente atualizada. Uma das preferidas dos anunciantes e agências de publicidade no país.

Ela já produziu mais de 1000 comerciais, videoclipes, CD-ROMs, DVDs e séries animadas, que ganharam prêmios em importantes festivais nacionais e internacionais. No Brasil, teve atuação destacada no estabelecimento da animação como linguagem publicitária, combatendo o estereótipo que condicionava esse tipo de cinema ao divertimento infantil. Paralelamente, a empresa mantém uma extensa produção de filmagens ao vivo.

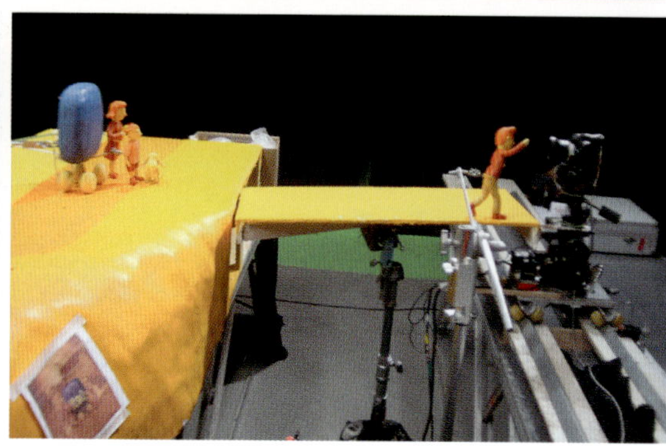

Pg. 313 Airon Bungy, 2001
Dir.: Fábio Mendonça, Gui Ramalho, Guto Carvalho
Puppet animation

Pg. 314 (clockwise) Itaú - Sightseeing (commercial), 2002
Puppet animation
Dir.: Fábio Mendonça

Puppets with metalic support

Camera on travelling track

Puppets with metalic support

Pg. 315 (clockwise) Tortuguitas - Stupid (commercial), 1996
Dir.: Gui Ramalho

Set

Film frame

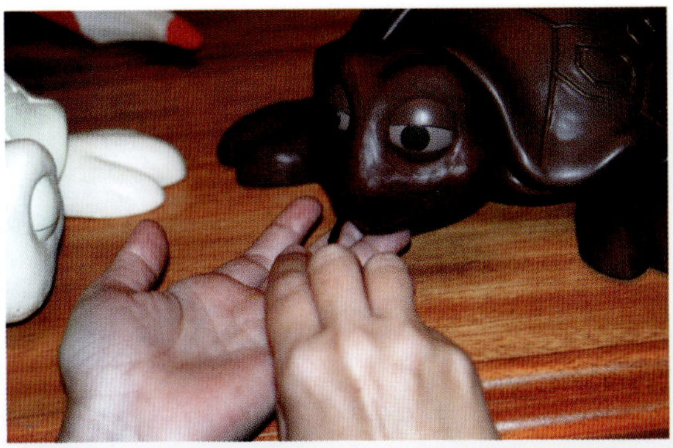

VETOR ZERO

Brazil
Contact: Alberto Lopes
Rua Joaquin Floriano, 913 - 8º andar São Paulo, SP 04534-013
Phone: + 55 11 3709 2222
alberto@vetorzero.com.br

Tartaruga - Brahma / Turtle, 2001-2002
Lesma - Audi / Snail, 2001
Kaya's Screen Test, 2002
Ventania - Arno / Storm, 2003
Peixe - Brahma / Fish, 2003
Ameaça - Hellmann's / Threat, 2003
Médico - Comfort / Doctor, 2003
Astronautas / Astronauts, 2004

7 Lions Cannes, Advertising Film Award - *Annecy*, 2002
First Prize Advertising & TV Spots/Virtual Character - *Animago/Germany*, 2002
Mobius Award - *Los Angeles*, 2004
Bronze Prize - *New York*, 2004

Computer animation,
Traditional animation
Stop motion

VETOR ZERO

www.vetorzero.com.br

La guapísima Kaya, una hiperrealista chica en 3D creada por Alceu Baptistão, fue considerada como el mejor personaje virtual en el Animago 2002 de Alemania. No obstante, Kaya no es la única musa de Vetor Zero. La divertida tortuga capaz de tomar decisiones rápidas e incluso de ponerse a jugar al fútbol con una mera lata de cerveza o la babosa bonachona que se sube a un coche en lo que será un viaje inolvidable en el *test drive* de un nuevo modelo de automóvil, también se encuentran entre los iconos que ha animado este estudio de San Pablo, Brasil.

Desde 1985, Vetor Zero ha ido abriendo mercado y ha conseguido construir una mentalidad favorable a la animación digital en la publicidad brasileña. La actitud perseverante y pionera de Alberto Lopes, Alceu Baptistão y Sérgio Salles no ha sido en vano. Aunque empezaron como una empresa muy pequeña, en la actualidad es una de las productoras de animación en 3D y efectos especiales más importantes de Latinoamérica, además de ser una de las más respetadas en la creación de soluciones gráficas y estéticas. El equipo ha conquistado siete Leones del Festival Internacional de Publicidad de Cannes.

Por los cuadros de Vetor Zero han pasado muchos profesionales que posteriormente se han establecido en el medio. El equipo también se enorgullece de desarrollar herramientas y técnicas propias, de acuerdo con las necesidades específicas del momento. La interacción de personajes animados con filmaciones de imagen real ha sido todo un éxito. A la excelencia de su actividad digital se sumó en 2000 la experiencia de una nueva socia, la productora Lobo Filmes en las áreas de *stop motion*, animación tradicional y desarrollo de proyectos para la televisión. Ahora ya es posible saltar del "cero" al infinito.

La bellissima Kaya, una surreale ragazza in 3D creata da Alceu Baptistão, fu giudicata il miglior personaggio virtuale dell'Animago 2002 svoltosi in Germania. Kaya non è l'unica musa di Vetor Zero: infatti tra le diverse icone animate create da questo studio brasiliano di San Paolo, ci sono la divertente tartaruga capace di prendere decisioni e di giocare a calcio con una lattina di birra e la candida lumaca che vivrà un viaggio indimenticabile, durante il test di collaudo di un nuovo modello d'auto.

Dal 1985, Vetor Zero è riuscito ad ampliare il mercato dell'animazione e ha contribuito a costruire una mentalità favorevole all'animazione digitale nella pubblicità brasiliana. L'atteggiamento perseverante e pionieristico di Alberto Lopes, Alceu Baptistão e Sérgio Salles non è stato vano. Sebbene abbiano esordito con un'impresa molto piccola, attualmente Vetor Zero è una delle case di produzione d'animazione in 3D ed effetti speciali più importanti dell'America Latina, oltre ad essere una delle più quotate per la creazione di soluzioni grafiche ed estetiche. Prova ne sono i sette Leoni conquistati al Festival Internazionale di Pubblicità di Cannes.

Vetor Zero si è avvalso della collaborazione di molti professionisti, che in seguito si sono affermati nel mondo dell'animazione. Il team di lavoro vanta anche lo sviluppo di strumenti e tecniche proprie, in accordo con le necessità specifiche del momento. L'interazione tra personaggi animati e filmati d'immagini reali è stata realmente un successo. Dal 2000 si è unita a Vetor Zero la casa di produzione Lobo Filmes, con una notevole esperienza nelle aree dello *stop motion*, animazione tradizionale e sviluppo di progetti per la televisione. D'ora in avanti non si interporranno più limiti all'ascesa di questo studio.

A bela Kaya, hiper-realista garota digital criada por Alceu Baptistão, foi eleita a melhor personagem virtual da Animago, na Alemanha, em 2002. Mas Kaya não é a única musa da Vetor Zero. A tartaruga malandra capaz de tomar atitudes rápidas e até jogar futebol por causa de uma latinha de cerveja, assim como a lesma bonachona que pega uma carona inesquecível no *test drive* de um novo modelo de automóvel, também estão entre as deliciosas personagens animadas por esse estúdio de São Paulo, Brasil.

Desde 1985, a Vetor Zero vem abrindo mercado e construindo mentalidades favoráveis à animação computadorizada na publicidade brasileira. A perseverança e o pioneirismo de Alberto Lopes, Alceu Baptistão e Sérgio Salles não foram em vão. Sua empresa começou muito pequena e hoje é uma das mais importantes fornecedoras de animação 3D e efeitos especiais da América Latina, assim como uma respeitada criadora de soluções gráficas e estéticas. Eles já capturaram para seu portifólio sete Leões do Festival Internacional de Publicidade de Cannes.

Pelos quadros da Vetor Zero passaram muitos profissionais hoje estabelecidos no meio. A equipe se orgulha de elaborar e desenvolver ferramentas e técnicas proprietárias, de acordo com necessidades específicas. A interação de personagens animados com filmagens ao vivo tem sido mais um trunfo de sucesso. À excelência do seu parque digital, somou-se em 2000 a experiência de uma nova associada, a Lobo Filmes, nas áreas de stop motion, animação tradicional e desenvolvimento de projetos para a televisão. Agora é possível ir do zero ao infinito.

Pg. 317 Tartaruga / Turtle
(commercial), 2003
Dir.: Alceu Baptistão
Agency : F/Nazca S&S
Client: Brahma
Product: Brahma Beer

Pg. 318 Skol – Skolbeats – Astronautas
(commercial), 2003
Live Action, 3D, Composing
Dir.: Alceu Baptistão
Agency: F/Nazca Saatchi & Saatchi

Pg. 319 Fuga / Scape
(commercial), 2003
Live action, 3D, Composing
Dir.: Gustavo Yamin
Agency: Lowe Mexico
Product: Hellmann's Mayonaise

VINTON STUDIOS

USA
Contact: Paul Golden
1400 NW 22nd Avenue,
Portland, OR 97210
Phone: + 1 503 225 1130
Fax: + 1 503 226 6056
E-mail: info@vinton.com

Closed Mondays, 1974
Rip Van Winkle, 1978
Claymation, 1978
Dinosaur, 1980
The Creation, 1981
The Great Cognito, 1982
The Adventures of Mark Twain, 1985
Mr. Resistor, 1993
The PJs - series, 1999-2001
Insect Poetry, 2001
Dia de los muertos, 2002
Ananda, 2003
Joe Blow, 2004

Academy Award Best Animated Short, 1975/1992
Critics Award - *Annecy*, 1975
First Prize - *Ottawa*, 1976
Gold Hugo - *Chicago*, 1978/1980
Grand Prix - *Chicago*, 1979
Banc Titre Prize - *Annecy*, 1983
Emmy Awards, 1987/1991/1992/1999
Best Animation for TV - *Annecy*, 1988
Annie Awardss for Outstanding Achievement, 1999/2000/200
10 Clio Awards
2 Lion Advertising Awards - *Cannes*

Stop motion
Cell animation
Computer graphics
Mixed/live action

VINTON STUDIOS

www.vinton.com

El estudio fundado en 1976 por Will Vinton no es sólo uno de los mayores del mundo en publicidad animada, sino también una leyenda en la historia de la animación. Gran parte de lo que hoy en día se hace en materia de animación con plastilina es fruto de las pioneras iniciativas de Vinton allá por los años sesenta, hasta el punto de que la técnica llamada "Claymation", su marca registrada, le supuso un Oscar –compartido con Bob Gardiner– por el clásico cortometraje *Closed Mondays*. Por otro lado, con *Rip Van Winkle, The Creation* y *The Great Cognito*, el estudio también recibió varias nominaciones de la Academia.

Los personajes de plastilina han alcanzado cotas inéditas en las producciones Vinton. La técnica dio forma a su primer largometraje *The Adventures of Mark Twain* y vuelve a estar presente en el nuevo largometraje de Tim Burton, *Corpse Bride*, también producido por la empresa y cuyo lanzamiento se espera para 2005. Asimismo, la galardonada serie *The PJs* está considerada como el mayor proyecto en *stop motion* para la televisión americana y el primero en ocupar el horario de máxima audiencia. Vinton ha producido también dos películas de Joan Gratz, entre las que destaca *Mona Lisa Descending a Staircase*, premiada con un Oscar.

De cualquier modo, nada se puede comparar con la fama que tienen las creaciones publicitarias del estudio. Los anuncios de Vinton para M&M y Nissan suelen aparecer en las listas de los mejores de todos los tiempos y, en cuanto a las pasas de California Raisins que cantan y bailan, baste con decir que se han convertido en un icono de los Estados Unidos. Unas pasas cuya forma hay que alterar 1.440 veces por minuto para animarlas de forma adecuada. Y es que al estudio le gusta hacer cálculos: Vinton asegura que produjeron más de 1,5 millones de cuadros de animación entre 2000 y 2003.

Lo studio che fondò Will Vinton nel 1976 non è solo uno dei maggiori al mondo in fatto di pubblicità animata, ma è anche una leggenda nella storia dell'animazione. Gran parte di ciò che si realizza oggi nel settore dell'animazione con plastilina, è frutto delle iniziative sperimentali di Vinton intorno agli Anni Settanta, tanto che la tecnica chiamata "Claymation", un marchio registrato da lui stesso, gli valse un Oscar, che condivise con Bob Gardiner, per il classico *Closed Mondays*. Inoltre, con *Rip Van Winkle, The Creation* e *The Great Cognito*, lo studio fu candidato più volte da parte dell'Accademia di Hollywood.

I personaggi di plastilina hanno raggiunto livelli inediti nelle produzioni di Vinton. La tecnica diede forma al suo primo lungometraggio *The Adventures of Mark Twain* ed è stata vivificata nel lavoro di Tim Burton, *Corpse Bride*, prodotto dallo stesso studio Vinton e il cui lancio è atteso per il 2005. Allo stesso modo, la premiata serie televisiva *The PJs* è considerata unanimamente il maggior progetto in *stop motion* per la televisione americana ed il primo ad occupare una fascia oraria di massima audience. Vinton ha prodotto anche due film di Joan Gratz, tra cui spicca *Mona Lisa Descending a Staircase*, premiato con un Oscar.

Niente, ad ogni modo, è paragonabile con la fama che riscuotono le creazioni pubblicitarie dello studio. Gli annunci pubblicitari di Vinton per M&M e Nissan sono considerati tra i migliori di tutti i tempi e le uvette della campagna pubblicitaria di California Raisins, che cantano e ballano, sono ormai un'icona degli Stati Uniti. Uvette la cui forma deve essere modificata 1.440 volte al minuto per ottenere l'effetto adeguato nei movimenti. Allo studio Vinton piace fare calcoli: assicura che la produzione tra il 2000-2003 ha raggiunto più di un milione e mezzo di quadri d'animazione .

O estúdio fundado em 1976 por Will Vinton é não apenas um dos maiores do mundo em comerciais animados como também uma lenda na história da animação. Muito do que hoje se faz em matéria de animação com massinha (clay animation) foi fruto do pioneirismo de Vinton, que remonta aos anos 1960. A técnica chamada Claymation é marca registrada sua e lhe valeu um Oscar (dividido com Bob Gardiner) pelo clássico curta *Closed Mondays*. Por *Rip Van Winkle*, *The Creation* e *The Great Cognito*, o estúdio também seria indicado aos prêmios máximos da Academia.

Os personagens de massinha galgaram alturas inéditas nas produções Vinton. A técnica rendeu seu primeiro longa-metragem em *The Adventures of Mark Twain* e volta agora à ordem do dia no novo longa de Tim Burton, *Corpse Bride*, igualmente produzido pela empresa para lançamento em 2005. A premiada série *The PJs* é tida como o maior projeto em *stop motion* para a TV americana e o primeiro a ocupar o horário nobre. O Vinton produziu também dois filmes de Joan Gratz, entre os quais *Mona Lisa Descending a Staircase*, laureado com um Oscar.

Nada, porém, se compara em popularidade às criações publicitárias do estúdio. Anúncios do Vinton para a M&M e a Nissan costumam freqüentar listas de melhores de todos os tempos. Bem, quanto às passas cantantes e dançantes da California Raisins, basta dizer que se tornaram um ícone pop nos EUA. Para animá-las adequadamente, é preciso alterar sua forma até 1.440 vezes por minuto. O estúdio gosta de fazer esse tipo de conta: eles garantem que produziram mais de 1,5 milhão de quadros de animação entre 2000 e 2003.

JOY (MID SEQ) PAGE (5)

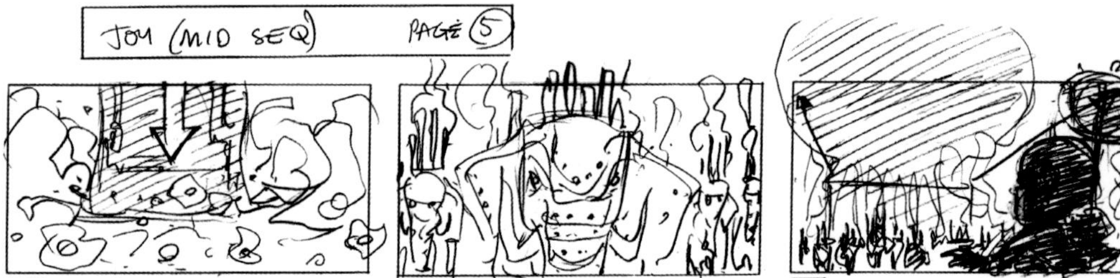

25 MACHANICAL ELEPHANT CUT FOOT CRUSHES FLOWERS..

26 CUT TO ONWARD MOVING ELEPHANTS...

27 (FAST PULLBACK) → —TO SEE BOY WATCHIN THEM COME

28 HE IS INSPIRED BY CUT THEIR LARGE BALL OF BLACK SMOKE

29 AND BOYISHLY SHOWS OFF —

30 – SPINS HIS MACE

JOY (MID-SEQ) PAGE (7)

37 (MOVE UP) AS SHE CUT OPENS HER THIRD EYE... — IT EXPELS LIGHT →

38 THE LIGHT STARTS TO PUSH BACK THE CUT BLACK SMOKE...

39 SHE LEANS IN, AS HER EYE BEGINS TO BREAK DOWN THE

40 BLACK CLOUD, CUT DISPELLING IT...

41 ..FROM OUT OF THE CLOUD COMES A BEAUTIFULLY COLORED ELEPHANT..

42

Pg. 320-321 Joe Blow, 2004
Stop motion

Pg. 322 Ananda, 2003
Storyboard

Pg. 323 Ananda, 2003
Work in progress in the set
Final scene

DISNEY ENTERPRISES, INC.

USA

Fantasia, 1940
Cinderella, 1950
Lady and the Tramp, 1955
Sleeping Beauty, 1959
101 Dalmatians, 1961
The Jungle Book, 1967
Little Mermaid, 1990
Beauty and the Beast, 1991
Aladdin, 1992
The Lion King, 1994
Disney/Pixar's Toy Story, 1995
Disney/Pixar's A Bug's Life, 1998
Fantasia 2000, 2000
Disney/Pixar's Monsters, Inc., 2001
Treasure Planet, 2002
Disney/Pixar's Finding Nemo, 2003
Brother Bear, 2003

32 Academy Awards (to Walt Disney himself),
Best Animation Design Cannes 1947,
Special Prize Venice 1950,
Golden Bear Berlin 1951,
David di Donatello Italy 1956,
BAFTA 1962/2003,
Golden Globe Best Original Score and/or Original Song 1990/1992/1993/1995/1996/2000,
Grammy 1991/1993/1994/1996/2000/2001/2003,
Golden Globe Best Picture 1992/1995/2000,
Annie Awards 1996/1997/1999/2000/2001/2003

Traditional animation
Computer graphics

WALT DISNEY

www.disney.com

Para gran parte del público de todo el mundo, Disney es sinónimo de animación.

Walter Elias Disney lanzó la primera película de Mickey Mouse en 1928, con la que inauguraba los dibujos animados sonoros y convertía ese tipo de películas en algo comercialmente viable que iría dirigido a los públicos más variados.

Walt Disney enseguida se dio cuenta de que para crear una industria de dibujos animados tendría que dejar de dibujar para coordinar un equipo de artistas que se dedicarían a buscar las mejores historias y a crear unos personajes que produjeran gran empatía. Gracias a su determinación y competencia, después de varias décadas de éxito, la tradición y la influencia de Disney en la animación se han convertido en algo tan profundo y complejo que han creado un estilo que marca, de forma indeleble, la historia de este arte y que influye en artistas de todo el mundo.

Disney quería que sus colaboradores y sucesores nunca se olvidaran de que "todo había empezado con un ratón", pero en las décadas siguientes el historial de Disney se iba a llenar de especímenes inolvidables: los perros Pluto y Goofy, el pato Donald, el ciervo Bambi, los Aristogatos, el papagayo Joe Carioca, el Rey León y el pez Nemo, entre muchos otros. De igual modo, las animaciones de Disney han permitido que algunos cuentos de hadas y ciertas narrativas épicas que componen el patrimonio mítico universal se volvieran aún más populares.

La impresionante colección de premios *incluye La Bella y la* Bestia como primera animación nominada al Oscar a la mejor película. La historia se repite ahora que estamos en la era del diseño gráfico por ordenador. Una colaboración con Pixar Animation Studios les llevó al éxito con *Toy Story (Juguetes)*, otro hito en la historia de la animación, y que, de hecho, ya se ha extendido a cinco largometrajes que, en total, han recaudado 2.500 millones de dólares en las taquillas y han vendido más de 150 millones de DVD y videos.

Disney Pictures también produce películas *live action* y series para la televisión. La empresa forma parte de un imperio que incluye radio, televisión, teatro, espectáculos musicales, parques temáticos, turismo, industria de juguetes, producciones para Internet, juegos y todo tipo de diversión familiar.

Disney in tutto il mondo è sinonimo d'animazione.

Walter Elias Disney lanciò nel 1928 il primo film di Mickey Mouse, Topolino inaugurando i disegni animati sonorizzati e facendo di questi film un prodotto commercialmente fruibile capace di dirigersi ad un pubblico variegato.

Walt Disney si accorse immediatamente che, per creare un'industria di disegni animati, avrebbe dovuto abbandonare il disegno e dedicarsi alla coordinazione del gruppo d'artisti che avrebbero cercato di creare le storie migliori e dei personaggi che empatizzassero con il pubblico. Grazie alla sua determinazione e alla sua professionalità, dopo anni di successo, la tradizione e l'influenza di Disney nell'animazione sono diventate talmente radicate e complesse che hanno dato vita ad uno stile che segna in maniera indelebile la storia di quest'arte e che ha enorme influenza su artisti di tutto il mondo.

Disney desiderava che i suoi collaboratori e i suoi successori non dimenticassero mai che tutto era cominciato a causa "di un topolino", però nei decenni a venire la cronologia della Disney si è riempita di personaggi indimenticabili quali: i cani Pluto e Pippo, Paperino, il cervo Bambi, gli Aristogatti, il pappagallo Joe Carioca, il Re Leone e ancora il pesciolino Nemo, tra i moltissimi conosciuti. Allo stesso modo, le animazioni della Disney hanno permesso che alcune favole universali e altra narrativa epica che compongono il patrimonio mitico universale diventassero ancora più popolari.

La collezione incredibile di premi ricevuti include il premio a *La Bella e la Bestia* come primo film d'animazione nominato all'Oscar come miglior film. La storia si ripete anche oggi che ci troviamo nell'era del disegno grafico computerizzato. Una collaborazione con la Pixar Animation Studios produsse successi come *Toy Story*, altra pietra miliare nella storia dell'animazione. Di fatto la collaborazione tra Disney e Pixar si è già estesa a cinque lungometraggi che, in totale, hanno raccolto 2.500 milioni di dollari durante la loro programmazione e hanno venduto più di 150 milioni di DVD e video.

Disney Pictures produce inoltre film in *live action* e serie televisive. L'azienda forma parte di un impero che include radio, televisione, teatro, spettacoli musicali, parchi tematici, turismo, industria di giocattoli, produzioni per Internet, giochi e ogni genere di prodotti per l'intrattenimento familiare.

Para grande parte do público em todo o mundo, Disney é sinônimo de animação.

Walter Elias Disney lançou o primeiro filme de Mickey Mouse em 1928, inaugurando o desenho animado sonoro e tornando esse tipo de filme comercialmente viável junto às platéias mais variadas.

Walt Disney cedo percebeu que, para criar uma indústria de desenho animado, ele teria que deixar de desenhar para coordenar uma equipe com os melhores artistas, em busca das melhores histórias e dos mais empáticos personagens. Graças à sua determinação e competência, em décadas seguidas de sucesso, a tradição e as influências da Disney na Animação se tornaram tão profundas e complexas que criaram um estilo que marca, de maneira indelével, a história desta arte e influencia artistas de todo o mundo.

Disney queria que seus colaboradores e sucessores jamais esquecessem que "tudo começou com um rato". Mas nas décadas seguintes a arca da Disney iria se encher de espécimes inesquecíveis: os cães Pluto e Pateta (Goofy), o pato Donald, o cervo Bambi, as Aristogatas (Aristocats), o papagaio Zé Carioca (Joe Carioca), o Rei Leão e o peixinho Nemo, entre tantos outros. Da mesma forma, as animações da Disney tornaram ainda mais populares diversos contos de fada e narrativas épicas que compõem o patrimônio mítico universal.

A impressionante coleção de prêmios inclui a primeira indicação de um filme de animação (*Beauty and the Beast*) ao Oscar de melhor filme. A história se repete agora, na era da computação gráfica. Uma parceria bem-sucedida com a Pixar Animation Studios produziu o êxito de *Toy Story*, outro marco na história da animação, e já se estende por cinco longas-metragens que, juntos, renderam US$ 2,5 bilhões nas bilheterias e venderam mais de150 milhões de DVDs e vídeos.

A Disney Pictures produz também filmes em *live action* e séries para a televisão. A empresa é parte de um império do setor de entretenimento, que inclui rádio, TV, teatro, shows musicais, parques temáticos, turismo, indústria de brinquedos, produções para a internet, jogos e todo tipo de diversão familiar.

Pg. 324 Brother Bear, 2003
© Disney Enterprises, Inc.

Pg. 326–327 The Lion King, 1994
© Disney Enterprises, Inc.

DISNEY ENTERPRISES, INC.

PIXAR ANIMATION STUDIOS

USA

Toy Story, 1995
A Bug's Life, 1998
Toy Story 2, 1999
Monsters, Inc., 2001
Finding Nemo, 2003
The Incredibles, 2004

Academy Award Best Animated Feature 2004,
Academy Award Best Original Song 2001,
Annie Awards 1996/1998/2000,
Golden Globe Best Picture 2000,
Golden Globe Best Original Score and/or Original Song 1996/2000,
BAFTA 2003,
Children's Award BAFTA 2002,
Grammy 1996/2000/2001/2003,
Annie Awards 1996/1997/1998/1999/2000/2001/2003/2004.

3D Computer animation

DISNEY/PIXAR

www.disney.com

www.pixar.com

Algunos de los mayores éxitos comerciales de la historia de la animación surgieron de la cooperación entre Walt Disney Pictures y Pixar Animation Studios. Por un lado, la tradicional firma, creadora de tantos clásicos, se benefició del carácter novedoso de Pixar y de la posibilidad de introducirse en el ámbito del diseño gráfico en 3D. Por otro lado, el equipo emergente de Pixar podía contar con la poderosa maquinaria de distribución de Disney para poder acceder a cualquier cine o televisión en todas las partes del mundo.

John Lasseter de la Pixar dirigió el revolucionario *Toy Story*, el primer largometraje animado completamente digital. Le siguieron otras cuatro películas, por las que se obtuvieron tres mil millones de dólares en recaudación de taquilla y más de 150 millones en DVDs y vídeos a escala mundial. La concesión de innumerables premios culminó en 2003 con el Óscar® a la mejor película de animación.

Más allá de las cifras, estos grandes resultados han consolidado un nuevo concepto de entretenimiento y han aproximado la tecnología digital a la categoría de arte, a la perfección naturalista que ya había alcanzado la animación tradicional.

Alcuni dei maggiori successi commerciali nella storia dell'animazione sono nati come collaborazione tra la Walt Disney Pictures e la Pixar Animation Studios. Da una parte la compagnia tradizionale, creatrice di numerosissimi classici, che si beneficia della ventata di freschezza che apporta Pixar, insieme alla possibilità di entrare nel regno della grafica in 3D. Dall'altra, la emergente Pixar che si avvale dell'onnipotenza del gigante Disney nel raggiungere qualsiasi sala cinematografica e nell'entrare in qualsiasi televisione nel mondo intero.

John Lasseter, della Pixar, ha diretto il rivoluzionario *Toy Story*, il primo film animato interamente per mezzo di computer. A seguire, ci sono stati altri quattro film, cha hanno venduto insieme quasi 3 miliardi di dollari in biglietti, e oltre 150 milioni di DVD in tutto il mondo. I numerosissimi premi sono culminati nell'Oscar per la migliore animazione, con il film *Alla ricerca di Nemo* nel 2003.

Questi fantastici risultati, molto più di semplici cifre, hanno consolidato un nuovo concetto di divertimento e avvicinato le tecnologie digitali alla condizione di arte la perfezione naturalistica già raggiunta dall'animazione tradizionale.

Alguns dos maiores êxitos comerciais da história da animação nasceram da parceria entre Walt Disney Pictures e Pixar Animation Studios, que durou de 1991 a 2004. De um lado, a tradicional empresa criadora de tantos clássicos beneficiou-se do sangue novo da Pixar, entrando com força no reino da computação 3D. De outro, a turma emergente da Pixar contou com a poderosa máquina de distribuição da Disney para alcançar cada sala de cinema e cada aparelho de televisão residencial através do mundo.

John Lasseter, da Pixar, dirigiu o revolucionário *Toy Story*, o primeiro longa-metragem feito inteiramente em animação computadorizada. A ele seguiram-se outros quatro longas-metragens que, juntos, renderam quase US$ 3 bilhões nas bilheterias e venderam mais de 150 milhões de DVDs e vídeos. As premiações abundantes culminaram com o Oscar de melhor longa de animação para *Finding Nemo*.

Mais que os números, esses grandes sucessos serviram para consolidar uma nova concepção de entretenimento e aproximar as técnicas digitais dos níveis de perfeição naturalista já alcançados pelo desenho tradicional.

Pg. 329 Toy Story, 1995
© Disney Enterprises, Inc./Pixar
Animation Studios

Pg. 330–331 Finding Nemo, 2003
© Disney Enterprises, Inc./Pixar
Animation Studios

Pg. 332–333 Monsters, Inc.
© Disney Enterprises, Inc./Pixar
Animation Studios

WALTER TOURNIER

Uruguay
Tournier Animation
Anzani 2015 Montevideo
Phone: + 598 2 486 1779
E-mail: tournier@adinet.com.uy

El clavel desobediente / The Disobedient Carnation, 1981
Nuestro pequeño paraíso / Our Little Paradise, 1983
Los cuentos de Don Veridico / The Tales of Don Veridico, 1985
Los escondites del sol / Hideouts From the Sun, 1990
Los Tatitos / The Tatitos, 1997 and 2001
El jefe y el carpintero / The Boss and the Carpenter, 2000
Navidad caribeña / Caribbean Christmas, 2001
A pesar de todo / In Spite of Everything, 2003

Coral - *Havana,* 1980 and 1984
Unesco - *Divercine/Uruguay,* 1998 and 2000
Golden Tatu - *Jornada da Bahia/Brasil,* 2001
Prince Claus - *Holland,* 2002
Unesco and Children Audience Award - *Chicago,* 2002

Paper cut
Marionettes,
Animation with wood,
Plastiline
Cardboard
Latex

WALTER TOURNIER

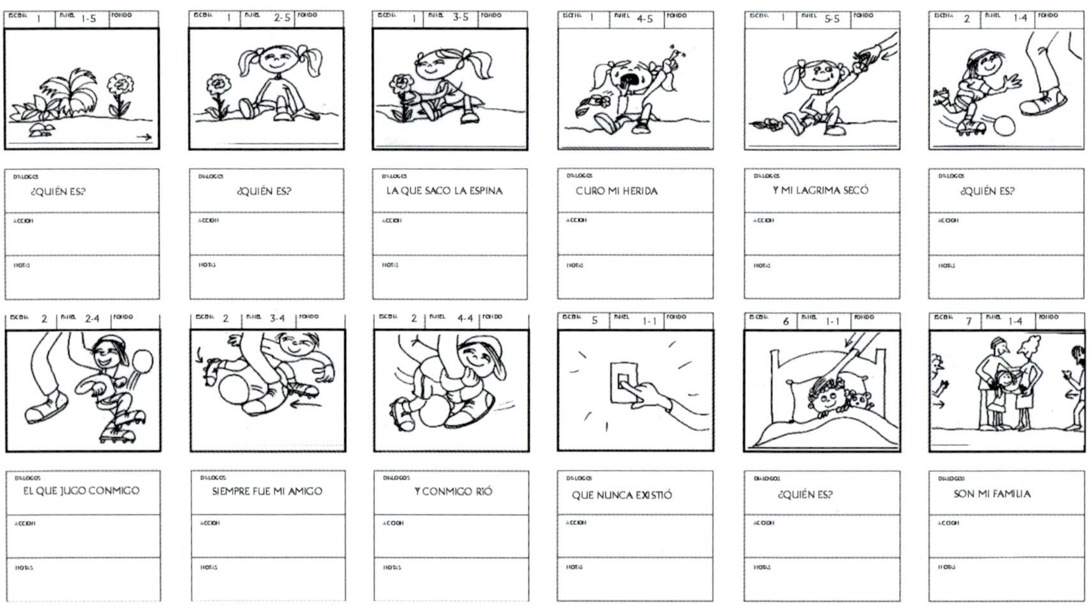

La obra de Walter Tournier es un ejemplo del desafío que supone hacer animación en países en los que no existe una tradición en la actividad. Tournier estudió Arquitectura y Arqueología, pero buena parte de su vida se la ha pasado como artesano o vendedor de muebles y antigüedades. Su primera película, *En la selva hay mucho por hacer*, de 17 minutos, fue el trabajo más largo de animación que se había realizado en Uruguay hasta ese momento.

Para superar la falta de recursos, echó mano de papel recortado y de todo tipo de material que, aunque rudimentario, le resultara fácil de adquirir, como cartón, madera, látex, alambre, etc. El resultado es un trabajo de alta calidad y que plasma una temática fuertemente social. Las leyendas de Perú -donde el cineasta vivió durante su exilio-, el uso indiscriminado de la televisión, la vida durante la dictadura uruguaya, los derechos del niño y las preocupaciones ecológicas son algunos de los temas de sus películas de animación, así como de sus documentales.

La serie infantil de TV *Los Tatitos*, que obtuvo gran éxito en Uruguay y en Argentina, le abrió las puertas al mundo internacional, al que deleitó con *El jefe y el carpintero* y *Navidad caribeña*, producidas para la televisión del País de Gales. Para el director argentino Fernando Birri, Tournier elaboró la participación especial de marionetas en el documental *El siglo del viento*.

Walter Tournier está afincado en Montevideo, donde fundó la empresa Imágenes con su amigo Mario Jacob en 1985. En ella sigue estimulando el desarrollo de la animación latinoamericana y se considera satisfecho cuando sus esfuerzos alcanzan el objetivo principal: la sonrisa de un niño.

L'opera di Walter Tournier è un esempio dello sforzo che comporta fare animazione in paesi in cui non esiste una tradizione dell'attività. Tournier studiò architettura e archeologia, però ha trascorso una buona parte della sua vita occupandosi d'artigianato e della vendita di mobili d'antiquariato. Il suo primo film, *En la selva hay mucho por hacer*, della durata di 17 minuti, fu il lavoro d'animazione più lungo che si fosse mai realizzato prima in Uruguay.

Per ovviare alla mancanza di risorse utilizzò materiale di tutti i tipi, come ritagli di carta e altri materiali che, sebbene rudimentali, fossero facili da reperire: cartone, legno, lattice, fil di ferro, etc. Il risultato è un lavoro d'alta qualità che tratta temi di forte matrice sociale. Le leggende del Perù, in cui il cineasta visse durante il suo esilio, l'uso indiscriminato della televisione, la vita durante il periodo della dittatura uruguayana, i diritti dei bambini e le preoccupazioni per l'ecologia, sono alcuni dei temi dei film d'animazione e dei documentari di quest'artista.

La sua serie televisiva per bambini *Los Tatitos* ebbe un grande successo in Uruguay e in Argentina e gli aprì le porte del mondo internazionale, che entusiasmò con *El jefe y el carpintero* e *Navidad caribeña*, prodotte per la televisione del Galles. Inoltre Tournier elaborò per il regista argentino Fernando Birri, una partecipazione speciale di marionette nel documentario *El siglo del viento*.

Walter Tournier risiede a Montevideo, dove ha fondato nel 1985 l'impresa Imágenes con l'amico Mario Jacob. In essa s'impegna a fomentare lo sviluppo dell'animazione latinoamericana, cui obiettivo principale (e soddisfazione personale) è ottenere il sorriso dei bambini.

A obra de Walter Tournier é um exemplo dos desafios de se fazer animação em países sem uma tradição nessa atividade. Ele estudou Arquitetura e Arqueologia, mas teve que ganhar boa parte de sua vida como artesão ou vendedor de móveis e antiguidades. Seu primeiro filme, *En la selva hay mucho por hacer*, de 17 minutos, era o mais longo trabalho de animação já feito no Uruguai até 1974.

Para driblar a falta de recursos, Tournier já lançou mão de papel recortado e de todo tipo de material rudimentar, mas facilmente acessível, como papelão, madeira, látex, fios de cobre etc. Com isso, obtém resultados de alta qualidade e dá conta de sua temática fortemente social. Lendas do Peru – onde o cineasta viveu em exílio –, o uso indiscriminado da televisão, a vida sob a ditadura militar uruguaia, os direitos da criança e as preocupações ecológicas estão entre os assuntos de seus filmes de animação, assim como dos documentários.

A série infantil de TV *Los Tatitos*, de grande sucesso no Uruguai e Argentina, abriu-lhe as portas para as experiências internacionais de *El jefe y el carpinteror* e *Navidad caribeña*, produzidos para a televisão do País de Gales. Para o diretor argentino Fernando Birri, Tournier elaborou a participação especial de marionetes no documentário *El siglo del viento*.

Walter Tournier sedia seu trabalho em Montevidéu, na empresa *Imagenes*, que criou com o amigo Mario Jacob em 1985. Ali continua a estimular o desenvolvimento da animação latino-americana e diz-se satisfeito quando seus esforços atingem a meta principal: o sorriso de uma criança.

Pg. 334 The Family / La Familia, 2002 Storyboard

Pg. 335 Los Tatitos, 2001

Pg. 336 The Chief and the Carpenter / El Jefe y el Carpintero, 2000

Pg. 337 Navidad Caribeña / Caribbean Christmas, 2001

WILD BRAIN, Inc

USA
Contact: Jeff Fino,
Phone: + 1 415 553 8000
info@wildbrain.com

FernGully 2: The Magical Rescue, 1998
El Kabong, 1999
Glue, 2000
Romanov, 2000
Hubert's Brain, 2001
Frank Tripper: the Perfect Weapon, 2001
Mr. Baby, 2001
Graveyard, 2001
Poochini, 2002
Vanilla Pudding, 2003
A Dog Cartoon, 2004

Best Internet Film - *Ottawa,* 2000
4 Prizes Best in category - *WAC/USA,* 2001
Annie Awards, 2001
Grand Prix Jury - *Imagina /Monaco,* 2002
Best Short - *Asifa/SF,* 2002

Traditional animation
Stop motion
Computer graphics

WILD BRAIN

www.wildbrain.com

Wild Brain es una de las empresas líderes en el abastecimiento de material para el mercado de animación americano, con un amplio número de clientes en televisión, cine, publicidad, los multimedia e Internet. Fundada en 1994, da trabajo a algunos de los mejores talentos artísticos del ramo, que van desde los veteranos de la industria a las revelaciones más recientes.

La lista de clientes de Wild Brain incluye a gigantes como Universal, 20th Century Fox, Disney, Dreamworks, Warner Bros, Nickelodeon, Cartoon Network, Coca-Cola, Ford, Nabisco, Nestlé, McDonald's, Nike y Chevrolet, entre muchos otros. En su historial se encuentran las animaciones de personajes clásicos de Hanna-Barbera y de los Looney Tunes, así como el primer anuncio animado de The Wall Street Journal.

No existe ninguna técnica de animación o forma de alcanzar el mercado que sea ajena a las actividades de esta empresa de San Francisco, que ha producido directamente el largometraje animado *Ferngully 2* para el mercado de la *home video.* A su vez, *Glue* y *Romanov* han contribuido a popularizar el consumo de series realizadas de forma específica para Internet. En materia de libros multimedia, su versión del célebre *Dr. Seuss' Green Eggs and Ham* mereció el prestigioso premio Annie de su categoría.

En el equipo artístico de Wild Brain se encuentran desde el polivalente Phil Robinson, uno de sus cofundadores, hasta autores de personalidad tan marcada como la checa Michaela Pavlátová y el americano Gordon Clark. Ello garantiza la impresionante versatilidad del estudio y su reputación como un lugar donde los métodos tradicionales y herramientas digitales de última generación se combinan de manera impecable.

Wild Brain è una delle imprese che primeggiano nella produzione di materiale per il mercato dell'animazione americano, con una grande numero di clienti in televisione, nel cinema, nella pubblicità, nel settore multimediale e in Internet. Fondata nel 1994, offre impiego ai migliori talenti artistici del ramo, siano essi veterani dell'industria o rivelazioni recenti.

L'elenco dei clienti di Wild Brain include, tra i tanti, giganti come Universal, 20th Century Fox, Disney, Dreamworks, Warner Bros, Nickelodeon, Cartoon Network, Coca-Cola, Ford, Nabisco, Nestlé, McDonald's, Nike e Chevrolet. Nel suo curriculum troviamo le animazioni di personaggi di Hanna-Barbera e di Looney Tunes, così come il primo annuncio animato del The Wall Street Journal.

Non esiste nessuna tecnica di animazione o forma d'inserimento nel mercato che sia estranea alle attività di quest'impresa di San Francisco, che ha prodotto direttamente il lungometraggio animato *Ferngully 2* per il mercato dei video domestici. A loro volta, i lavori *Glue* e *Romanov* hanno contribuito a rendere popolari il consumo di serie realizzate esclusivamente per Internet. Nell'ambito dei libri multimediali, la versione di Wild Brain del celebre *Dr. Seuss' Green Eggs and Ham* si meritò il prestigioso premio Annie nella categoria in cui partecipava.

Il gruppo artistico di Wild Brain è composto dal polivalente Phil Robinson, uno dei suoi co-fondatori e da autori dalla personalità marcata, come la cecoslovacca Michaela Pavlátová e l'americano Gordon Clark. Questa varietà garantisce la versatilità dello studio e la sua reputazione basata sulla combinazione perfetta tra i metodi tradizionali e gli strumenti digitali di ultima generazione.

A Wild Brain é uma das empresas líderes no fornecimento de conteúdo para o mercado de animação americano, com um amplo cadastro de clientes na televisão, no cinema, na publicidade, na multimídia e na internet. Fundada em 1994, emprega alguns dos melhores talentos criativos do ramo, de veteranos da indústria a revelações mais recentes.

A lista de clientes da Wild Brain inclui gigantes como Universal, 20th Century Fox, Disney, Dreamworks, Warner Bros, Nickelodeon, Cartoon Network, Coca-Cola, Ford, Nabisco, Nestlé, McDonald's, Nike, Chevrolet e muitos outros. Em seu portifólio constam animações de personagens clássicos da Hanna-Barbera e dos Looney Tunes, assim como o primeiro anúncio animado de The Wall Street Journal.

Não existe técnica de animação ou forma de atingir o mercado que seja estranha às atividades dessa empresa de São Francisco. Ela produziu diretamente para o mercado de *home video* o longa animado *Ferngully 2.* Por sua vez, *Glue* e *Romanov* ajudaram a popularizar o consumo de séries feitas especialmente para a internet. Em matéria de livros multimídia, sua versão do célebre *Dr. Seuss' Green Eggs and Ham* mereceu o prestigiado prêmio Annie na respectiva categoria.

Na equipe de criação da Wild Brain têm lugar desde o polivalente Phil Robinson, um de seus co-fundadores, até autores de personalidade marcante como a tcheca Michaela Pavlátová e o americano Gordon Clark. Isso garante a incrível versatilidade do estúdio e sua reputação como um lugar onde métodos tradicionais e ferramentas digitais de última geração se combinam de maneira impecável.

HUBERT
P.U.!!

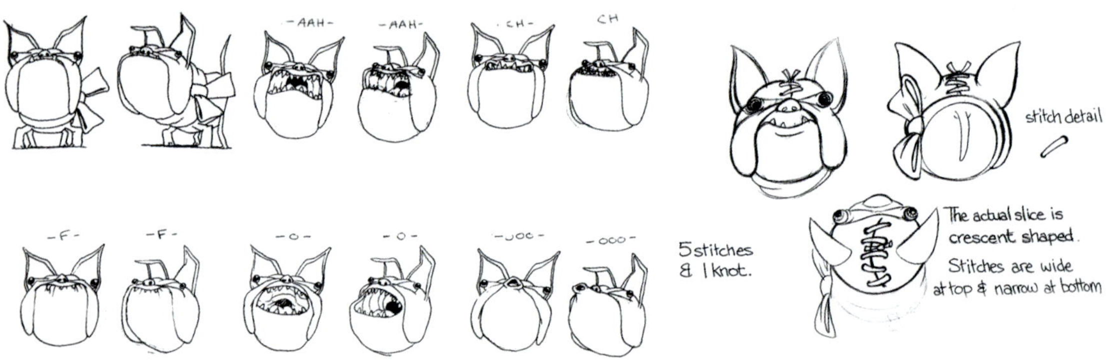

Pg. 339 Hubert's Brain, 2001
Computer graphics

Pg. 340 Hubert's Brain, 2001
Computer graphics

Sketches for character development

Pg. 341 Hubert's Brain, 2001
Visual developments

wall
medium shag carpets

copper

3/4 FRONT
3/4 FRONT

WILLIAM KENTRIDGE South Africa 72 Mougwon Drive, Mougwon, 2198 Phone: + 011 483 3246 E-mail: wkentr@netactive.co.za	**Johannesburg, 2nd Greatest City After Paris,** 1989 **Monument,** 1990 **Mine,** 1991 **Sobriety, Obesity and Growing Old,** 1991 **Felix in Exile,** 1994 **History of the Main Complaint,** 1996 **Weighing...and Wanting,** 1997 **Stereoscope,** 1999 **Journey to the Moon,** 2003 **Tide Tabel,** 2003	**Rembrandt Gold Medal** - *Cape Town,* 1991 **Jewels of the Century** - *Annecy,* 2000	**Animation with charcoal and past drawings** **Three dimensional objects and insects** **Cut out** **Stop motion** **All sometimes mixed with live action and archival footage**

WILLIAM KENTRIDGE

William Kentridge, probablemente el artista surafricano más famoso de la actualidad, ya ha expuesto sus dibujos en carbón y pastel en algunos de los museos y galerías más importantes del mundo, así como en la Bienal de Venecia y en la Documenta de Kassel. Estos trabajos, generalmente de grandes dimensiones, son la materia prima de sus igualmente célebres películas de animación. Se trata de un artista multimedia que incorpora la animación a instalaciones y obras de teatro. *Shadow Procession* se exhibió en el techo del Palacio Real de Ámsterdam a 100 metros de altura en 1999.

El Johannesburgo en el que nació en 1955, y en el que continúa viviendo, marca una presencia obsesiva en su obra, amedrentada por los fantasmas de la colonización y del *apartheid*. Kentridge es adepto de un arte político que cuestiona el optimismo y el nihilismo. Nueve de sus cortometrajes los protagonizan los personajes Soho Eckstein –un adiposo y atormentado especulador inmobiliario– y Felix Teitlebaum –un observador pasivo y soñador–, que representan las ambigüedades y contradicciones de su país.

Autodidacta en animación, William Kentridge se licenció en Ciencias Políticas y Estudios Africanos y estudió Bellas Artes y Teatro. Colaboró con la Handspring Puppet Company en espectáculos multimedia y fue uno de los fundadores de la Free Filmmakers Cooperative (Johannesburgo, 1988). Sus películas se aprovechan estéticamente del imperfecto borrado del carbón sobre el papel y de su obsoleta técnica básica. Pero sus experiencias también fustigan otros límites, como la reversión de lo tridimensional en *Stereoscope* y la animación con hormigas en *Day for Night* (2003).

William Kentridge è probabilmente l'artista sudafricano più famoso dei nostri giorni, ha esposto i suoi disegni fatti a carboncino e pastelli in alcuni dei musei e le gallerie più importanti del mondo, come pure alla Biennale di Venezia e alla Documenta di Kassel. In genere si tratta di lavori di grande dimensioni, che sono anche la materia prima dei suoi altrettanto celebri film d'animazione. È un'artista multimediale che incorpora l'animazione in installazioni e in opere teatrali. *Shadow Procession* fu esibita nel 1999, sul tetto del Palazzo Reale d'Amsterdam a 100 metri d'altezza.

La città di Johannesburg in cui nacque nel 1955 e dove attualmente risiede, rappresenta una presenza ossessiva nella sua opera, piena di timori dei fantasmi della colonizzazione e dell'apartheid. Kentridge è sicuramente un seguace dell'arte politica orientata verso l'ottimismo e il nichilismo. I protagonisti di nove dei suoi cortometraggi sono Soho Eckstein e Felix Teitlebaum: il primo è un vecchio e tormentato speculatore immobiliare e il secondo è un osservatore passivo e sognatore: entrambi rappresentano le ambiguità e le contraddizioni del suo paese.

Autodidatta per quanto riguarda l'animazione, William Kentridge si è laureato in Scienze Politiche e Studi Africani ed ha anche studiato all'Accademia di Belle Arti e Teatro. Ha collaborato con la Handspring Puppet Company in spettacoli multimedia ed è stato uno dei fondatori, nel 1988, della Free Filmmakers Cooperative a Johannesburg. I suoi film si servono dell'imperfezione delle cancellazioni fatte sul carboncino e della sua desueta tecnica di base. Tuttavia, nei suoi lavori si sfidano anche altri limiti, come il ritorno del tridimensionale in *Stereoscope* e l'animazione con formiche in *Day for Night* (2003).

Provavelmente o mais famoso artista sul-africano da atualidade, William Kentridge já expôs seus desenhos em carvão e pastel em alguns dos museus e galerias mais importantes do mundo, assim como na Bienal de Veneza e na Documenta de Kassel. Esses trabalhos, geralmente de grandes dimensões, são a matéria-prima de seus igualmente célebres filmes de animação. Ele é um artista multimídia que incorpora a animação em instalações e peças de teatro. *Shadow Procession* foi exibido no teto do palácio real de Amsterdã, a 100 metros de altura, em 1999.

A Johanesburgo em que ele nasceu, em 1955, e onde continua a viver, marca presença obsessiva em sua obra, assombrada pelos fantasmas da colonização e do appartheid. Kentridge é adepto de uma arte política vocacionada a questionar o otimismo e o niilismo. Nove de seus curtas são protagonizados pelos personagens Soho Eckstein (um adiposo e atormentado especulador imobiliário) e Felix Teitlebaum (um observador passivo e sonhador), que exprimem as ambigüidades e contradições do seu país.

Autodidata em animação, William Kentridge é formado em Política e Estudos Africanos, estudou Belas Artes e Teatro. Colaborou com a Handspring Puppet Company em espetáculos multimídia e foi um dos fundadores da Free Filmmakers Cooperative (Johanesburgo, 1988). Seus filmes tiram partido estético do apagamento imperfeito do carvão sobre o papel e da própria obsolescência de sua técnica básica. Mas suas experiências também fustigam outros limites, como a reversão da tri-dimensionalidade em *Stereoscope* e a animação com formigas em *Day for Night* (2003).

GROWING OLD

Pg. 343–344 Sobriety, Obesity and Growing Old, 2000
Charcoal and pastel drawing

Pg. 345 WEIGHING... and WANTING, 1997
Charcoal and pastel drawing

ANIMA MUNDI / THE AUTHORS

www.animamundi.com.br

El mayor acontecimiento dedicado al cine de animación en el continente americano tiene lugar anualmente en julio en las ciudades brasileñas de Río de Janeiro y São Paulo. En cada edición, unas 80.000 personas, además de realizadores y periodistas, se rinden al encanto del festival Anima Mundi. En él se concentran centenares de películas seleccionadas de entre las mejores del mundo, retrospectivas especiales, talleres abiertos en los que los asistentes se inician en los secretos de la animación y prueban su talento, un concurso en la Red y encuentros personales con los más célebres animadores de la actualidad.

Con el nacimiento del Anima Mundi en el Centro Cultural Banco do Brasil de Río de Janeiro, 1993 fue el año que marcó el inicio de nuevo período en la historia de la animación brasileña. Desde entonces, el festival ha estimulado a toda una generación de nuevos creadores y ha ayudado a formar una expresión brasileña propia en el sector, al tiempo que ha contribuido de forma definitiva a madurar la industria y el mercado y a internacionalizar el conocimiento de la animación en el país. Con un programa que se prolonga a lo largo de todo el año, Anima Mundi proporciona la oportunidad de vivir una experiencia enriquecedora a alumnos de todas las condiciones sociales.

La personalidad diferenciada del festival proviene de su génesis: fue creado y sigue siendo dirigido por cuatro animadores que se conocieron durante un curso realizado en Río en colaboración con el National Film Board de Canadá. Aída Queiroz, Cesar Coelho, Léa Zagury y Marcos Magalhães asumieron con placer la misión de llevar a su país un poco del renacimiento que el arte de la animación vivía en el mundo por aquel entonces. El énfasis de la curadoría siempre ha recaído en los aspectos artísticos, experimentales, informativos y educativos de la imagen animada, destacando los trabajos de autor y la diversidad de técnicas y estilos.

Aída Queiroz ganó el premio Coral Negro a la mejor animación en el Festival de La Habana en 1986 con el cortometraje *Noturno* y ha codirigido *Alex* –premiado en La Habana en 1987 y en Espinho en 1989–, *Tá Limpo!* y *Petróleo! Petróleo!*, todos con Cesar Coelho. En 1990 obtuvo el 11º puesto con el trabajo *Mom's Love* en el concurso de viñetas que promovió la MTV americana y en el cual participaron más de 600 animadores de todo el mundo.

Cesar Coelho, que empezó su carrera creando ilustraciones y viñetas de contenido político, también es autor de *Informística* (1986). Este animador, dos veces seleccionado para programas de intercambio con el National Film Board de Canadá, se ha especializado en las técnicas de animación industrial. Junto con Queiroz dirige la empresa Campo 4 Desenhos Animados, la mayor productora de animación tradicional de Río de Janeiro, con grandes clientes en el mundo de la publicidad y la televisión.

Léa Zagury recibió el título de master en cine en el departamento de Animación experimental del California Institute of the Arts. Ha codirigido *Uma cidade contra seus coronéis* y es autora de los cortometrajes *Instinto animal*, *Slaughter*, *Salamandra* y *Karaíba*. Este último fue lanzado en el Festival de Sundance 1994 y premiado en Houston, Aspen y Ann Arbor en 1994, además de haber sido agraciado con el National Educational Media Award en 1995. Zagury trabaja de forma independiente en proyectos de animación e ilustración en Los Ángeles, así como en vídeo submarino y realiza también documentales para televisión.

Marcos Magalhães conquistó el Premio Especial del Jurado de Cannes 1982 con el cortometraje *Meow!*. También ha realizado *Mão Mãe* (1979), *Animando* (1982) –producido en el National Film Board de Canadá–, *Tem boi no trilho* (1988), *Precipitação* (1990), *Pai Francisco entrou na roda* (1997) y *DoiS* (2000) –University of Southern California–. Magalhães es uno de los codirectores de *Tá limpo!* y fue el responsable del primer curso profesional de animación realizado en Brasil en 1987. Coordinó *Planeta Terra*, una película colectiva realizada por 30 animadores brasileños para el Año Internacional de la Paz de la ONU y ha dirigido el inusitado *Estrela de oito pontas*, en colaboración con el pintor Fernando Diniz, quien se pasó la vida en un hospital psiquiátrico.

L'evento più grande dedicato al cinema di animazione nel continente americano si svolge nel luglio di ogni anno nelle città brasiliane di Rio de Janeiro e San Paolo. In ogni edizione, 80.000 persone, oltre ai realizzatori e i giornalisti, si arrendono al fascino del festival Anima Mundi. Vi si concentrano centinaia di film selezionati tra i migliori del mondo, retrospettive speciali, laboratori aperti in cui i partecipanti s'iniziano ai segreti dell'animazione e mettono a prova il loro talento, un concorso sul Web e incontri personali con i più celebri animatori del presente.

Con la nascita di Anima Mundi nel Centro Cultural Banco do Brasil di Rio de Janeiro, il 1993 è stato l'anno che ha segnato l'inizio di una nuova tappa nella storia dell'animazione brasiliana. Da allora il festival è stato un motivo di stimolo per tutta una generazione di nuovi creatori e ha contribuito a formare una forma espressiva tipicamente brasiliana nel settore, a far maturare definitivamente l'industria e il mercato, e a dare un respiro internazionale all'animazione in questo paese. Il festival, con un programma che si prolunga durante tutto l'anno, offre l'opportunità di vivere un'esperienza unicaad alunni di ogni estrazione sociale.

La differente personalità del festival risiede nella sua stessa origine: fu creato e continua ad essere diretto da quattro animatori che si conobbero durante un corso realizzato a Rio in collaborazione con il National Film Board del Canada. Aída Queiroz, Cesar Coelho, Léa Zagury e Marcos Magalhães si assunsero con piacere il compito di portare nel loro paese un po' del rinascimento che l'arte dell'animazione stava attraversando allora nel mondo. I direttori hanno enfatizzato sempre gli aspetti artistici, sperimentali, informativi ed educativi dell'immagine animata, privilegiando le opere d'autore e la diversità di tecniche e stili.

Aída Queiroz ottenne il premio Coral Negro alla miglior animazione, al Festival dell' Avana nel 1986 con il cortometraggio *Noturno* e ha co-diretto *Alex* –premiato sempre all'Avana nel 1987 e ad Espinho nel 1989–, *Tá Limpo!* y *Petróleo! Petróleo!*, tutti in collaborazione con Cesar Coelho. Nel 1990 ottenne l'undicesimo posto con il lavoro *Mom's Love* in un concorso di vignette promosso dalla MTV americana e a cui parteciparono oltre 600 animatori provenienti da tutto il mondo.

Cesar Coelho, che iniziò la sua carriera creando illustrazioni e vignette di contenuto politico, è anche autore di *Informística* (1986). Quest'animatore, selezionato due volte per i programmi di scambio con il National Film Board del Canada, si è specializzato nelle tecniche dell'animazione industriale. Insieme con Queiroz dirige l'impresa Campo 4 Desenhos Animados, la più grande casa di produzione d'animazione tradizionale di Rio de Janeiro, con clienti importanti nel mondo della pubblicità e della televisione.

Léa Zagury ha frequentato il "master in cinema" del dipartimento di Animazione sperimentale del California Institute of the Arts. Ha diretto in collaborazione *Uma cidade contra seus coronéis* ed è autrice dei cortometraggi *Instinto animal*, *Slaughter*, *Salamandra* e *Karaíba*. Quest'ultimo fu presentato al Festival di Sundance nel 1994 e premiato a Houston, Aspen e Ann Arbor sempre nel 1994, oltre aricevere il National Educational Media Award nel 1995. Zagury lavora come indipendente a progetti d'animazione e illustrazione a Los Angeles, e realizza video subacquei e documentari per la televisione.

A Marcos Magalhães fu conferito il Premio Speciale della Giuria di Cannes nel 1982 per il cortometraggio *Meow!*. Ha realizzato inoltre *Mão Mãe* (1979), *Animando* (1982) –prodotto dal National Film Board del Canada–, *Tem boi no trilho* (1988), *Precipitação* (1990), *Pai Francisco entrou na roda* (1997) e *DoiS* (2000) –University of Southern California–. Magalhães è uno dei registi di *Tá limpo!* e fu responsabile del primo corso professionale d'animazione, realizzato in Brasile nel 1987. Coordinò *Planeta Terra*, un film collettivo realizzato da 30 animatori brasiliani per l'Anno Internazionale della Pace dell'Organizzazione delle Nazioni Unite e diresse l'insolito *Estrela de oito pontas*, in collaborazione con il pittore Fernando Diniz, che trascorse la vita in un ospedale psichiatrico.

O maior evento regular dedicado ao cinema de animação nas Américas tem lugar anualmente, no mês de julho, nas cidades brasileiras de Rio de Janeiro e São Paulo. A cada edição, cerca de 80.000 pessoas, além de realizadores e gente de mídia rendem-se ao charme do festival Anima Mundi. São centenas de filmes selecionados entre os melhores do mundo, retrospectivas especiais, oficinas abertas onde os freqüentadores iniciam-se nos segredos da animação e testam seus talentos, um concurso na web e encontros pessoais com os mais célebres animadores da atualidade.

Com o surgimento do Anima Mundi no Centro Cultural Banco do Brasil do Rio de Janeiro, o ano de 1993 tornou-se um divisor de águas na história da animação no Brasil. Desde então, o festival estimulou toda uma geração de novos criadores, ajudando a criar uma expressão brasileira nesse setor. Contribuiu decisivamente para o amadurecimento da classe, da indústria e do mercado, além de internacionalizar o conhecimento da animação no país. Através de um programa que se estende por todo o ano, a ação do Anima Mundi proporciona a estudantes de todas as condições sociais a oportunidade de viver uma experiência enriquecedora.

A personalidade diferenciada do festival advém de sua gênese: foi criado e continua a ser dirigido por quatro animadores que se conheceram durante um curso realizado no Rio em colaboração com o National Film Board do Canadá. Aída Queiroz, Cesar Coelho, Léa Zagury e Marcos Magalhães assumiram com gosto a missão de trazer para o seu país um pouco do renascimento que a arte da animação então vivia no mundo. A ênfase da curadoria sempre recaiu nos aspectos artísticos, experimentais, informativos e educacionais da imagem animada, com destaque para os trabalhos autorais, a diversidade de técnicas e de estilos.

Aída Queiroz ganhou o prêmio Coral Negro de melhor animação no Festival de Havana 1986 com seu curta *Noturno / Nocturne*. Ela co-dirigiu *Tá Limpo! / It's Clean!*, com Cesar Coelho e Marcos Magalhães; *Alex* (premiado em Havana 1987 e Espinho 1989), com Cesar Coelho e outros; e *Petróleo! Petróleo! / Oil! Oil!*, com Cesar Coelho. Em 1990, obteve a 11ª colocação com o trabalho *Mom's Love* em um concurso de vinhetas promovido pela MTV americana, da qual participaram mais de 600 animadores de todo o mundo.

Cesar Coelho é autor também de *Informística / Informystic* (1986). Ele começou a carreira como ilustrador e chargista. Duas vezes selecionado para programas de intercâmbio com o NFB/Canadá, especializou-se em técnicas de animação industrial. Aída e Cesar dirigem a Campo 4 Desenhos Animados, a maior produtora de animação tradicional do Rio, com grandes clientes na publicidade e na TV.

Léa Zagury recebeu título de mestrado em cinema no departamento de Animação Experimental do California Institute of the Arts. Co-dirigiu *Uma Cidade Contra Seus Coronéis* e é autora dos curtas *Instinto Animal / Animal Instinct*, *Slaughter*, *Salamandra* e *Karaíba*. Este último foi lançado no Festival de Sundance 1994 e premiado em Houston, Aspen e Ann Arbor 1994, além de receber o National Educational Media Award 1995. Léa trabalha em projetos de animação e ilustração como *freelance* em Los Angeles, em videografia submarina e desenvolve documentários para a TV.

Marcos Magalhães ganhou o Prêmio Especial do Júri de Cannes 1982 com seu curta *Meow!*. Realizou também *Animando* (1983, filmado no NFB/Canadá), *Mão Mãe / Hand Mother* (1979), *Tem Boi no Trilho / Bull on the Track* (1988), *Precipitação / Precipitation* (1990), *Pai Francisco Entrou na Roda / Uncle Francisco in a Merry-go-round* (1997) e *DoiS / TwO* (2000, como artista visitante na University of Southern California). Foi responsável pelo primeiro curso profissional de animação realizado no Brasil, em 1987, e coordenou *Planeta Terra / Planet Earth*, filme coletivo feito por 30 animadores brasileiros para o Ano Internacional da Paz da ONU. Dirigiu, ainda, o inusitado *Estrela de Oito Pontas / Eight Point Star* (1996), em parceria com o pintor Fernando Diniz, que morava em um hospital psiquiátrico.

ANIMA MUNDI –International Animation Festival of Brazil

Contact: Aída Queiroz, Cesar Coelho, Léa Zagury and Marcos Magalhães
Rua Elvira Machado 7
casa 5 – Botafogo
22280-060 Rio de Janeiro - RJ Brazil
Phone: + 55 21 2543 8860 & + 55 21 2541 7499
E-mail: info@animamundi.com.br

Pg. 348 Vampiro Mania (commercial spot), 2002
Rede Globo de Televisão
Dir.: Cesar Coelho
Traditional animation

Pg. 349 Animando / Animating, 1983
Dir.: Marcos Magalhães
Multiple techniques.

Pg. 350 Noturno, 1986
Dir.: Aida Queiroz
Pencil on paper

Pg. 351 (clockwise)

Flying Dutchman, 1995
Visual development
2D computer painting

The Red Shoes, 1995
Visual development
Pastel & guache

The Red Shoes, 1995
Visual development
Pastel & guache

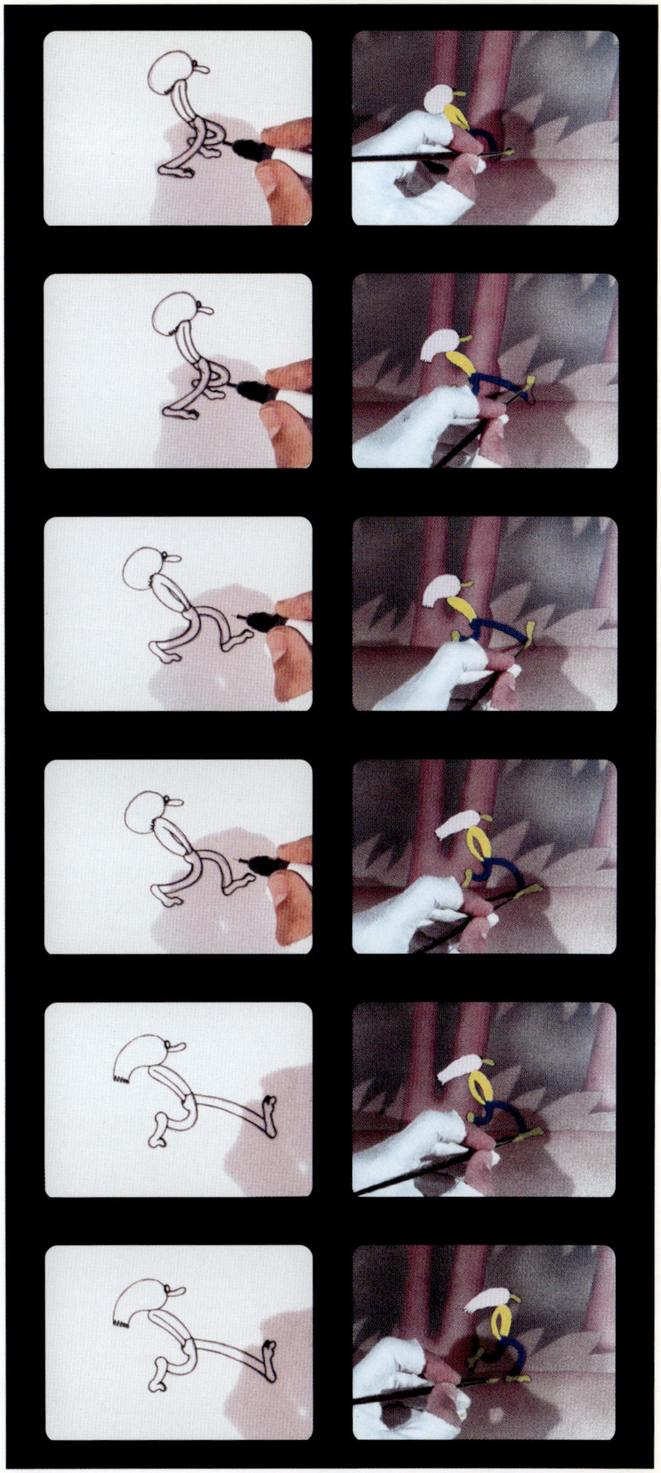

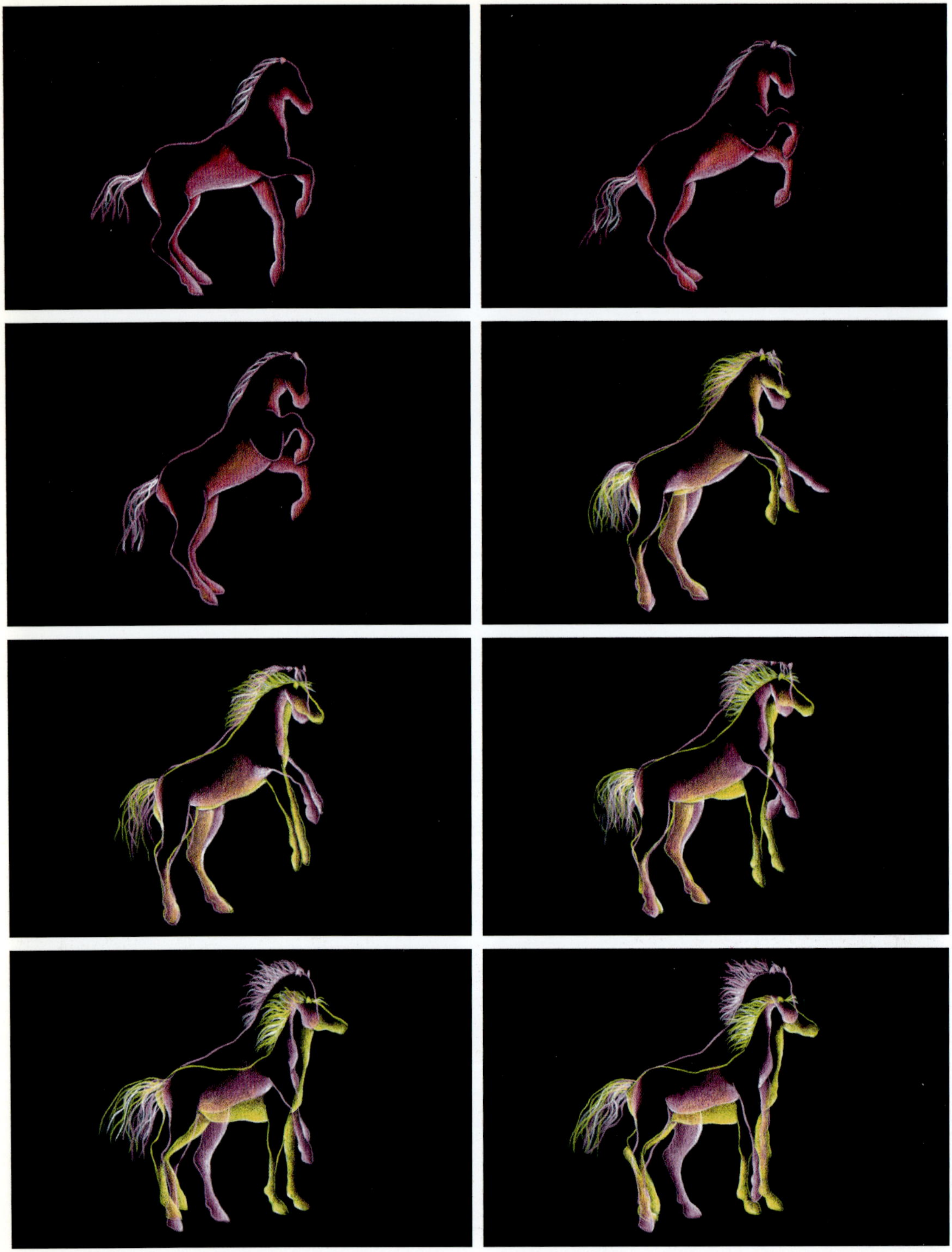

IMPRINT

To stay informed about upcoming TASCHEN titles,
please request our magazine at www.taschen.com/magazine
or write to TASCHEN, Hohenzollernring 53, D-50672 Cologne,
Germany, contact@taschen.com, Fax: +49-221-254919.
We will be happy to send you a free copy of our magazine
which is filled with information about all of our books.

Hohenzollernring 53, D-50672 Köln
www.taschen.com

Design: Sense/Net, Andy Disl and Birgit Reber, Cologne & Julius Wiedemann, Cologne
Layout: Refinaria Design, Rio de Janeiro & Julius Wiedemann, Cologne
Production: Stefan Klatte

Anima Mundi
Directors: Aída Queiroz, Cesar Coelho,
Léa Zagury, Marcos Magalhães
Directors' assistant: Mariana Magalhães
General secretary: Letícia Cruz
Texts written and edited by Carlos Alberto Mattos, Rio de Janeiro

Editor: Julius Wiedemann
English Translation: Amanda T. Warren
German Translation: Isabel Rith
French Translation: Valérie Lavoyer
Spanish Translation: Anabel Galán
Italian Translation: Susy Manca

ISBN 978-3-8228-3790-0

Printed in China